中央党史和文献
研究宣传专项引
导资金重点项目

大别山革命历史回忆资料丛编

建党之初和大革命时期卷

主编：田青刚

本卷主编：刘喜元

中原出版传媒集团
中原传媒股份公司

大象出版社
·郑州·

图书在版编目(CIP)数据

大别山革命历史回忆资料丛编 / 田青刚主编. — 郑州：大象出版社, 2024.8
ISBN 978-7-5711-2161-7

Ⅰ.①大… Ⅱ.①田… Ⅲ.①大别山-革命根据地-革命史-文集 Ⅳ.①K269.407-53

中国国家版本馆 CIP 数据核字(2024)第 075539 号

大别山革命历史回忆资料丛编

DABIESHAN GEMING LISHI HUIYI ZILIAO CONGBIAN

田青刚　主编

出 版 人	汪林中
责任编辑	郑强胜　连　冠
责任校对	牛志远　安德华　张绍纳　万冬辉
书籍设计	王　敏
责任印制	张　庆

出版发行	大象出版社(郑州市郑东新区祥盛街 27 号　邮政编码 450016)
	发行科　0371-63863551　总编室　0371-65597936
网　　址	www.daxiang.cn
印　　刷	河南瑞之光印刷股份有限公司
经　　销	各地新华书店经销
开　　本	720 mm×1020 mm　1/16
印　　张	299.25
字　　数	4689 千字
版　　次	2024 年 8 月第 1 版　2024 年 8 月第 1 次印刷
定　　价	1580.00 元(全九册)

若发现印、装质量问题，影响阅读，请与承印厂联系调换。
印厂地址　武陟县产业集聚区东区(詹店镇)泰安路与昌平路交叉口
邮政编码　454950　　　　　　电话　0371-63956290

编写说明

　　大别山"28年红旗不倒",蕴藏着极为丰富的革命历史资源。这些革命历史资源是中国共产党红色基因库的重要组成部分,其中数量浩繁的革命回忆资料更是大别山精神的重要载体。为使后来者了解大别山革命历史,弘扬大别山革命优良传统和大别山精神,从革命战争年代开始,一些大别山革命历史的亲历者、亲见者、亲闻者便陆续撰写回忆文章,留下了大量革命回忆资料。多年来,各级党史工作部门和学术机构虽然汇编了其中一部分资料,但由于大别山革命历史跨度长、活动地域广,大量回忆资料总体上呈现出零散的状态,给党史、革命史研究和社会各界学习、了解大别山革命历史带来了诸多不便。为了解决上述问题,我们在广泛搜集资料的基础上,编辑了这套集成性的《大别山革命历史回忆资料丛编》。全书根据大别山革命历史阶段分为建党之初和大革命时期卷、土地革命战争时期卷(上、中、下)、全民族抗日战争时期卷(上、下)和解放战争时期卷(上、中、下),共4卷9册,收录革命回忆资料736篇。

　　本《丛编》所搜集整理的回忆资料记述的历史时间长、资料形成时间久、资料来源跨度大、记述的地域范围广,内容极其丰富,资料的体例格式也不完全统一、规范,有一些史实回忆、描述出现误差以及笔误等,甚至出现与今天党史表述规范存在一定差异的情况,在一些专有名称的标点使用上也存在不一致的地方,我们严格以党的三个历史决议和党中央最新精神为根本遵循,严格遵守中共中央关于在庆祝、纪念重大党史事件中开展宣传的相关文件,对书稿中所涉及的问题按照上述要求统一规范。

　　关于党史分期问题。因书稿收集的文章时间跨度较大,不同时期党史分期提法不同,现根据最新提法加以规范,对书稿中涉及的党史分期统一使用"建党之初和大革命时期""土地革命战争时期""全民族抗日战争时期""解放战争时期"。因书稿涉及此类问题较多,提法不一样,在第一次出现的原有提法后加注,如"大革命时期"加注"大革命时期(指建党之初和大革命时期,以下类同)";"苏区时期""土地革命时期"加注(指土地革命战争时期,以下类同);"抗战时期""抗日战争时期""全面抗战时期"后加注(指全民族抗日战争时期,以下类同)。不再每一条后面加注。这样可以既让读者了解过去的说法和现在说法的不同,也忠实保留了文献的历史性和原始性。

对书稿中出现的时间、人名、地名、史实等错误,进行更正或夹注注明,如柴山保、周维炯、漆禹原(源)、《限制异党活动办法》、七十七军军士训练团(七七工作团)等。对于书稿中存在的一些事实错误,原则上以页下注的形式加以注释,如红十五军与红一军会师时间、四一二反革命政变后解除苏联顾问的时间等处以页下注形式进行更正处理;对于一些可能引起歧义的提法,也做页下注,如王明当时在中共长江局所写的《论青年修养》小册子,加注"中共长江局",等等。

对于书稿中出现的语句问题、逻辑问题、错别字、标点符号使用不规范等问题,根据现行出版规范随文进行修改。

本《丛编》为中央党史和文献研究宣传专项引导资金 2019 年度重点资助课题成果。在课题进行过程中,中央党史和文献研究院、原中共河南省委党史研究室、信阳师范大学等单位给予了很多关注和支持。

限于水平、时间和精力,《丛编》中难免会有错误和疏漏之处,敬请指正。

《大别山革命历史回忆资料丛编》课题组
2024 年 7 月

前　言

　　大别山革命历史享有"28年红旗不倒"的美誉。建党初期，这里就有返乡知识分子传播进步思想，创建和发展党的组织；土地革命战争时期，这里形成了仅次于中央苏区的第二大苏区——鄂豫皖革命根据地成为党的重要建党基地；中央红军开始长征后不久，在中革军委（中央革命军事委员会）指示下，红二十五军从这里北上长征，并率先到达陕北，出色地完成了先遣任务；三年游击战争时期，这里活跃着红二十八军和便衣队以及豫南红军游击队；全民族抗日战争时期，这里是新四军第五师的成长地，创建了豫鄂边抗日民主根据地；解放战争时期，这里发生的中原突围、千里跃进大别山等重大军事行动，分别标志着解放战争的开始和革命战争走向胜利的战略转折。

　　然而，长期以来，大别山革命史研究相对滞后，与其历史地位远不能匹配。究其主要原因，在于史料的匮乏、零散和单一。以大别山革命史研究较为深入的土地革命战争时期而言，学界广泛使用的资料，无非是几套档案史料的合集，如鄂、豫、皖三省的《革命历史文件汇集》《鄂豫皖苏区革命历史文件汇集》《鄂豫皖革命根据地》（1～4）《中国工农红军红四方面军战史资料选编》等。全民族抗日战争时期、解放战争时期的大别山革命史资料则基本处在零散分布的状态，除《鄂豫边区抗日根据地历史资料》（1～8）、《新四军和华中抗日根据地史料选编》（1～7）外，未见系统性出版的大型资料集成。另外，这些为数不多的史料，基本上是以收录党、政、军部门的正式文件为主，包括上级的指示、决议、规定，巡视员的汇报，下级部门的请示、报告、总结，等等。从研究角度来看，这些政策性文件不可或缺，但仅有这些，资料显然过于单一。

历史是丰富多彩、有血有肉、多层次、多面向的，或者说，历史应该是立体的，而非线性的。大别山的革命史有深厚的地域性底蕴作支撑，当地的自然地理环境、人文风俗习惯，乃至该区域的移民、宗族及由此形成的民性等因素都会对革命产生潜在的、隐性的影响。美国著名汉学家罗威廉（William T.Rowe）的《红雨：一个中国县域七个世纪的暴力史》一书，就是从大量的文集、方志、宗谱、传记等地方性文献入手，考察麻城一带一以贯之的"暴力"因子，来展示不同于传统革命史书写的新图景。

资料的零碎与单一，制约了大别山革命史研究，使得近年来在革命史研究领域已经多有尝试的新理论、新视角、新范式等无法与大别山革命史相嫁接，妨碍了相关研究的深入和成果出新。

《大别山革命历史回忆资料丛编》（以下简称《丛编》）这套资料搜集、整理、整合了已出版及部分未出版的大别山革命亲历者、参与者、见闻者的回忆性文章，既弥补了以档案为主的现有资料之不足，同时其集成特点也解决了研究利用这类资料的不便。由于挖掘、整理、筛选了部分未刊资料，这套资料具有了一定的独特价值。

由于大别山革命历史跨度长，地域广阔，所涉及的鄂、豫、皖三省各级党史、革命史资料是海量的。我们从中选取了大别山革命亲历者、见闻者的回忆性文字或由其口述别人代笔的文章，按照一定的历史时期，根据一定的标准分门别类，汇集成了这套资料丛编。在选取的标准上，秉持了客观、严肃、认真的原则，本书主要选取回忆性文章，故事性、文学性太强的不收录，有争议的文章慎重收录，个人成书的回忆录选择性摘录。

本套资料丛编按照历史时期分成四大部分，分别是"建党之初和大革命时期""土地革命战争时期""全民族抗日战争时期""解放战争时期"，覆盖了从建党到新中国成立28年的历史。由于大别山革命在新民主主义革命不同历史时期发展的不平衡性，各个时期收录文章数量不等。

"建党之初和大革命时期"是革命的早期阶段，时间大致从1921年建党到

1927年第一次国共合作破裂。共产党人在大别山区的活动范围和影响比之后来的各个时期相对较小，因而所收文章较少，其内容主要集中在马克思主义思想传播、建党活动、农民运动、工人运动、妇女运动等方面。

"土地革命战争时期"分上、中、下三卷，时间上大致从1927年八七会议至1937年第二次国共合作正式开始时为止。上卷、中卷为"苏区创建发展时期"，大致从1927年八七会议到1934年红二十五军长征，涉及党的革命重心转移，三次武装暴动，苏维埃政权、经济、军事、文化、医疗卫生建设等多方面内容。这一时期也是中国共产党人革命初心生成的重要历史时期，一大批知识分子党员回乡闹革命，毁家革命、破家革命等革命行动惊天动地，留下了诸多珍贵记忆。在苏区局部执政时期，中国共产党进行了相当深入的社会革命，在经济、文化、教育、卫生等方面都有所实践，相关材料不在少数。因此，本卷可收录文章较多，但为了照顾各部分之间的平衡性，有所取舍。下卷为三年游击战争时期，时间上从1934年11月红二十五军长征到1937年第二次国共合作正式形成为止，内容包括红二十五军长征和红二十八军在大别山地区的游击战争两个部分。其中红二十五军的长征回忆资料不但让我们看到了第一、第二、第四方面军三大红军主力长征的胜利，还让我们看到了源出大别山地区以吴焕先、徐海东等为首的"娃娃兵"，破除一个又一个艰难险阻，西进北上长征中创造的奇迹。红二十八军在高敬亭的领导下，总结出灵活多变的游击战术，在敌人的"烧山倒林""移民并村"等严酷条件下坚持斗争，保证了党在大别山的"红旗不倒"，创造了便衣队这一党、政、军三位一体、独具特色的斗争形式。资料的主体是政治和军事，内容略显单一，但也相当丰富。

"全民族抗日战争时期"，时间上大致从1937年全民族抗战爆发到1945年日本投降。根据中央指示精神，坚持在大别山的红二十八军和豫鄂边红军游击队、便衣队等改编为新四军第四支队，随后党又派来部分出身本地的干部来此对农民进行抗日动员，以"文化下乡"的方式极大地唤醒了大别山民众的民族意识、御侮意识。这一时期党创建了豫鄂边抗日民主根据地，在华中敌后坚持斗争，进行了广泛的社会动员与社会建设。大别山抗日斗争和根据地建设研究相较于西北、华北敌后抗日根据地研究而言比较滞后，与史料的匮乏不无关系。《丛编》收录的有关史料，相信会对这方面的研究有比较大的助益。

"解放战争时期",大别山区发生了震惊中外的中原突围和千里跃进大别山两大军事行动,留下了许多可歌可泣的英雄故事,体现了中国共产党领导下的大别山军民顾全大局、排难创新、不胜不休的精神气概,是大别山精神延伸发展的重要阶段。大别山革命史研究中,解放战争时期相对薄弱,一是研究方向单一,以军事为主;二是研究所依赖的史料匮乏,大都以对政策性文件的解读和利用为限。实际上,大别山雄踞华中,其军事上的重要战略地位历来为中国共产党所重视,党在这一地区也进行了广泛的政治、经济、文化等方面的建设。《丛编》的这部分史料,类别比较多样,内容也相当丰富。

《丛编》各卷从 30 万字到 100 万字不等,整套资料集近 400 万字,是一部内容充实、体例合理、考订严密、出处清晰的大型史料集。我们相信,这套史料集的出版将会嘉惠学林,助力大别山革命史研究,进一步彰显大别山在党史、革命史上的重要地位。

目 录

大革命时期黄安革命运动的崛起	陈继唐	001
大革命时期的蕲水杂忆	邓　谷	025
大革命时期的黄梅	梅龚彬　梅电夔	037
中共党组织在潢川成立与活动	杨笠僧	045
党在息淮地区的初期活动	霍怀仁	048
大革命时期豫南大同医院党支部片段回忆	叶鹿鸣	051
第一个团小组 　　——就黄梅革命初期活动的回忆	王一飞	053
信阳风暴 　　——北伐战争时期信阳人民反对军阀的武装斗争	饶秉凡	060
大革命时期兰溪工运情况	赵庆芳	073
五卅运动在应山	曹　扬	077
信阳"后援会"活动追记	高介民	082
回忆英山方洛舟、彭干成、傅维钰、姜高奇、 　　裴炎志在安庆参加学生革命活动	濮清泉	086
孝感暑期学校斗争生活的回忆	郭述申	093
回忆毛主席、周总理在武汉中央农运讲习所的 　　事迹片段	尚仲民	099
苍茫大地　党主沉浮 　　——忆党领导的黄安县紫云、七里农民武装斗争	吴世安	102

红色的黄安	郑位三	108
红色的黄安	郑位三	116
麻城的火焰	王树声	122
"麻城惨案调查委员会"成立之经过及其活动	郭述申	129
关于处理"麻城惨案"的回忆	郭述申	132
剿灭麻城会匪的经过	戴克敏	134
我的一段革命经历	程冠群	137
黄民钦与应山的农运活动	刘海如	144
应山县农民运动讲习所及农运生的活动	彭忠良	151
我所知道的应山农运	郭绍仪	162
血的教训 ——记大革命时期但店农会与封建势力的激烈斗争	倪晋康 丰耀楚	166
回忆柳林学校	郑杰生	170
关于举办河南省农民自卫军训练班的情况	蒋明华	173
在创建农民协会的日子里	吴先恩	177
大革命时期黄安的妇女运动	陈继唐	184
妇协宣传队工作点滴	朱汉涛	203
北伐时期孝感劳动童子团的活动	汪正本	205
关于六安青年实业社的组建、运行情况	田从厚	209
回忆信阳市豫南图书馆情况	高介民	211
在信阳学习和工作期间的回忆（1925年9月至1927年7月）	张耀华	214
我在信阳工作的一段回忆	曹家政	227
董必武、董觉生对早期黄安革命运动的开拓	陈继唐	232
董必武同志培养我入党	钱 钧	251
董老发我一支枪	钱 钧	256
忆学友危拱之	邹励贤	259
拱之同志在中央军事政治学校女学生队生活片段	彭漪兰	262

大革命时期黄安革命运动的崛起

◎ 陈继唐

一、睡狮的骤吼惊醒了漫长酣梦的黄安人

让我们先唱一曲《国耻歌》作为本文的开头:"高丽国,琉球岛,与台湾,地不小,可怜都被他侵吞了。到今朝,乘我国势飘摇,欧洲血战还未了,又提出,灭国条,无公道,好河山,将送掉,最伤心五月七日噩耗,为奴为仆眼前到,雪国耻,在吾曹。这国耻,几时消。"1924年5月6日,在城隍庙里东侧的杨泗将军殿——师范讲习所的教室里,音乐教员李镜唐在黑板上写完《国耻歌》,向学生作了简短的解释后,便挥起教鞭教唱起来。他在更番的教唱中,声调由激昂渐带呜咽,迥异于他平日教歌的那样嘹亮悦耳的歌喉。他旋即下来按风琴,领导全体学生一遍又一遍地唱,让学生们唱熟。然后他又上到讲台,把这个国耻发生的经过详细地讲了一遍,最后激动地说:"'二十一条'就是小日本要亡我国灭我种的辱国丧权条约,我们炎黄子孙,断不能承认,我们要誓死反抗到底!……"主任姚虞卿在旁,等李先生讲完,他接着说:我们要从现在起,奋发图强,甩掉被列强耻笑我为"东亚病夫""一盘散沙""五分钟热忱"等奇耻大辱的臭帽子,要从各个方面去抵制它对我国的种种侵略,直至不惜诉诸战争……(这里记的姚先生的话,是大意,非原话)姚先生在讲这些话时,越讲情绪越愤激,拍案顿足。至此,全堂学生多数表现愤愤不平,

有的摩拳擦掌。

5月7日,师范讲习所的全体师生提前吃早饭,整队出发,作全城游行宣传活动,贴标语、散传单,人手一小纸旗,高呼"打倒日本帝国主义!""打倒卖国军阀!""取消二十一条!"等口号的声浪此起彼伏,阵阵的国耻歌声响遍全城。与此同时,县一小、女小和模范小学的游行队伍也陆续出发,涌上街头,一时全城哗然,居民都倾巢似的出来,天真的孩子们当热闹看,这是人们从未见过的"大热闹"。所有游行队伍在全城大街小巷遍游以后,都集中到校场岗开大会,城郊的人群如潮水般地涌向校场岗,人人争抢传单,纷纷议论。校场岗的中心搭一演讲台,各校代表先后登台,临时公推师范讲习所的领队担任大会主席,各代表依次演讲,由于当时无扩音设备,效果不佳。大会临时组织了一个各校联合请愿团,由师范讲习所领队带领请愿队伍走向县公署请愿。该所主任姚虞卿站在县署公堂门口,高声宣读请愿书,要求县知事"急电督府,严重交涉"。

散会后,各校都组织讲演队分赴各街以及郊区近村,进行宣传,听众无不动容。各校陆续停课,作广泛深入的宣传活动。5月9日,各校又组织一次大游行,因"五九"为"二十一条"签字之日。回忆这个惊心动魄的日子,师范讲习所的学生中有长于绘画者,画出了许多宣传画,例如有一幅画,画两个发型不同的人的头像,一个头的发型为平头(日本式),一个头的头型为凸头形(状似鹅顶),这是根据李镜唐先生说的共产党人的发型为凸头形(当时李先生即蓄此种发型)。在图的下面写四句话作说明:"远望一条牛,近望亡国奴,若非日本种,何以蓄平头。"此画贴出后,地方上凡是蓄平头的人,不几天都剃光了,此后渐渐出现蓄凸头发型的人,当时的人只是赶时髦,绝大多数人并不知道什么叫共产党。(李镜唐,汉川人,省一师学生,未毕业,在1926年北京"三一八"惨案中殉难,他当时系转学到北京京兆高中。)

从此以后,广大群众的思想都渐渐转到留心国事方面来。对于什么是帝国主义,什么是军阀,这类当时出现在黄安的新名词以及中国当时面临的危机,不少人有不同程度的认识。渐渐可以看到商店不再进日货、群众耻于买日货的可喜现象。可以说这次爱国运动的发展,是黄安初期的革命运动影响到群众觉悟的嚆矢。

在此附带叙述一下师范讲习所的创办:本所是由当年在省里的黄安学界知名人士董必武、张眉宣诸先生发起的。董、张都是参加过辛亥革命的志士。在当时,董必武既是国民党资深的党员，又是中国共产党创始人之一。他一直活动于湖北省教育界，为革命事业培植新秀，创办了武汉中学，后来又以普及黄安国民教育培养师资为名，与张眉宣诸人于1923年冬发起在黄安创办师范讲习所。究其主旨，无疑是为发展革命事业在教育界培育人才。该所青年教员李镜唐就是董老推荐的，李当时就是个地下国民党员，同时又是个地下共产党员。看他在纪念国耻活动中的表现突出，体现了一个革命青年的高贵品质，党组织派他到黄安来为革命播种。讲习所所长为县教育局局长周彬仪兼，教务主任姚虞卿，教员李镜唐、陈云祥。

二、黄安青年协进会的组成与活动

在这一年内，黄安还出现另一种情况，即黄安旅省学生在省城组成了一个"黄安青年协进会"，作为宣传革命的青年群众团体。该会的发起人为武汉中学和第一师范的黄安籍学生董觉生、余泽涵、徐希烈、王文焕、杨朴、程亚主以及张培新等人，他们是在武汉中学训育主任董必武先生的领导和动员下组织起来的。凡在武汉各校就学的黄安进步学生，多数加入该会成为会员，并分别向当时在省城的其他各界服务的黄安青年群众中发展会员，利用各种方式、各种可以利用的机会进行革命性的活动，并出版有会刊《黄安青年》（忆似周刊）以扩大宣传面。记得该刊创刊号的发刊词由董老执笔，词的开头为："土积成山，水积成川，先民有言，细大不捐……"这股新风从省里吹到黄安县来不久，县里便组成了一个分会，开始负责组织者为余泽涵，余当时系以"黄安天足抽查员"的名义回县的。他同时还负责在县城筹办一所小学，取名"树人小学"，作为秘密进行革命活动的掩护场所。由于时局在不断地变化，树人小学终因人力物力条件不具备，致未办成。

三、平民夜校首次在县城出现

也就是这一年的冬季，师范讲习所的学生自治会在县城开办了一所平民夜校，借扫盲来做革命的时事宣传，给广大群众以革命启蒙教育。学生自治会推举学生陈家祥、王文煜二人负责，后来实际为陈家祥一人主持。夜校设在县公署头门大院内原宣讲所的旧址，该处是县城中心最热闹的地方。夜校宣布成立后，居民中穷苦青少年前来报名的极为踊跃，正式开学之时，学生挤满一堂。教材采用当时的《平民识字课本》，教员由师范讲习所学生轮流担任，借作教学实习，每晚上课两小时，一小时读书识字，一小时作时事讲话，并灌输一些革命知识。由于夜校在县里是前所未有的创举，引起了人们的好奇，每晚教室外面的听众，常聚集一大院，下课后，教员不走，人群不散，每每总要延长一小时以上。因此，平民夜校这一新鲜事物的出现，深得广大群众的热烈拥护，博得广泛的好评。此举对群众革命工作起到了启发和促进作用。

四、黄安农民运动的兴起和发展

黄安的农民运动，萌芽于1922年，先是有省一师学生王文焕、徐希烈利用寒暑假在农村开办了农民识字班——农民夜校。这种学校，当时在槽门村办了一所，另有武汉中学学生王鉴在王兴六村也办了一所，其目的是为开展农民运动播下种子。两村均属高桥区，该区是我县农运搞得最早的区，自此以后，其他各区亦陆续有农民夜校的设立。到1924年，有了青年协进会，组织农民运动便成了该会会员在农村做革命活动的中心任务，很快在全县农村相继展开，具体形式是组织农民自己的团体——农民协会。当时农运发展较快的区除高桥区以外，还有桃花、永河、七里、紫云等区。

1925年，我省大部分地区春荒严重，黄安荒象更甚，县北乡奸商囤积大批粮食，偷偷运往外地出售，牟取暴利。五六月间，奸商的粮牌运经县南乡时，沿河各村农民正处于"正月长长，二月遥遥，三月饿死老小"后的青黄不接的紧要关头。在农运工作者的领导发动下，群起抢奸商偷运的粮食，奸商们即向县署控告农民。县署即派衙役多人，下乡拘拿，因农民团结紧，衙役抓不到证据，没有拿到一个农民，这一伙衙役便乘机在各村肆意打劫。其时正值暑假，从省里回乡度假的县南学生吴亮友、徐希烈、王文焕等出面代受害的农民向县署告状，屡陈衙役在乡下打劫的罪恶行为，结果这个官司农民一方打赢了，农民的损失也得到赔偿。自此以后，青年学生在农民中的威信更高了。这些学生都是青年协进会的会员，本来就负有为革命宣传群众、组织群众的使命，于是即以此次事件的影响，趁热打铁地在广大农村中扩大宣传，使农民充分认识自己的社会地位和力量，以坚定革命信心。于是这个为农民谋福利、除痛苦的农民协会，更加迅速地在全县各村组织起来了。这时大家都感到对即将遍布全县的村农民协会必须有一个坚强的统一领导（主要是党的领导），使各地农协组织在前进道路上能稳步地发展而臻于巩固。当时的国民党湖北省党部有鉴于此，认为在黄安开始从事建党，此正其时，于是在这年的秋季，又派董觉生（董必武之弟）为特派员回黄安县进行建党工作，兼负领导农运。为便于秘密工作，他便住到县南乡离县城二十里外的帅家畈他的亲戚帅翰卿家中，帅家畈便成为当时黄安农运的中心点。帅翰卿是当地的一个小绅士，受到董家的影响，倾向革命，家中只有夫妻两口，董觉生即利用这个关系作掩护。

时令已入冬季，到了农闲季节，农运领导者便利用这个时机，计划在有条件设立农民夜校的村农协设立夜校，使农民在冬闲时期学文化，接受革命教育和时事教育，同时也为农民在此期间创设一个正规的娱乐场所，于是决定在帅家畈和杨家塆两个村农协各办一所夜校，作为试点，并推举几位同志分别担任教员，负责编写教材、刻印教材等工作（均系纯义务职）。帅家畈的夜校设立在帅翰卿的学屋，由董觉生负责任教员，杨家塆的夜校设在该村的私塾，由陈家祥负责任教员（兼刻印油印教材），教材由吴亮友编写。夜校开学后，深得农民的欢迎和赞助，都说这个新办法太好了，任凭哪个私塾老师是担当不下来的。教员有能歌善吹善拉者，在每次课前，总要表演一下，以活跃气氛，因此每天晚饭后，男男女女，老老少少，都自行集中到夜校来，附近邻村也有不少农民摸黑而来，教室内外，成了一个热闹的夜市，农民们高兴地说，比在元宵节看龙灯会还要热闹。时间一久，还带来一个最受人称赞的好处，即过去农村每到冬闲的时候，农民中常出现许多游戏恶习，诸如聚众抹牌赌博之类以及各种迷信活动，自农协成立后，又有夜校这个新花样的吸引，农民们于直接间接中，受到新时代教育的熏陶，思想不同程度地得到新的启发，对世间事务是非性渐渐有了初步的辨识，因而农村中所有旧的恶习，都渐渐有所敛迹。这个经验取得后，特派员即通告全县所有的农协，如法进行推广，但由于当时缺乏教学工作人员，办校经费虽微，怎奈一时难有出处，是以继之而兴者为数极少。

约在半年后，在有农协组织的村子，又出现另一种为农民称快的事，即农民协会这个组织在农村自然而然地成了为农民排难解纷的司法机关。凡遇到农民中发生纠纷，即由农协开会评理，人人主张公道，是非立即判明，不费分文，纠纷即可得到双方都满意的解决，终至言归于好。自农协成立以后，绅士不打自倒，房户长制更是行不开了。原来那些在人事纠纷上不合理的现象，渐已不复见于农村了。这是在农民有了新的觉悟，农村有了农民自己的组织以后出现的又一种新气象。

在农运发展的大好形势下，到1926年初，全县各区都成立了为数众多够条件成立区农协的村农协。根据这种情况，完全可以召开全县农民代表大会成立县农民协会。据情报请上级获得指示，可由特派员召集各区负责农运的同志，按上级制定的农民协会组织条例成立县农协。于是特派员董觉生按照上级指示进行，选出徐希烈、王执富等若干人组成县农民协会委员会（全部委员姓名和人数记不清），暂时以帅家畈为临时会址（徐、王二人都是共产党员，王为农民）。

五、国共两党在黄安的组建

上面所谈在黄安兴起的爱国运动和农民运动，就为在黄安建党打下了基础。至此，黄安的党组织建设，已到水到渠成的时候了。董觉生以国民党湖北省党部特派员的身份回县，就是为了在黄安建党衔命而来的。当时是国民党与共产党合作时期，是实行孙中山的"联俄、联共、扶助农工"三大政策，两党共同进行新民主主义革命这个大革命目标的时期，究竟建什么党？答案是：两党同时共建。董觉生这个特派员是负有双重建党使命的。唯当时的中国，是军阀统治时期，两党都是秘密的地下组织，为了使革命能够影响到广大群众中去，在都不能作公开活动的情况下，于是便出现了作公开活动的党的外围组织"青年协进会"。它以进步的民众团体出现，以在青年中互相交流新知识、促进新思想来号召，取得了在社会上的合法地位，成为党当时在人民群众中的喉舌与耳目。它与党的关系形式是直接为国民党所领导。当时多在青协和农协等群众组织中培养和发展其进步分子为国民党员，又在国民党中吸收其进步分子为共产党员（这仅是一种个例）。但实际上在这几种不同的党群组织相互关系之间，却有个严格的界限（指当时当地论），即共产党员在其身份上对国民党员是保密的，只有共产党员知某人为国民党员，而国民党员则不知某某为共产党员；国民党员对青协和农协等群众组织中的某些会员，认为有必要时可以公开其身份，可说形成了半公开的关系。至于党与党之间的关系，则在国民党组织中有秘密的共产党党团组织，以利于实行领导作用（这就是领导核心的具体体现）。对有双重党员资格的人，则名为跨党党员（当时共产党允许其党员参加国民党），但也有的共产党员在工作上认为没有必要跨党时，则仅为共产党员。

上面所谈党与党之间和党与群众组织之间的关系形式，并非原则，只是当这些党群组织在某个地区相处的情况下的一种特定的关系形式，实际上两党对各自的新党员对象的发展，是直接对个人进行的，即共产党员直接去发展新共产党员，国民党员直接去发展新国民党员，这才是原则。此外，共产党员中的工农分子及其他劳动群众出身的人，绝大多数不跨党，所有跨党者，以知识分子出身较多，主要是看对工作有无需要而定。

黄安的建党是两党同时进行，开始于1925年，从表面形式说，国民党居先，共产党继之。缘于国民党萌芽于是年之夏，党组织正式成立于是年之秋，先是党员个人对个人发展，迨人数发展到一定数目，才有组织的建立。共产党的建党情况，笔者当时系由国民党员身份新加入共产党，对其建党是怎样开始的，无从得知。

下面先将国民党开始在黄安发展党员与建党的情况作一说明：缘在1925年五六月间，县城的青年协进会会员利用"五七"国耻纪念、五卅惨案等日子，举行了一些规模较大的宣传活动。黄安革命空气日益浓厚，许多进步青年要求向党（国民党）靠拢，当时黄安尚无该党的组织。临近暑假，青协会员中的国民党员，负有发展党员使命的李镜唐、余泽涵，看清了这种情况，即向这些青年开门，对凡够党员条件的，即作个别介绍为预备党员。这时师范讲习所学生陈家祥第一个被吸收入党，未久，又陆续发展了该所学生陈彰禄、胡德仁等人，这就是上面所说的"萌芽于是年之夏"。所谓"成立于是年之秋"说的是是年秋季，国民党湖北省党部特派员董觉生回县执行建党任务时，看到国民党在黄安建党条件已基本具备，即由他策划成立了国民党黄安县第一个区分部（相当于共产党的支部），成员除新参加的数人外，有曾在省城参加的张之乐、雷绍全、冯重璿、王汝霖、周希桐等人，由张之乐负责。李镜唐、余泽涵都在暑期中离县。

董觉生是个跨党党员，这次回县负有双重建党任务。他在主持国民党建党的同时，又积极做共产党的组建工作，以便在国民党组织内有一个以共产党为核心的党团，直接领导国民党。后来这个区分部的成员参加共产党为跨党党员的有张之乐、雷绍全、陈家祥三人。

关于共产党在黄安的建党，开始的情况细节，无从了解，前面已述及。到特别支部成立，即由董觉生任书记，待董觉生离开黄安时（约在1926年末），即由邓用中接任书记（邓当时的公开职务为县教育局教育股股员）。当时黄安10个区，已发展成立支部的计有城区、高桥区、八里区、七里区、紫云区、二程区等6个区，各区支部书记是：城区为衷勤、高桥区为王鉴、八里区为张之乐、七里区为戴季英、紫云区为吴焕先、二程区为徐尚觉，其余4个区均系个别党员在那里活动，有王秀松、王文魁、张楚伯、吴兆镒等人。时过不久，邓用中又将书记职务交给余季成（即余达三，公开职务为县教育局教育股股长）。县委会遂于此时成立，县委成员为书记余季成，组织邓用中、宣传彭年、工运衷勤、农运徐希烈、妇运夏国仪……（笔者当时因工作的需要，经常列席参加县委会的会议，故对其成员有了印象。）到1927年秋，大革命失败后，郑位三曾一度接任县委书记。

六、国民党黄安县第一次全县党员代表大会的召开

1925年冬，全县10个区大部分成立了国民党的区党部，斯时成立县党部的条件已告成熟。特派员董觉生将此情况上报到省党部获批：准予召开全县党员代表大会成立县党部。于是利用这年寒假期间，以特派员所在的帅翰卿的学屋为大会会场。该学屋前面是个大院子，围以高墙，院里可做篮球场。因帅家畈是当时农运的中心所在，附近各村都成立了农民协会，形成了该村的卫星。各区前来出席大会的代表将近四十人，学屋日间做会场，代表们席地就餐，夜间在学屋里开地铺，全体代表大部分都容纳下了，少数分别寄宿在可靠的农民家中。院里可以自由活动，学生代表中有带篮球者，每天总有几次打篮球声传到院墙之外。代表们系零星而

来，入内即不多外出。帅家是个绅士之家从无闲杂人来过，故极为保密。在村的四周，都布置了岗哨，农协会员中的党员和积极分子，日夜巡逻放哨。并对外扬言，由于帅翰卿素性好客，有"小孟尝君"之称，旅省学生中，很多是他的亲戚世交，际此寒假，特来他家集合，使外人深信不疑。此次大会开了三天，首由董觉生作党务报告和政治报告，各区代表都做了各区党务发展情况的报告，其次为布置今后的任务，最后选出了中国国民党黄安县党部第一届执行委员会和监察委员会，宣告县党部正式成立。执行委员七人，当选的为张之乐、吴亮友、雷绍全、陈家祥、徐希烈等同志，公推张之乐为常务委员，总理日常党务工作。监察委员三人，当选的为刘任舟、王文煜、吴慎斋等同志。闭会后，"禁锢"了先后五天的代表们才一个个地离开。代表中的共产党员则暂留下，进行一次党的会议。

县党部执委七人中，有六人跨党（只吴亮友一人非共产党员），特支即以此六人组成共产党党团，成为领导国民党县党部核心组织，在特支直接领导下，便于随时在国民党中贯彻共产党的主张。执委会规定每周举行常会一次，每次会前召开一次核心小组会议，如遇临时紧急问题即随时召开临时会议。

县党部成立后，考虑到驻地以在县城为宜，但县城此时无适当的所在，帅家畈虽是个理想的驻地，唯距县城太远，与有关方面联系极不方便，因此，暂时只有采取游牧形式，时而乡下，时而县城。好在斯时的县党部，尚未形成雄厚的家底，一个手提箱就能把整个县党部装下。至是，居县城的几个同志之家，便成了县党部常走的亲戚，帅家畈则是县党部的娘家。

1926年初，县教育局局长易人（原为周彬仪），全班人马都换了，新任局长刘任舟及全局工作人员绝大部分是国民党员，局长以下，且多跨党者，这时对秘密时期国民党的活动起到了很大的便利和保护作用。至是，县党部机关才有个安全寄托之所，可以说教育局的大门一关，里面就成了国民党的一统天下。

另一个较有利的外在条件是，当时的县知事李墨林（天津人），在黄安做了两任知事（中间隔了一任），视黄安为他的第二故乡。他为人老练圆滑，对当时在县里出现的一些革命性的社会活动，本为军阀政府所严禁，而这个知事却是"睁只眼闭只眼"。据知当时省督军署多次密令他严密监视革命党人的行动，并给他以对证据不确凿的革命党分子就地处决权，准其先斩后奏，而他总是采取奉行故事、漠然置之的态度，不与革命者作对。那时，县党部曾以青年协进会的名义，发动掀起反对当时军阀吴佩孚实行加重人民负担的"盐斤加价"的宣传高潮，接着对当年县议、参两会议员各设救灾捐款盘剥群众的罪恶行为，向全县公开揭发，在县城散发宣言传单，遍贴标语，唤醒群众起来反对。这个宣言是吴亮友（时任教育局文牍）起草的，笔者清楚地记得其中有"名为救灾，实为幸灾"那样具有一言中的、启聋振聩的雄辩句子。后来得知县议会要知事严密彻查，实行弹压，知事对此一味虚与委蛇，不了了之。

李墨林做的是军阀的官，由于他为人老练圆滑，对当时社会上不时出现的革命风浪，故装糊涂，耍两面派，这里面存其一定的根源。因他手下有两个铁腕人物，一个是"文案师爷"冯晓初，一个是"钱粮师爷"雷作霖。冯有个儿子名冯重璿（国民党员），雷有个儿子名雷绍全（跨党党员），都是武汉中学学生。据了解，李墨林是大略知情的，由于他们之间有那样的人事关系，故一味"睁只眼闭只眼"。且李更深谙董必武当时的社会地位，对董氏门中人也极尊重，因而对社会上偶尔出现有关革命的动向，既不开红灯，也不开绿灯，只开黄灯。后来北伐军武汉会师后，他侥幸被留任为县长。有一次他与笔者闲话忆起往事时，说及他对黄安是"两宰兹土，亲如故乡"，对黄安人一概视同亲人，对于有对立性事件的某一方的处理，总是抱着"不为已甚"的态度。

七、国民党黄安县第二次全县党员代表大会的召开

1926年暑期，广州国民革命军出师北伐的气氛弥漫全国，省党部经常有关于北伐军进展情况的通告，社会上人心浮动，街谈巷议都是南军（指革命军）如何厉害，节节胜利，北军（指军阀军队）如何不堪一击。虽然多属谣传，气氛都是有利于革命。黄安县党部肩负的责任一天天地更加繁重起来。执委会按党章的规定，每届的任期为半年，斯时已到改选时期。于是由执委会负责，特派员辅助，筹备在暑假期间召开第二次全县党员代表大会，进行执、监委员会的改选。

这次党代会的规模及会议内容，自然比第一次党代会宏大。关于会场问题和对代表的招待问题，县教育局是完全摆布得开和容纳得下的，但公开进行，尚非

其时,帅家畈则无法施展,且在夏季不如冬季易于收敛,于是议定到县西南的云台山上大庙进行,对外说是旅省学生暑假回乡邀集到云台山作旅行避暑。此议决定后,即派人通知山上庙里的方丈。当时学生的社会地位是相当高的,且多年以来就有"丘九"之称,只要学生有事,谁都得买账,方丈自无不可者。这次出席代表连同大会秘书处工作人员,共计七八十人,都自带凉席,所有大会应行的诸事,秘书处都分门别类组织得特别完善。大会为期三天,议事日程,沿先例,由常委张之乐作党务报告,特派员董觉生作政治报告,并为迎接行将到来的北伐胜利作了各项工作的布置。大会全体人员连来带去,先后为一周时日,一切进行得井井有条,对庙里秋毫无犯。本届所选出的执委阵容:常务委员陈家祥(即陈继唐)、组织部部长余季成、宣传部部长吴亮友、工人部部长张之乐、农民部部长徐希烈、青年部部长雷绍全、妇女部部长郭瑾丞、商民部部长吴慎斋,还有委员王文煜(管党的民运,党团负责人)。上述诸委员中,除吴亮友外,均系跨党党员。本届选出的监察委员为刘任舟、程翰香、邹香山三人。会毕回县,仍以教育局为县党部的大本营。此时党务工作的首要任务为部署待北伐军在武汉会师后,县党部公开之日应行举办的各项事宜,积极做好准备。

约7月间的某天,北伐军攻下武汉的胜利消息传来之日,首先是党团连夜召开会议,部署一系列的工作;然后县党部执、监委员会举行联席会议,以党团的部署为张本,进一步讨论做出具体施行计划,分别组织专班,立即分头行动。翌日清晨,即出现巨幅的青天白日党旗高高飘扬于原县议会的高大门楼之上,"中国国民党黄安县党部"十个斗大字的牌子,悬挂在县议会的大门口。专负责贴标语的同志们,一部分不断地书写标语,一部分提着糨糊桶在全城各街各巷张贴。这时的县城,呈现一副雄健的新姿,屹立于万人瞻仰之中,全城风貌,顿时焕然一新。据说原议、参两会的议员们,早两天就一个个地夹着尾巴溜走了。于是把原议会的房子进行大扫除,首先布置议事大厅,在大厅正中台上,悬挂孙中山的巨幅画像,画像上面,交叉挂着两面党旗,画像两边,贴着一副孙中山所撰的"革命尚未成功,同志仍须努力"的对联,画像的下面,贴着"总理遗嘱"。整个大厅布置得朴素大方,别具一种庄严肃穆的新景象。

第三天,县党部在校场岗举行全城各界规模盛大的庆祝北伐军武汉会师胜利大会。同时通知全县各地区党部就地组织庆祝活动，就地发动各村农协进行游行宣传。连日来，全城鼎沸，群众自行组织的游行宣传队伍，从各方涌来，日夜狂欢，络绎不绝。游行队伍中显得浩大壮观的是农民队伍，全县各乡村，只要有农协组织的地方，都有队伍出动，真是声势磅礴，气壮山河，人群漫山遍野，锣鼓声震天动地。人人都荷着扁担、耙、锄等农具，有的在扁担的一端贴纸为旗，也有系以各色布条的，一路浩浩荡荡，群呼口号。队伍一个接一个地进城后，游遍全城各街，然后到县党部门口广场，瞻仰县党部的雄姿，县党部的执、监委员们，齐集大门口候迎。队伍最后游行到校场岗稍事休息，即行散去。不少队伍是离城数十里外的农协队伍，各人自带干粮，到校场岗后，即席地就食。斯时的黄安县，真可谓山河披锦，日月重光。有个老头儿喜笑颜开地说："我活了八十多岁，从没有见过这样的热闹。"

接连几天，全城居民都自动献出茶水，供游行队伍随时随地解渴之用。当街的每户门前都摆满一缸缸、一桶桶的茶水，有的人家还泡高级六安茶，家家自朝至暮，茶炉没有熄火，保证了源源不断地供应，这是黄安县城的居民对革命自发的一种了不起的实际行动。后经了解，首先发起的是县商会。

此时，县党部俨然成了黄安县新的政权机关，人们都极自然地对县党部马首是瞻。原知事公署倒呈现一片清冷之象，知事李墨林不敢露面，又无法潜逃。县党部诸人一下意识到这个问题，于是专为此事召开执委会临时会议来研究解决县知事的问题。大家回顾知事李墨林的素行，鉴于他对革命方面于无形中起了不少的保护作用，一致决定，仍请他出来，以代理县长名义照旧理事，并从此改称知事为县长，改县公署为县政府，报省党部转省政务委员会备案。李墨林闻讯，数日的惊魂才安定下来，感激而愉快地接受新任，并对县党部立生再造之感，一切唯县党部之命是从。至是，沉寂数日的县公署也热闹起来了，所有原公署诸吏，一个个地走出来了。他们有的说像做了一场噩梦，于是都自动奔向县党部，声言愿无条件地供县党部使唤。县党部的负责人即面告他们，要他们安心原职，做好本职工作。时过不久，湖北省政务委员会正式任命李墨林为黄安县县长的委令下达，又过些时间，李申请加入国民党又获批准。他乐不可支。约两个月后，省里派政治监察员程文高（谷城人）到县政府实行对县长的监察（当时凡是留用的县长，省里都派一名政治监察员对县长实行一定期限的指导与监督)。董觉生此时已赴省,传闻他亦受任政治监察员职,忆似去阳新县。董觉生离县后,约在1927年春,省党部派卢骥(号龙骧,八里区人)回县接任特派员职。他非共产党人员,一副新绅士派头,整日无所事事,穿着讲究时髦,成了一个"摆式"。

根据县政府组织法,县长以下设总务、民政、建设三个股(大县为科),各股设股长一人,股员若干人。另设一司法委员(原名承审员)。并将警察所改称公安局,原警佐改称公安局局长。未久,省政务委员会委派郑南宣为总务股股长,闫平阶(襄阳人)为民政股股长,夏竞存为建设股股长,吴宝善为公安局局长。司法委员刘某(外县人)。

地方上凡是够上豪绅之流,慑于"打倒土豪劣绅"这个口号,都匿迹起来,当然我们一时也无暇过问他们。

县党部公开一周以后,省里开来了北伐军别动队,队长熊步武;接着又开来北伐军先遣队,队长姚德安,来县驻防。县党部分别举行了盛大的欢迎会和劳军活动。至是,黄安的党政军民,结成了一个庞大而坚实的革命整体。

所有庆祝活动过后,县党部执委会即开始进行日常党务工作,首先提到议事日程的是全面检查和整理各群众组织问题。

(1)农民运动,由县农民协会具体领导,之后的任务是在全县各区原有的农协基础上,继续深入发展,一村不漏,着重巩固其组织,不断提高农民的革命觉悟。并由农民部通知县农协,做出计划,进行整顿。

(2)青年运动,已有基础,但其队伍不大。在城市为学生群众,各校有学生会,在农村的青年农民,则都加入农协,成了农协会员,没有另设青年组织。之后的青运问题,由青年部对现有的青年组织,即各校高年级的学生会、低年级的童子团,进一步制定循序渐进的革命教育方案,培养他们,使其习惯于过有组织、有纪律的革命化生活,并择优吸收其一部分到三民主义青年团。

(3)工人运动,就当年黄安全县的工人状况而论,全系个体的分散的手工业者。在城镇有做各种熟食的勤行工人,有商店学徒工(店员),其他各种手工业者则有木工、泥工、裁缝、弹花匠、白铁工、游街的铁匠、铜匠、补锅匠、补碗匠、车工(专车家庭妇女的纺线木锭子)以及理发匠、皮匠、各种修补服务行业者等,都属个体独劳,星散在城乡,都无法进行各行业的集体组织,故在秘密时期,毫无基础。且上述各种工匠,凡生活在农村的,多已加入农协会为会员。本来这类工匠,都认为他们的手艺是副业,主要是务农。多种手艺者,都是在农闲时各自单独售其手艺,有供人临时招请到家计日论工者,有挑担到处串走叫卖者,自己不开设固定作坊。只有在县城的勤行工人、店员等,比较集中,可以分别组成各自的工会。唯在黄安当时的状况下,只有由县党部掌管工运的同志,将县城的各种工人统一组织起来,成立一个县总工会。尽管人数不多,但它却是最富有革命性的群众组织。该会由勤行工人共产党员衷勤负责。

(4)妇女运动,由于妇女深受封建旧礼教的束缚,情况特殊,当时也没有组织基础,则由掌管妇运的同志,针对具体情况和具体方案,通告各区党部进行发动。在县城则先从女学生方面入手,由她们去做串联活动,组织妇女协会,在农村则从农协入手,可以将她们从农协中抽调出来,另组织妇女协会。以后视发展情况,待条件成熟时成立县妇协。

(5)最后一个问题是商民问题,上级已有原则规定,对商民应成立商民协会。黄安商民对当前的革命也有积极的表现,在县党部公开以后,原县商会即主动筹集有关物资支援县党部各项活动之需。当革命队伍游行时,商会首先发起居民供应茶水。且每次游行,商民队伍从不落后,商会会长、绸布商人冯玉斋总要争取在群众大会台上发表一段顺应潮流的讲话,虽内容空洞肤浅,但其精神和影响则甚可嘉,于是县执委会根据上级颁发的商民协会组织条例,决定召开全城商民代表大会正式成立县商民协会。大会选出执行委员会,公推商会原会长冯玉斋为常务委员。半年后改选,由杂货商人陈炳仁接任常委委员。

八、国民党黄安县第三次全县党员代表大会的召开及以后的革命形势

1927年初,照例的县党部执、监委员会的改选期又到了。经过一番筹备,县党部召开第三次全县党员代表大会,选出了第三届执、监委员。由于形势的发展,党务范围日益扩大,任务急剧增繁,这次执委人数增加到九人,并由原来的一个

常务委员增为三个，组成常务委员会。三个常委委员为吴兴、王焱南、陈定侯，以吴兴为首席常委。执委中，有宣传部部长戴季伦、组织部部长王文煜、青年部部长雷绍全、工人部部长兼商民部部长衷勤、农民部部长徐希烈、妇女部部长陈家祥。监委七人为刘任舟、程翰香、吴焕先、余文治、刘述笙、熊正松、李墨林。候补执委五人为戴雪舫、刘汝翼、吴慎斋、王执富、涂汉才。候补监委三人为郑重、江子英、赵凤仪。各新任部长在前届移交工作的基础上，根据新形势发展的需要，进一步做出了各部门的工作计划，对工作抓得更紧。除此之外，另有几件可记的大事。

1. 实行"强迫教育"改革和普及全县的国民教育

黄安的文化落后，民智不开。民国建立之初，新的政府就提倡"废私塾、兴学校"。可是黄安的情况，到民国建立已经历了十五六个春秋，数千年遗留下来的"子曰铺"私塾，仍留存在全县的每个角落。在县城虽设有掌管全县学校的教育局（先名劝学所），但所管的学校唯设在县城的县立高等小学校（一小）、模范小学校（初小）、女子小学校各一所，以及七里区的七里坪小学（二小）、八里区的八里湾小学（三小），其余七个区各设有一所极不像样的区小学（初小，教员一人或二人）。教学内容仍侧重新瓶装旧酒，而且那些学校实际上是为有钱的人家培植"新秀"的。而全县广大青少年，都还是受洗于陈腐的"子曰铺"私塾。

党团诸同志深鉴及此，决定立即采取果断行动，将全县"子曰铺"一个个地给予铲除，建立和普及新制的国民学校。并嗣经县党部研究决定，成立一个"强迫教育委员会"（用"强迫"二字是表示县党部的决心）。强迫教育委员会由县党部的宣传部部长、青年部部长、县教育局的有关人员，并遴选县一小的几位教员组成，由教育局局长兼任主任委员。在县里成立总会，会址设在教育局内，同时由县党部通告各区区党部成立分会，分会成员为区党部的部分委员和该区群众组织负责人，一般是有相当文化的区农协委员、区小教员等，首先宣布在各区范围内全面停止私塾的续办。

总会班子组成后，在委员中推定几人负责具体工作，工作分两大项目：一、检定教师，二、筹集经费。

检定教师：由总会向全县发出布告，凡能胜任初小教员学识能力者，包括原私塾老师，均可报名参加检定。检定科目为国文、算术、常识（有其他擅长如唱游等课者，可以自报，另行测验）。录取人数，先定一千人，一次检定不够时，继续分期分批进行检定。此项工作经过四次检定，共录取一千零几十人。第一次报名参加检定的在千人以上，分几个考场同时进行，合格者大大不够。以后各次参加报考人数，逐渐减少，多是在第一次未被录取的又来参加第二次、三次、四次。对每次录取的教师，出榜后，强迫教育委员会集合他们进行训话，讲解办校规划，课程门类，规定以国文、算术、常识为主课，唱游次之（而不会者多，不过分要求，争取不缺）。教学方法提倡启发式，反对注入式。教师要树立革命的新思想，反对因循守旧的旧思想，并向他们作教学法的示范。最后宣布，听候分配。后经了解，所有落第的多是六十岁以上的原私塾老师，人数不多，未造成混乱局面。

筹集经费：这个经费是作为创办学校的基金，以在各地原有私塾的基础上改建校舍、开辟操场、购置设备等。对这项经费来源的筹集，根据当时黄安社会的具体情况，经会议多方研究，得出捐款的四种出处。

（1）绅富捐：对全县各地，凡拥有大量的不动产和动产的巨绅富户，估其总产值，作适当的摊派捐款。强迫与自愿相结合。由于当时农运兴起，全县所有的土豪劣绅，感到自己的末日已到，情愿输财，故此举后来收效很大。

（2）庙产捐：黄安大富庙多，最著名的有龙潭寺、永安寺、介林寺等，这些庙的住持和尚，就是很肥的大绅富、大地主。在地方上流传三句话：龙潭寺的田，永安寺的钱，介林寺的权（绅权亦作拳）。即和尚也能出入公门，直同绅富。其他次等的庙，各区不少，都拥有一定的庙产，大有可筹之处。

（3）祖积捐：黄安人大都是按姓氏集中居处，每姓都有他们祖先的祠堂和墓地，一般都拥有大量的祖产如田地、山林、池塘等，每年的产出，完全用于祭祀、扫墓诸陈规上，极尽铺张，每次焚香化纸之资，不可胜计。每举行祭祖，全族男女老少都聚集到祠堂，实行一宿三餐的狂吃大喝，耗费惊人。如将这些浩大的糜费集中起来，用于办学，怎样也用不完。各姓用于各姓，其祖产大者，可以不断充实学校设备，儿童可以免费入学，还可提出一部分优待教师，此举利国利民。

（4）会积捐：这里所说的会是迎神赛会。黄安人多迷信道、佛两教，供奉的菩萨名目繁多，数不胜数。例如农民有龙王会，土、木工人有鲁班会，商人有财神会，文人有孔教会，武人有关岳会，老人有彭祖会，年轻妇女有娘娘会，一般妇女有观音会，官绅有城隍会，甚至贼偷暗里有盖天帝主会……对各个菩萨都定有各自的生日，这便是对各菩萨迎神赛会的日子。是日也，善男信女，济济一堂（分别在各菩萨庙里），化纸焚香，磕头礼拜，临了是大摆筵席，众人饱餐一顿。他们有人说这叫"一来祈福，二来口福"。规模之大者还要请道士、和尚诵经打醮做道场。时间少则三日，多则一周以上。这里面的靡费无法估计。就以"烧包袱论"，堆成山的纸钱锡箔，焚化起来能映红半边天。在此期间，天天大摆筵席，敬吃荤的菩萨则摆荤席，吃素的菩萨则摆素席，如流水作业，这些钱的来源是从千家万户积年累月募化来的。人们不分贫富，只讲求得到菩萨保佑消灾解厄，都乐意捐输，名曰"上功德"，甚至有人是从吃喝中节省下来的苦钱。这些捐输积聚起来，便成为一笔庞大的会积金。不过要将各种名义的会积金集中起来办校，工作有难度。

这一强迫教育的工作，由于得到广大群众的支持，特别是各地农协的协助，进展很好，只几个月时间，全县十个区办成的学校所数即达到一千一百余所。

黄安此举，在当时湖北全省属于穷僻的县份中是极少有的革命创举，深得上级的嘉许。湖北省教育厅应教育局的申请，旋即委派三个教育视察指导员来黄安县负责巡视全县学校的教育实施情况，随时指导和帮助解决各校存在的问题。当时三位视察指导员是陈家祥、彭昊民、程翰香，都是为进行强迫教育工作尽了力的同志。

2. 县妇女协会的成立

黄安的妇女运动，在县党部公开后才开始进行。这一方面是由于妇女在旧社会的地位不能与男子平等，受种种封建礼教的束缚，在革命秘密时期，不敢与他们接近；另一方面，进行妇女运动以女同志为宜，在当时的黄安，就缺乏能负起这个任务的女同志。到了县党部公开后，各种群众运动多已有了自己的组织，特别是农运和青运，都在不断蓬勃发展之中，在革命潮流和群众运动相继兴起的大好形势影响下，全县各地妇女已有破土欲出之势。当时的县执委会（第二届）研究决定：一面选定适当的同志在县女子学校的妇女群众中作突破口，进行妇协的宣传组织活动，先组成一个基层妇女协会组织，以填补当时群众运动中的这个空白点；一面通知县农协通告全县各级农协与区党部互相配合，将各村农协中的妇女会员抽调出来，另组妇协组织。于是在很短时间内，全县的妇女群众发动起来了，在县城很快成立了黄安城区第一个妇协分会。在农村只要是有农协的地方，几乎都有妇协的成立。本届县党部的妇女部根据这种情况，提请执委会研究决定：召开全县妇女代表大会成立县妇女协会。经过一番筹备工作，迨于四月间即召开了大会。这次全县妇女代表共有三十余人，连同跟随代表前来参加旁听的妇女共有五六十人，绝大多数是从未到过县城的基层妇女。数日来，她们一群群地遍游全城，此时不仅全城居民都出来看热闹，还有不少近郊各村的人也进城来看热闹。

大会开了两天，最后选出了执行委员会，夏国仪、黄冠英、吴醒汉、张咏梅、秦芬玉、×××、×××等七人当选，公推夏国仪（共产党员）为常务委员，宣告县妇女协会正式成立，会址设在土井街玉皇阁。

3. 农民自卫队的成立

对于农民自卫队的组织情况，笔者的回忆只能是在当时从传闻中得来的一些零碎材料。一是二程区农运负责人徐尚觉（该区党支部书记）领导的一部分武装（原是什么武装不得其详），二是由董老以特种委员的名义命令夏斗寅退还由姚德安、毛厚安从黄安警备队带去投靠夏的枪支四十条，三是由潘忠汝、王文焕在省搞到的枪支，四是从杨朴那里搞到的几条枪支（杨朴是县南乡人，武汉中学学生，其父杨显清是汉口商会会长。），总共搞到的枪支有八十余条，以上是武器来源。有了武器，县农协即向各区农协挑选队员百余名，组成农民自卫队，由县农协直接领导，以程挟超（黄埔四期生）为队长（程是国民党员），将圣庙全部殿宇做营房，进行军事训练，平时担任县城四个城门和一些要口的守卫。数月后，扩充为"人民自卫军"，实力渐见雄厚。这支人民武装，即后来黄麻秋收起义的基本队伍之一。（扩充为人民自卫军后，领导易人，记似潘忠汝，一切详情，笔者当时未及与闻。）

4. 童子团的建立与活动

废私塾、兴学校，使当年黄安新一代少年儿童享受着从来没有过的幸福生活。他们每天欢聚于教室之中，活跃于操场之上，一个个成了自由翱翔的小飞鸟。这时，学校将他们组成童子团，使他们从小就养成同大人一样的过着有组织有纪律的革命团体生活的习惯，参加社会上的一些革命活动。这些天真烂漫的儿童，敏于接受新知识，不迷信，不怕神，不怕鬼，于是在很多地方发生了打土地庙菩萨的行动。唯当时群众觉悟程度尚低，尤其是老汉老婆婆们，认为土豪劣绅应该打倒，但阿弥陀佛的菩萨则不可打，此行动引起人们很大的反感，一度在群众组织中造成思想混乱，产生了不利于发展群众运动特别是农运的负面影响。县党部负责青运的同志，得知儿童的这种幼稚行动，立即会同教育局通告全县各校，迅即予以制止。

5. 惩办土豪劣绅

"打倒土豪劣绅"是农民运动的中心口号，"打倒"的实际意义就是惩办。自农运在黄安县兴起以后，农民同土豪劣绅算账的时刻也就跟着到来。黄安县紫云区箭厂河（现划为河南新县）有个有名的大恶霸豪绅吴苔邮（有的写吴惠存），当时是当地地主武装总团长，又是当地的流氓头子，而且啸集在他那儿一带的土匪也听他的指挥，在鄂豫边区势力很大。他凭着这种势力，一面私设盐卡，为北洋军阀筹军饷；一面放三青（即水稻、花生、木梓）对农民加倍地重利盘剥，另外还巧立名目，收什么人头税和六畜捐等苛捐杂税，逼得当地农民无法活命，投河、上吊者时有所闻。自农运发展到紫云区，该区各村陆续办起农民协会，当时该区负责农运的为该区党支部书记吴焕先同志。他与吴苔邮同族，吴苔邮又是族长，由于他们两人阶级立场的对立，吴焕先同志直接受到吴苔邮的压迫，致农运工作不能顺利进行。吴苔邮为了达到破坏农运的目的，纠合流氓土匪，肆行打家劫舍，吴焕先同志的家也吃了大亏。这个恶霸横行乡里，当地无人敢惹。

1927年春，湖北省农民协会派王鉴同志为黄安县农运特派员，回县指导农运。他了解到吴苔邮祸害地方的种种罪恶活动，认为此獠不除，吴焕先同志即无法进行工作，遂以省农协特派员名义到该区召开党员大会。他在会上首先介绍湖南农民运动的经验，如怎样打倒土豪劣绅、一切权利归农会等情况，以激发和鼓舞大家的革命热情，坚定对农运的信念和决心。其时大家首先想到的打倒对象就是恶贯满盈、民愤极大的大恶霸吴苔邮。

写至此，插入一段与本文有关的另一情况：当时在该地有一种封建迷信组织叫红学，系红枪会的一种，属所谓"大玄门"，其成员专门从事戈矛拳术的练习，他们多是当地青壮贫雇农。紫云区原有红学三堂，吴焕先和其他几个同志即利用红学形式，因势利导，赋以革命内容，变更其原来性质，使之成为革命武装的基础。

三堂红学,由吴焕先、吴先筹、詹以贤三位同志分任学长,成员约二百多人。

王鉴、吴焕先等同志决定以三堂红学为基本力量,打倒吴苆邨,将一堂红学打流氓地痞,两堂红学打吴苆邨。为了表示协力同心,王鉴和大家一起喝了鸡血同心酒。于某日清晨,他们来个突然袭击,把吴苆邨的药铺包围起来,吴披衣开门,看见面前的来人是吴焕先和吴先筹,后面跟着黑压压的一大群,吴即问:"你们做什么事?"吴焕先同志即向他喝道:"你晓不晓得你犯了大罪?"这家伙还恶狠狠地说:"我是蒋总司令委任的总团长,你们不得乱来……"大家不等他说完即一拥而上将他绑起,随即押到一个山冲里,边走边数他的罪恶,本想带到七里坪处决,由于群众中身受其害的人多,一致要求就地打死了事,其中有一个受吴的害最深的王姓农民,立即举起一锄,结果了吴的性命。一时群情振奋,拍手称快!这一大快人心的革命行动,遂成了实行打倒土豪劣绅在黄安的开端,益发壮大了农民革命的力量,促使黄安农运进入新阶段。自此以后,全县各地农协便相继与当地有重大劣迹的土劣进行清算斗争。游行土劣之举,不时出现,如麂子山的汪四老爷,其他的如陈瑞霖、石子菊、方书竹、陈宇飞等地主老财,有的被打死,有的逃匿外地。在此革命势力蓬勃发展的大好形势下,人民群众强烈要求县党部、县政府成立一个清算土劣罪行的专门机构。于是经党团研究决定,由县党部机关及各群众团体联合组成一个"审判土豪劣绅委员会",委员由各单位派代表担任。他们是县党部常委吴兴,县长李墨林,司法委员刘某,县工会主席衷勤,县农协主席徐希烈、彭年,县妇协常委夏国仪等七人,由县长李墨林任主席。经报上级批准,先将几个罪大恶极、民愤极大的土豪劣绅逮捕拘押,以便进行审判与处理。首批拘押的有李介仁、李仕选、张英廷、阮纯青、陈幼臣、吴季平等犯。约在五六月间,该会在圣庙的崇圣祠设一临时法庭,旋将在押的李介仁、阮纯青、李仕选、张英廷等罪行累累的四犯提出公审,因罪证确凿,诸犯无法抵赖,全县人民对他们久已恨之入骨,实在罪无可逭,审讯终结都判死刑,立即执行,以平民愤。随即将该四犯和一个土匪石黑子押到城隍庙门前,执行枪决。因系在夜间执行,以致阮纯青和石黑子二犯,未中致命处,待执行人员散后,二犯即伺机逃遁。行刑后不久,经人发觉五犯只有尸三具,县党部和县政府得知后,立即下令,实行全城戒严,同时挨户进行搜查,直到天明,才在城南门外西侧护城壕边(该处城的内坡与城隍庙址极近)发现躺着的石黑子。

他因伤重,泅水后即不能动弹,但尚未断气,当即补了一枪。阮纯青则去无踪影,旋看到城墙上挂着一条长绸带,上端拴在城垛罅隙的小树苑上,直垂至城脚,人们猜测绸带是阮纯青将身着的绸长衫撕成条条结起的。〔插记:事隔数月后,也就是国共分家之后,时局为反革命派控制之日,在武汉的某报上刊登一篇阮纯青的文章,题为《虎口余生》,叙述他那次逃脱的经过,从他的叙述中,证实了当时人们的猜测。他写道,枪弹只穿过腹侧的一块皮(他本是个大胖子),即倒地不动,等人走完后,看到石黑子也未被打死,二人即共谋越城逃跑之术。待滑下城墙后,即向南门河方向逃窜,窜到河边,在夜色朦胧中,看到河中停泊着货牌,阮是县北乡人,料想此牌定是县北粮商运粮下来的,便大胆向牌上的人问话,果碰上熟人粮商,于是得以藏匿在牌上的粮堆里逃至汉口。〕

当日上午,县党部即在校场岗召开群众大会,宣布五犯的罪状。由余季成同志宣布开会,由各团体代表组成主席团,王文煜同志任大会会执行主席。宣布五犯的罪状后,群众中有人提议将在押的搞反动红枪会的恶霸土豪兼劣绅袁鹤山提到大会处决,以平民愤。此议一提出,全场立即响起雷鸣般的掌声,久久不止,表示一致赞成,掌声中不断夹着"枪毙袁鹤山"的愤怒吼声。于是由县长条示,派公安人员立即从监牢中将袁鹤山提出,押到校场岗宣布其罪状后,在场西边的旱地里执行枪决。

是年夏,曾两次发生暴乱事件。

一次是在西寨会,该会有个劣绅、哥老会重要分子吴季平,在地方劣迹昭著。省农协特派员王鉴同志回县后,曾带领农协会会员去捉拿他,他即串通该地哥老会流氓去捣毁王鉴的家,后来吴季平终于被捉到县政府关押。因他在当地哥老会很有势力,流氓为他所操纵利用,因而西寨会经常发生土劣唆使流氓捣乱农协的事件。其时县一小校长王文煜(西寨会人)自告奋勇带领农民自卫队去打流氓,流氓便到邻县黄陂去邀集一帮同伙打手来帮忙,结果王文煜被流氓捉去。因王文煜家族在这里是望族,士大夫类的人较多,颇有声望和势力,县长李墨林(也属哥老会分子)闻讯,即以同类的关系派人前往西寨会制止流氓行动。因此,王文煜很快就回来了,这次暴乱事件暂告平息。

另一次是在八里区,县农协派驻该区的特派员余楚成同志带领农民去没收该区土匪余耀堂的财产，同时又去抄已被镇压的大劣绅张英廷的家，张的弟弟张国权即勾结西寨会流氓到八里区将余楚成捉去击毙。

鉴于这两次暴乱事件，加之县北的反动红枪会仍不时在地方扰乱滋事，中共黄安县委即决定由书记余季成赴省向省委汇报，省委即由董老出面请省警卫团派兵来县驻防。警卫团当即派兵一连，到县以后，与县农民自卫军一起从县北到县南问题发生较多的几区，示威巡行一周，以长革命人民的志气，镇压反动派的气焰。

九、国民党黄安县第四次全县党员代表大会的召开及以后形势的变化

1927年7月末，国民党第四次全县党员代表大会召开，这是一次照例的县党部执、监委员会到期改选的会议。可是在这次大会召开期内的气氛却显得大反以前三次大会那种朝气蓬勃的兴旺景象。人们心事重重，表情冷漠。会议议程仅仅是作了一次党务报告和政治报告，选出了第四届执行委员（常委李明道），轻轻松松的两天时间就闭幕了。原因何在呢？原来是蒋介石发动"四一二"反革命政变后，整个革命形势起了质的变化。接着，汪精卫又于7月15日悍然举行国共分裂会议，形势益见急转直下，由国共合作发动起来的大革命遭到夭折，黄安当时的政治风色，随着局势的演变，很快就显得异样。已经销声匿迹的土劣，又到处冒头，散布反革命谣言，扰乱人心，在第四次全县党代会即日召开的时候，全县各地反动势力蠢蠢欲动。驻防部队调走，黄安防务就感到空虚，人民自卫军羽毛尚未丰满。共产党黄安县委奉上级密示，大意是所有跨党党员一律退出国民党，暂时自行隐蔽待命。这样一来，国民党县党部的台就拆完了。恰在这时，准备召开第四次全县党代会的前夕，国民党中发生了一件小小的闹剧，即是县北乡的党员对县执委席位的争议，他们说，以前三届的执委都是县南人，无一县北人，第四届必须有县北人的席位。这一争论对所有前届执委中的跨党党员退出国民党的行动倒是有利，所以在第四次党代会开会之际，不仅县南人中的跨党党员没有参加，即国民党的左派县南人也少参加，加之反革命谣诼四起，弄得人心惶惶，因而这次代表大会

开得很不好。执委选出了,县北党员占多数,极顺利地成为"北方执委会",在国民党内一度蕴藏着的一个小矛盾,算已得到解决。而面临的问题,乃是那时全国局势会演变到什么样的大问题,倒是人人悬心的大事。

当时大革命失败了,这是人们所共见的大变化;国共分裂了,则是人们所不易看出的大变化。谁是国民党员,谁是共产党员,两者的性质有何区别,当时的群众是茫然的。而且共产党员及其组织在群众中一直未公开,因此,在广大群众心目中,只有国民党一个概念,就是对各种群众组织,也视为变相的国民党组织,总之,都是革反革命的命的革命派。所以在反动派的心目中,他们的敌对面则只有两种人:一种是党员(不问是国是共),一种是会员(各种群众组织的成员)。党员、会员都是反动派要的镇压对象。共产党员退出国民党之后转入地下,他们中有一部分人带着人民自卫军转移到七里、紫云两区大山里作起义的准备;一部分南下武汉,这一部分人中情况就很复杂,有的去寻组织,有的掩盖身份另谋职业,有的改名换姓去过流浪生活,还有极少数自首投敌做了叛徒。

不久,黄安终于易手于反动派,土豪劣绅麇集县城,成立一个以大豪绅刘寿如为头子的清乡团,取代了县政府。他们认为县长李墨林也是国民党的首要分子,是拿办的对象,而李却早已在有关同志的授意下,复身逃到武汉,转回天津原籍。

接着,"中国国民党黄安县整理委员会"的黑牌子也挂出来了,从此孙中山的革命的国民党变为蒋介石的反革命的国民党,变成由土豪劣绅把持的所谓"国民党整理委员会",整个黄安又笼罩在白色恐怖之中。清乡团旋即对所有前在县国民党的各级负责人员以及各群众团体的负责人员列出名单,发出悬赏通缉令,分成数批发出。第一批八十人,以董必武、张眉宣居首。(北伐军武汉会师后,董必武系国民党湖北省党部的第一常务委员兼省政府农工厅厅长并举办《民国日报》和"党义研究所",张眉宣系省党部委员兼省政府民政厅厅长,大革命期间他们都没有回黄安工作。)对未列入通缉的一般工作人员,即施行招抚手段,要他们向清乡团"悔过"自首,对于不愿屈服者则实行镇压。当时被镇压的人数很多,其中有共产党员,更多的是国民党员和群众组织中的负责人员、积极分子。清乡团对清查对象定出了一个标准罪名,就是是否"参加工作"(即是否参加过大革命期间的县里各级党政机关和各群众团体中的工作),对凡是有"参加工作"这个罪名的一概拿办,当时牺牲于这个罪名之下的不知多少。大革命的这出大型戏,在黄安演了三年,于1927年秋宣告终场。

原载中国人民政治协商会议红安县委员会文史资料委员会编:《红安文史资料》(第一辑),1988年,第28～56页。

大革命时期的蕲水杂忆

◎ 邓　谷

花开花谢叶儿又在落了。已经是1926年的9月。我离开家向蕲水西三区快活岭走去，结束反对区团总的工作。我在胡家弄，被两个枪兵捉到他们的营部，说我是间谍，他们问明后才把我放了。这个部队就是"洒向人间都是怨"的军阀叶开鑫残部，他们窜到蕲水，想对抗国民革命军。过一会儿，枪响了。隔蕲河而阵：河东是军阀叶部，河西是国民革命军第十五军方殿甲部。战斗了几个钟头，叶部向蕲春溃走，蕲水完全在革命军手里。

封建军阀的统治结束了，国民革命军第七军军官陶钧经鄂城向下江进发时，从燕矶过江找他小时莲池的同学闻聪（号百之）代理蕲水县长，成立了县政府，把过去蕲水县公署和县知事的名称变更了，当然在整个县的组织制度上也进行了改革。

闻县长任职后，胡铁生、潘悫、杨瀛、夏朴生等向县长建议，应成立县党部。闻县长当即表示：你们筹备，我负责经费，胡、潘、杨、夏组织一班旅省同学进行筹备。10月成立大会，选胡铁生、杨瀛、潘悫、闻惕生、王印佛、罗格非负责。江有声、张翼南、闻允之（即后来的闻允志——现在河北省邯郸烈士纪念馆有事迹介绍）、江瀚、夏朴生等为执行委员。由执委会推选胡铁生为常委，闻惕生为秘书，杨瀛任组织部部长，潘悫任宣传部部长，王印佛任教育辅导，罗格非任青年团指导员（后调任教育局局长），江瀚任商民部部长，张翼南任农民部部长，闻允之任妇女部部长（后改任工人部部长），夏朴生任工人部部长（后上武汉读书去了）。不几天，各部工作开展起来了，未几成立了妇女协会，李学蕴任主席，郑海波、郭楚英（即李楚英）、卢士荣、韦君秋等任委员，县商民协会筹备主任由张翼南兼任。夏葆钟在湖北省农民运动讲习所第一期毕业后任县农协筹备委员会秘书。同时省农协也派特派员张式训参加工作。后来区农协委员也有在县农协兼职的。蕲中学生会主席为杨楚英（即杨楚超）。县城儿童团团长为詹第（莲池高等小学丙班学生，土门人），分为两个营，县城南门为第一营，北门为第二营。全县儿童团团长则为谈锋（后改名谈瀛）。

县党部组织完成后，派潘悫、杨瀛、夏朴生（他们三人除杨瀛外都是省党部常委董必武办的武汉中学学生）向上级党部报告。省党部常委董必武说："蕲水县党部组织起来了，很好！农民应很快地组织起来。"1927年春节前，县党部、县政府在北门外三官殿召开全县动员大会，各区代表都参加了，到会数千人，为期五天，黄冈派有巡回宣传队参加，在大会期间，化装演出话剧。张翼南和闻振之都参加了话剧演出，张翼南系朱泗河人，在西河乡明家洲教书，靠近黄冈，对陈潭秋的共产主义运动，早受到了脉脉相通的影响。这支由外县来的宣传队，当时由县党部杨瀛、张翼南等人接待。它还负有秘密发展共产党组织的任务。商民部部长江翰离职后，由杨国翰继任，杨后改名为杨雄飞，跨党。闻惕生未到职。

1923年，国民党创建人孙中山与苏俄达成协议。1924年，在俄国顾问帮助下，按照列宁党的方式，进行改组，同中国共产党结成了联盟，共产党人以个人的名义参加国民党，共同进行国民革命，谓之跨党。1925年到1927年的国民革命，是资产阶级民主革命。两党合作革命的原则：第一，承认有必要采取反帝政策，用革命行动收复政治上、领土上和经济上的全部主权；第二，要求在国内实行反封建反军阀政策，对地主军阀实行民主革命，建设新式的社会经济、政治生活。因此两党在立场上是合乎逻辑的，革命力量就大大发展起来，北伐军不到几个月就到达长江流域，封建军阀有如秋风中之落叶，望风披靡。因此各级党部和机关团体都有跨党人员，中国共产党的发展突飞猛进。

春回大地早，红花遍地开。中国共产党在组织上暂时采取不公开形式。国民党县党部内，开始只有胡铁生、杨瀛（即杨文清）、潘悫三个跨党人员，党组织为一个小组，后成立了支部。其书记先为胡铁生，后为杨文清。最先吸收的有夏葆钟、张翼南、张光化、杨雄飞、闻允之，1927年3月，省党部召开全省党代表会，闻允之是蕲水派去出席大会的代表。以后潘懋（潘慈的哥哥）、任赤诚、余世英、罗格非、余炳猷等陆续参加。共青团负责人由潘慈兼任。

本来经过资产阶级民主革命，才能接近于社会主义的革命，大革命的开始，固然首先由党人从实践中产生的阶级觉悟，进而促成了劳动人民本能的阶级觉悟。我们蕲水1927年的蓬蓬勃勃的革命运动，就是在这样的逻辑之下展开的。

一、农民运动蓬勃兴起

县政府西花厅外喜鹊叫了几声，我们翘首窗外，看到春梅张开了笑脸，这是1927年最早露出来的春讯。我们在县党部领导下的蕲水县清算委员会就设在西花厅内，主任委员为潘慈兼任，委员有张梓卿、杨廉、汪某（名字忘了，他是钱粮柜上的人，用他好探得征税内情）和我。我们的清算任务是县知事和县内各机关团体经济、政治情况，当然是反对贪官污吏、土豪劣绅的革命行动。

蕲水县第二任县长帅根焜送他的好友蔡天民出西花厅，便由观赏的早发的春梅，谈到象征大革命的开展，当时大革命的口号是"党权高于一切"。一切都服从于党，服从于革命，是我们蕲水现实社会中革命最主要的原则。具体地说，就是要改变封建的面貌。尤其是要把地主豪绅的政权归还到人民手里，特别是农民手里。所以当时有"有土皆豪，无绅不劣"的口号，长期在沉睡中的农民，这时也渐渐苏醒过来，知道谁是我们的朋友，谁是我们的敌人。因此，反封建的农民运动就蓬勃发展起来。

国民党各级党逐步建立起来了，其中成分虽各有不同，大部分热血青年从爱国的角度积极参加到党组织里，像竹瓦区的芦蔚林、何益之、奚启先，巴河区的刘步涛、陈楚屏，洗马畈区的叶峀存，关口区的陈健、郭竹明，黄泥咀区的严祖武，新铺区的朱新志，栗寺坳区的王书权……一时意气风发，大有除旧布新、起死回生之愿。

1927年初，县党部召开了各区负责人会议，分析了封建社会"劳心者治人，劳力者治于人"和"无君子莫治野人，无野人莫养君子"豪绅地主政权的毒害；同时肯定"一家饱暖千家怨"贫雇农阶级意识的本能，把农民组织起来，夺取土劣的政权，让农民真正当家做主。关于人口半数的妇女解放问题、束缚人民思想的封建迷信问题和培养后一代的教育问题，均有切实的讨论，为下一阶段的工作指南。

所谓国民革命，即是属于资产阶级民主革命范畴，那么没落的反动封建阶级，当然要做垂死的挣扎。县里开了全县动员大会，豪绅地主在武昌省城的同乡会内也开起反动大会，封建堡垒的张明轩伙同逃亡武汉避风的一些封建统治阶级的分子，高喊县里的革命过了火，过了头，扰乱了社会秩序，要给予制止。他们是以军阀混战的看法来对待大革命，而且麇集省城是图谋差事的好机会。他们当然不知道民族独立解放运动伟大的革命意义。社会阶级的矛盾，当然有正反两方面，是不足为奇的。正如当年毛泽东主席在《湖南农民运动考察报告》的总结上所说：土豪劣绅所说"坏得很，就是好得很"。后张明轩又在中台山开会，想在县党部夺权，结果被革命潮流冲洗了。

省同乡会的反动集会，经在省的革命人士和进步分子严厉批判以后，当然烟消云散，县里的同志更积极了。

当时蕲水的名门望族要算汤家。汤化龙能文章，善辞令，有时代的前进思想，以清政府北京主事出任湖北谘议局局长，参加了辛亥革命武昌起义，是进步人士。其弟汤铸新（即汤芗铭）以清代举人留学英国习海军，回国后曾任海军次长和湖南督军兼省长，在武昌起义时，曾遵其兄函嘱，拒朝命，在上海将海军按兵不发，对武昌起义有利，也是有识之士。后又习梵文，编写梵文辞典，对人民不无贡献。唯其三弟汤玉芬，借两兄之势，盘踞县城，出入公门，左右县政，压迫人民，凌辱妇女，视国家命官县知事为囊中物，路人侧目，莫之敢言。这个天字第一号的土豪劣绅，当然是革命的对象。"擒贼先擒王"，是斗争哲学的要诀。县党部会同大革命时期蕲水第三任县长余炳猷（湖南人，跨党）和公安局局长余世英（跨党）把他逮捕了，拟交人民审判。而汤竟以资财勾结过境的反动的贵州王天培部队，王部以数十架短枪，在县监狱里将汤玉芬劫走，同时随之而逃往南京投靠新军阀蒋介石者更不乏人。前进中的逆流，固然难免，唯反动军队另外还做出无耻的罪恶。原来县党部宣传员周文化年轻，对军队没有认识，曾在其驻地往来过，王部诬他偷窃手枪以此讹诈巨款。此款经教育局局长罗格非支付，后罗因此受累，弄得家破人亡。

地主阶级就一般的情况来说，有反动的，也有开明的。像许多革命志士从地主阶级出身坚决斗争者有之，杀身成仁者亦有之。再像蕲水大地主闻修纯在1927年曾自动捐献光洋数千元，以作图书馆购买马列主义书籍之用，接后参加了革命活动。可是反动地主经不起考验，企图反抗，结果自取灭亡。像地主南仲禹勾结流氓邓辅汉购买枪支，企图抗拒革命，守住最后阵地。公安局局长余世英侦得情况，把他们逮捕起来，两人都被枪决。县党部曾发表宣言，宣布天字第一号反动大地主伏法。同时也暗示了被劫走的天字第一号大劣绅，将来也逃不脱人民的审判。这个事件发生以后，县中大地主有所震动，革命洪流滚滚向前，岂容少数顽固分子从中阻塞。全县农民协会像雨后春笋到处兴起。

这时，就全县来说，都成立了区农协，区农协的番号是同区党部一致的，区党部按次序先后来定它的番号，像县城区党部最先成立，就为第一区党部。巴河区党部是第四区党部。因此巴河区农协也称第四区农协。区农协会址在巴水驿（现在的巴驿镇），负责人是曹国忠。下面按地域分划，组织了几个乡农协。曹常到乡农协来。乡农协成立后，开始发动查封土豪劣绅的房屋和财产。在要割谷的时候，县工会和县农协派人下来了，并带有武装警卫，首先查封陈少衡（军阀时期省参议员）的房屋，他本人逃跑了。正在这时，又有人在乡农协告发陈守明这个土劣的罪恶行为，当时的乡农协设在陈家大岭陈氏祠，会长陈楚屏正义积极，他马上召集全乡各组开会，还召集了别乡农协小组的人参加。这时，属徐畈乡农协刘、杨二嘴（即第三组）的刘自胜也参加了。此人积极沉着。在这次斗争会上，他主张将陈守明送县审判土豪劣绅委员会处理。闻永之作为上级农协到各区乡巡视，也参加了这个斗争会，闻振之那里，闻永之和刘自胜都建议送县处理。当群众纷纷揭发陈守明的时候，陈守明狡赖，唆使他本湾几个亲侄出来吵闹，要打农协的人。陈守明乘纷乱的时候逃跑了。刘自胜连忙拿起一把锄头，把闹事的几个人追出祠堂外去了，他迅速去捉陈守明，结果，陈守明跑远了，天又黑了，找不到了。他们及时把查封陈少衡的枪兵调来把闹事的几个人押进祠堂再开会，警告他们是犯了反革命暴乱罪，对他们说：由于你们存在封建家族观念，受了陈守明愚弄收买，你们才出来捣乱。如果你们愿意悔改，那就不追究你们。大家经过刘自胜真诚劝诫，都悔悟过来，表示愿意悔改，于是叫他们自己带头把陈守明的房子查封了。

县农协筹备委员刘步涛（下巴河刘家嘴人）为了满足农民的要求，赤脚草鞋到处奔走，任何艰难险阻，在所不辞。他在鲁家湖西岸蛇山徐氏祠里办起巴河乡农协，逮捕了独霸一方的大劣绅徐利川，推翻了土劣的乡政权，建立了农民新政权。

在这当儿，棍打张炬斋（劣绅），绳捆六胖子（土豪程鸭子家的），至今传为佳话。有一次，将程鸭子的少爷公子捉到农协，每人交铜圆六百串放归。自此，汪、闻、陈各大豪家，皆送金钱至农协，乡农民政权经费才得到解决。几千年受压迫的农民这时真正吐出一口怨气，接下来组织了农民游行示威，高喊"打倒土豪劣绅！""农民的事农民管！""拥护革命政府！"在行进中，"打倒列强，打倒军阀，除军阀，除军阀！国民革命成功，国民革命成功，齐欢唱，齐欢唱！"的歌声响彻云霄。从前夹着破伞东家吃西家、小头锐面的绅士老爷，这时都龟缩到老婆房里去了。

新铺乡的农协委员朱新志（跨党，后为反动的县政府杀害）根据农民的愿望，掌握了土劣的命根子，浩浩荡荡的农民大军赤脚草鞋，抡起葱担镰刀，走上游行大道，喊着："捉拿鱼肉农民的土劣！""打倒喝农民血汗的乡绅团董！""劳动人民团结起来！""拥护革命政府！"……新铺乡大劣绅张明轩吓得逃到江西去了，不能逃跑的人也各自隐藏了。纯朴的农民当家做主，才能看到真正的青天白日。

大动荡大革命的过程中，斗争是激烈、残酷的。革命力量尽管一浪赶一浪地向前迈进，反动势力也一浪顶一浪地不断翻滚。夏葆钟完成了栗寺坳区党部的组织工作，正在组织区农协的时候，当地的恶霸地主惨无人道地把夏葆钟活埋在姚家坪河沙中。这些恶霸凶横一时，但不能逃脱人民的惩办。

麦子将要黄的时候，农民丰收在望。这时突有叛军夏斗寅率部企图进袭武汉，未果。绕道大冶渡江进攻蕲水。我武装部独立师吕龙阻击于胡家弄尚家岭一带，以众寡悬殊撤退到县东南。叛军进城打党部，屠杀妇女协会工作人员。一时乌烟瘴气，弥漫全县。接待叛军的系鲁醉强一类土劣。但乌云掩日，也只能一时。叛军的目的是投靠南京新军阀蒋介石，所以向安徽方向窜走，当然革命的浪潮不为一把沙子所阻住，整个革命运动仍继续进行。

二、硬是黑了半边天

在封建的政权、夫权双重压迫之下占人口总数一半的妇女，长期处在暗无天日的黑暗社会里，受尽了折磨，硬是黑了半边天。她们既是男子的奴隶，又是男子的玩品（指妓女），无独立人格可言。小脚（所谓三寸金莲）、纠巴头、大袖衣服是她们的特征。她们终岁是服侍锅灶的黑奴，或者是深闺里的囚徒，不许读书识字，不许社会交际，不许高声反抗，倘有违反的，便是大逆不道，说是"三纲五常"的罪人，说是"三从四德"的罪人。这些情况，岂独是妇女的灾难，而且是国家各项事业中的大大损失。必须解放妇女，才能谈得上解放整个人民。

县党部领导下的县妇女协会筹备委员会的主席李学蕴和委员郑海波、郭楚英、卢士荣、韦君秋等，组织了各区妇女协会。县妇协委员经常到各区帮助成立妇协会，像巴河、蔡河的区妇协成立，是郭楚英同志去协助的。

妇运工作是最不容易做的。因为几千年封建的锢蔽之下，一旦要求解放，当然障碍甚多。首先要从其外表上开通风化，由外表影响其思想意识，逐步深入，方能奏效。若操之过急，容易溃疡横流，引起反响。放足（即提倡天足）、剪发、改装（消灭大袖衣服）看来无关宏旨，其实在改进生活习惯上，直接关系她们后来的职业独立、经济独立、人格独立的发展。

从大革命时起，蕲水小学的女学生渐渐多了。天足、搭毛、时兴服装，也兴起来了。由于社会条件不具备的关系，老一辈的妇女还不能走出厨房、闺房，参加社会活动，摆脱"屋里人"的称号。可是后一代的青少年，渐渐成为社会活动者，不能说不是大革命的影响。

恋爱、婚姻、家庭、社会工作，是新时代妇女的四个中心问题，与职业独立、经济独立、人格独立紧密相连。蕲水妇协当然注意这些问题，可是"恋爱"问题最不易摆正。南京反动政府造谣，说武汉政府领导下的妇女，裸体游行、男女共浴室、共妻……这些恶毒的谣言，当然是从封建说教的毒素里制造出来的，企图鼓励群众仇视革命。可是从妇运本身来说，固然不能采取禁欲主义，抹杀恋爱的活动，然而恋爱的立足点,绝不是"人面桃花"和"秋波一转"的色情作风。应该是以思想、事业、能力为相互爱恋的立足点。当时县教育局局长罗格非爱上了县门口"一品香"茶楼的朱二姑（名保璜），要把她调到县中心小学当教员，反对者颇多，而校长陈士英反对尤力。朱二姑固然是"一品香"的"一枝红杏出墙来"，罗格非身为县党部执委兼教育局局长，从色情出发点去爱抚朱二姑，并以神圣的教育事业，作为他个人恋爱的礼品，实属不对，而且有不可思议的坏影响。罗格非的意图终未得逞，这正说明革命的正气凛然。

婚姻问题是妇运的中心问题。旧社会有买卖婚姻，以金钱为媒介，不问妇女同意不同意，勉强行事，富商土豪每每出此；有掠夺式的婚姻，野蛮地集众抢夺，把女方视为物品，更谈不上尊重女方的意志，地方恶霸每每出此；有包办婚姻，这是封建社会最普遍现象，所谓门户相对，无视当事男女的思想感情。父母之命，媒妁之言，比法律还厉害，结果从婚书上写的"佳偶天成"开始，而以"怨偶"告终，此中更不知牺牲了多少男女青年，更无道理的是丧偶的妇女，要求所谓"守节"，过孤独的非人生活，忧愁疾郁而死的不计其数。男子丧偶，马上续弦，女人丧夫，终身"守节"。这种所谓的"贞操"，就是杀人的白刃。所谓"贞节牌坊"，就是冤妇的告白。其他像以奴隶对待的童养媳，像铁钉卷了脚的望门媳，又向哪里申诉呢？旧社会这个妇女半边天，真是一片漆黑。

县妇女协会主席李学蕴思想前进，工作积极，率领妇协委员郑海波、郭楚英、卢士荣、韦君秋等奔走呼号，不遗余力，从县城到乡里，从社会到闺房，为使婚姻上蒙冤受屈占全人数一半的妇女得以重见天日，她们组织游行示威，高喊"婚姻自由""童养媳自由""女丫头自由""寡妇自由"。尤其在1927年三八妇女节，城乡妇女整个发动起来，开大会，贴标语，除反对缠足，提倡剪发，提倡男女教育平等，把"包办婚姻"作为重点来反，大大地冲击守旧派。守旧派异常嫉视，这正说明当时妇运工作的伟大成就，在1927年上半年，全县要求婚姻自由，包括寡妇要求再嫁的案件二百六十多起，由县妇协会同县政府机关处理。光明再现，该是多么大快人心！

家庭是夫妇共同生活的场所，是男女平等最具体表现出来的地方。非职业性的家庭劳动，应是两口子共同的事情，以奴役性的态势把妇女封锁在家庭中，男人自己优哉游哉在外面享乐，这是妇女所不能同意的。妇女摆脱"屋里人"的称号，走上社会，其聪明才智没有哪一项不能与男子相等。从家庭到社会歧视妇女的恶习，在新社会应该永远结束。

三、从自己脑海中产生偶像

从人间送到天上，又从天上回到人间的菩萨、神祇、鬼怪等等，都是从脑袋中产生出来的。开始由于人们无知，把莫名其妙的现象，统统认为是神祇，崇拜它，信仰它，这本来是从无意中产生出来的。后来统治阶级认为人们崇拜的这些神祇鬼怪，可以利用作统治人们的工具，于是把它加工、粉饰、立说、装扮成更可怕的威力，久而久之，变成阻碍社会前进的迷信。不知道害死多少"善男信女"啊！

蕲水庙宇很多，有忠烈庙，纪念对国家社会有功的人，像关岳庙、张王庙、武圣宫、孔庙等等；有宗教性质的庙宇，像佛教的清泉寺，基督教的天主堂、福音堂等等；有纯属封建迷信，吓唬人民、愚弄人民的，像城隍庙、南岳庙、东岳庙、三官殿、溪潭坳岳庙等等。大革命的主要任务是反帝反封，当然属于封建迷信的庵堂庙观，应该让觉醒了的人民对它有所表示。这是革命时代思潮的反映，当然不是个人感情的流露。革命是政治运动，政治运动当然有政策的掌握。政策是保证革命成功的东西。一刀切，有阻碍事业的前进，甚至有导致事业失败的危险。县党部对这个反封建迷信运动是有分寸的。城隍庙、南岳庙、东岳庙、三官殿、溪潭坳岳庙所有泥巴菩萨是一扫而空，其余虽存封建色彩，让它存而不议不论。

打菩萨运动积极参加的有儿童团、妇女协会、工会、农会等。工作做得最突出的要算县城儿童团。县城儿童团以团长詹第为首的南门儿童团第一营和北门第二营全部参加，由县党部宣传员谈锋掌握，其工作异常积极。城隍庙的"千里眼""顺风耳"两个高丈余的菩萨，不容易打倒，儿童团员很勇敢地爬到它们的头上，以长索套在它们的颈脖上拉倒，封建统治阶级用来吓人的庞然大物，成为儿童脚底的玩品。这时迷信这个怪物，纯善地离开了人们脑袋，消散在九霄云外了。城隍庙、岳庙都有十殿阎王及其率领下的牛鬼蛇神、判官老爷、"一见大吉"的衙役，哪晓得革命革到它们头上来了，以为安富尊荣过此一生，人们永远像它们偶像的奴隶，如今一个一个断头剖腹，垂手跛足滚向泥坑去了。儿童们洁白的头脑，犹如一张白纸，这次反封建迷信的伟大运动，动在手里，映在脑里，儿童是今后科学人生观的主力军。

土豪在旧社会是未觉悟农民的偶像。在打易啸风（大地主）、熊镇山（军阀时期省参议员）等土豪中，儿童团也发挥了积极作用。纸老虎看起来很可怕，戳穿了只是一张纸。破除泥塑的偶像和社会的偶像有同等的意义。那些偶像是阻碍人们前进的废物，科学、理智、业绩、能力应该是人们崇拜的东西。

打菩萨运动中，县妇协委员卢士荣、韦君秋、郭楚英常常是带头人，为革命同志所称道。

四、叛军窜扰后的蕲水

1927年五六月间，夏斗寅叛军窜来蕲水期间，县党部、农协、工会、妇协所有人都撤退了，继任的蕲水第四任县长为刘先甲。刘对县政府抱维持态度，无所作为。余县长廉洁奉公，毫无个人私利存乎其间。他离职后，生活无着，在武昌横街头摆卦摊以维生。有一天我道经横街头时，他离席握手共话，不胜唏嘘，是一个有血性的革命人物。

我在1927年2月间入湖北省党部主办的文官养成所学习，结业时，省党部常委董必武曾对我说："在省党部大礼堂举行结业典礼会上，大家讲完话后，你最后讲话。"我当即遵命。这时候蕲水县党部各委员以及农、工、妇各革命团体人员很长时期都未放假回县，县里各项革命工作，处于停顿状态。省党部董常委提出任命我和谢鹤、龙翼云（黄冈人）、程隶之（浠水人）及广济一位青年（他到职后就走了，忘其姓名）为蕲水县党部执行委员。谢鹤为国立武昌商科大学学生，曾在十五军任指导员，龙系师范生，程为法大毕业。我们一同回到县，恢复县党部工作。到县后谢鹤任常委，龙翼云任组织部部长，我任宣传部部长，程隶之任商民部兼妇女部部长，工会由任赤诚负责，农协由刘步涛、朱新志往来其间。县党部事务由蔡仲屏负责。布置就绪后，省党部又派吴特派员（鄂城人）来县党部工作。夏斗寅叛军对我县打击很大，同时农村中的土劣有所抬头，一般人民成了惊弓之鸟，对革命事业，不敢放胆工作。我们感觉到乱后的宣传工作要走在前面。我于是草拟了《反对军阀夏斗寅宣传大纲》，交王少芳印成专册分发全县各级党部、各妇协、各农协，清除他们的余悸，提高他们的斗志。

这时正值六七月之交，整个政治局势非常动荡。武汉政府高喊东征，把部队往下开，江北岸开到安庆一带，江南岸开到九江湖口一带。贺龙的国民革命军第二十军开到阳新大冶一带，做预备队。有一天我同吴特派员散步庙皇庵山边，他私自与我谈到局势。他说："我们将来恐怕要转到秘密活动，我们要在乡里准备办事的地方，在你家好不好？"我回答："没有问题。"过了几天，他说："要到武汉去。"他就走了，以后就没有回来。

动荡的武汉，也就使蕲水动荡起来，我们这时只有维持现状而已。好像在7月10日左右，我们中午接到省党部的电报，其内容是"星夜来省"数字。我们午饭后步行到下巴河搭小轮船，可是在这军事倥偬之际，所有轮船均在军运。我们只好步行，溯江而上，直到葛店才搭上轮船。到省党部时，已延误了几天。常委董必武、钱介磐、何羽道，组织部部长陈卫东等都离开武汉。省党部青年部部长邓初民把我们接下来，叫我们不要走，在平湖门省立九小集合开会。这时我们才知道武汉国民政府主席汪精卫继蒋介石之后背叛革命，背叛孙中山三大政策，1927年7月15日实行所谓"分共"。

在我们开会中，仍然以东征反蒋为号召，东征后继续北伐。邓初民以"肥遁"笔名，发表了《回到三民主义怀抱来》的文章，想维持国民党左派局面。可是宋庆龄发表了宣言，指责汪精卫为婊子（即妓女），与苏联高级政治顾问鲍罗廷等亦离开武汉。接下来庐山会议，汪、蒋同时下野，武汉政府迁宁，南汉合并。武汉的党政则由孙科、潘云起、孔庚三人为湖北省政府常委，其委员兼厅长李书城、詹大悲、李汉俊等仍旧任。省政府委员同时兼省党部委员。未几，国民党中央委员孙科、潘云起又东去，省政府常委只有孔庚一人，省党部由邓初民负主要责任。军事首长则仍是唐生智。

省党部开完会后，我们仍回县工作。我和谢鹤一道到汉口玉里树找财政厅厅长詹大悲解决蕲水县地方武装经费问题。詹当时对我们说："这个问题此时不能谈。"我问："为什么？"他说："下面已经接了火。"我又问："在什么地方？"他说："安庆附近。"我再问他："胜负如何？"他说："我们后撤了一点，你们赶快回县工作。"次日，我和谢鹤等回县了。

所谓汪、蒋同时下野，蒋介石是假下野，他到日本同宋美龄结婚去了。汪则出国到巴黎。龙潭战役，是国民革命军消灭军阀五省联帅孙传芳八万人渡江的背水战。南京政局，则组织特别委员会，主持一切工作。其主席为胡汉民，国民党反共极右翼"西山会议派"谢持、邹鲁、张继、居正全部参加了。"西山会议派"是一贯反对孙中山三大政策的，站在革命立场上，人人得而讨伐之。我们县党部在这时发出了"反对南京特别委员会"的代电。武汉各大报馆，怯于唐军之势，对反对南京特委会代电，不敢在报上发表，江西南昌各大报馆则全部登载，以张我革命正气。

南京特别委员会利用湘桂两派的矛盾，派桂系实力派的首脑李宗仁进攻唐生智（这时是四集团军总司令），即所谓"西征军"。李宗仁以龙潭战役的声威，率众西上，唐生智的湘军何键、刘兴、李品仙等部拒之于安庆一带，这是一场新军阀的大混战。唐师败绩。10月间，唐的江北总指挥刘玉春退到蕲水，驻在莲池中学内，我县党部与之接触，刘大谈其军阀以自夸，因刘原是直系大帅吴佩孚的武昌守城司令，城破投降，唐生智利用其收集北方军阀队伍的散勇。这次唐给他江北总指挥的官职，属笼络意思，他不自觉，反而大言不惭地以军阀自夸，这说明他是时代的渣滓，腐朽到了极点。我们正谈话间，李宗仁的追兵已到达云路乡一带山地，枪子射到浠中，把窗子玻璃打碎，刘即下令沿浠水河一带布防，展开了战斗，直打到次日拂晓。唐军向黄州方向转移。我在这时把"中国济难会"的会员证塞在浠中的门脚下，乘机离开县城。走到西门外下街头，看到沿河阵亡的士兵不少，枪甩在旁边，子弹带还缠在身上，死在血泊里。有一人肚子打穿了，肠流在外面，手抓着肠死的，好惨啊！可怜浠水河边骨，犹是春闺梦里人！这些冤魂怨鬼，毫无意义的牺牲，万恶的军阀混战不根绝，中国的前途是无希望的。

1928年2月过了，"春风又绿江南岸"，我驮着行李上武汉复学去了，"管他冬夏与春秋"。

原载中国人民政治协商会议浠水县委员会文史资料研究委员会编：《浠水文史资料》（第一辑），1987年，第1～19页。

大革命时期的黄梅

◎ 梅龚彬　梅电夔

1919年五四爱国运动让觉醒了的全国广大青年投身于反帝反封建的新文化运动，同年秋冬之际，武汉中华大学附中负责人恽代英组织"互助社"，提倡新文化，在武昌启黄中学设分支——"人社"。启黄中学是黄州府立学校，黄梅旅鄂学生多在这里就读，其中一些进步青年如宛希俨、吴致民、梅电龙等受了新思潮影响纷纷参加。他们和旅宁、旅沪学生一道，每逢寒暑假回到黄梅就在青年中进行一些爱国主义、反帝反封建、倡平教、读新书等宣传活动。当时并无明确的政治目的，只是一种朴素的爱国意识，认为青年人应该为社会服务，但这些活动促进了黄梅内外革命知识青年的联合，是使他们走上马克思主义革命道路的开端。

1921年7月中国共产党成立以后，1922年党领导的工人群众运动在全国普遍展开，1923年平汉路上的二七大罢工，虽然遭到了军阀吴佩孚的残酷镇压，使全国初期工人运动转向低潮，但对湖北地区革命的影响是巨大的，尤其是党接受此次事件教训后，群众运动已由城市工人发展到广大农村中。

团和党组织的建立　从新文化运动到无产阶级革命

1923年9月武汉社会主义青年团组织派王一飞同志回黄梅开展青年运动，同年年底王一飞、李子芬、吴致民、宛希俨等在黄梅成立了第一个团组织，在五四爱国主义思想影响基础上开展青年革命活动。成立了青年读书会,作为学习马克思列宁主义和联系青年的组织,掌握旧教育会,创办平民教育促进会(当时它还是个合法团组织,有活动经费),开展平民教育运动。这些活动得到了当地老同盟会员宛思演(辛亥革命失败后在家从事教育研究工作)的同情和支持,并在他创办的阅报社开设书报流通处,半公开出售各种进步书刊,以推广革命宣传。(书报流通处在阅报社内时是半公开出售《向导》《中国青年》等革命书刊,后我们协助一教会学生陈育青即陈养吾,在他家公开办书报流通处,不久他改名为利群书店,和组织的关系就断了。)初期的这些活动主要还是新文化性质的,赋有政治内容,但无明确的政治路线和主张。

经过上述活动一年的酝酿,黄梅党组织在1924年寒假中形成了,党的关系来自华东,吴致民、宛希俨、李子芬、梅电龙等都是在华东的党员,这时还没有和武汉党组织发生关系,直到1925年初才和湖北省党组织正式接上关系。

李子芬当时是失学青年,因此当时留在黄梅实际负责党团工作的是他。

党组织形成的同时,成立了少年黄梅学会,它是旅外学生会联合本地知识青年的一个统一组织。负责人李子芬,主要是旅外学生,也有本地乡村教师、失学青年和在校学生。当时经常留在本地工作的有李子芬、张荻伯、帅允钟、蔡泽民、邓雅声等等,少年黄梅学会成立后转入了正式的实际政治斗争活动,在它的成立宣言上是这样揭露当时社会和教育界的反动面目的:"在洁白的心灵上泼污水,在进化过程中开倒车……"以后各地的青年学会,可能是它在各地的分支。

当时党的影响靠通告、杂志和外地的油印报。宣传方式一是出刊物(旅鄂学生会出版的杂志叫《先声》,少年黄梅学会也发行过《少年黄梅》,但期数不多),一是出传单。早期这些影响还只限于青年知识分子中,通过他们去个别联系农民,还没有在农民群众中形成大规模的群众宣传活动。1925年4月党策动各界在县城开追悼孙中山先生逝世大会,历时数天,后又扩及孔垄、张林、停前等地,会上宣传孙中山国民会议政纲,宣传反对帝国主义,把帝国主义侵略和农村的破产穷困联系起来向农民进行宣传。从此以后,把革命的政治宣传公开带到了农村。(当时马列主义理论只在一些进步知识分子中开始传播,一般群众中的宣传还只围绕当前政治形势和政策方面。)

黄梅地近九江,对帝国主义侵略是很敏感的。原来黄梅下乡盛产棉花,上乡一带产烟叶，与之相关的手工业本就发达，自帝国主义入侵后垄断了这些原料。当时在九江帝国主义开办的纱厂全靠黄梅供给棉花（称九江花），上乡独山一带的烟叶则通过镇江的中间商运往上海（由于殖民地半殖民地经济被掠夺的特点和黄梅到南京、上海一带是走下水，当时黄梅和南京、上海的经济联系比和武汉的联系还多），洋布进口代替了本地大布，使本地土纺业完全破产，德士古和美孚的洋油代替了本地桐油（孔垅一小贩吴尚达就由于做洋油生意而成巨富）；地主阶级和外商勾结在本地开设栈行，如黄花镇最大的陈国庆烟行就是地主开的，为了得利，粮食不管丰年歉年都要外运，地主剥削加重了，加上连年上下乡的天灾（上乡旱灾，下乡水灾，江堤平均每两年溃一次）和军阀混战，农村破产了，农民生活在饥馑和战祸之中，革命形势是弓在弦上，一触即发。

在农民中最早的一个革命组织是蒋家咀农民进德会，创立人是程鹤龄。他本是县高小学生，可能在县城和李子芬发生了关系。1924年他利用哥哥程友梅（一个从统治阶级里分化出来的私塾先生，原本是讼棍，但后同情革命和当地大地主程诲安有矛盾）的学堂办平民教育，结识了一些农民、小贩，如方敏玉就是一个小贩，他到处奔走联系农民，程建勋就是他联系来的。当时蒋家咀田少贫瘠，地主剥削厉害，加上宗族压迫，程诲安就是劣绅兼族长，农民生活困苦，程鹤龄在办平民教育时就宣传农民生活苦，要起来抗租抗税等道理，为了和地主程诲安做斗争，成立了进德会（具体时间以1924年为可靠），组织对外是秘密的，主要活动是进行革命宣传，抗租抗税和程诲安做斗争等。

党团组织的发展

团最初称SY（社会主义青年团），只有几个人，一个支部，1924年底逐渐发展到几十人，1925年春（或夏）改称CY（共产主义青年团）。此时团组织已有县城（李子芬负责）、蒋家咀（程鹤龄负责）、张林（邓雅声负责）等支部，全县团组织称为地委（当时三个支部以上就可称地委），代号"梅迪书"，地委书记李子芬。团组织的发展多是通过纪念孙中山、五卅运动等扩大的。

党组织初期人数较团组织少，1925年也称地委，书记李子芬。1925年底1926

年初省委先后派黄竣和蔡以忱以国民党省党部和共产党省委身份来黄梅，传达情况，指示工作，对组织发展影响很大。团县委干部都参加了党，在县城、孔垅、停前、大河铺、土桥铺、蔡山等地都有了党组织，党员人数已近一百（团员发展情况也差不多）。1926年党团地委改称县委，党的县委代号"梅卫"，同年初李子芬调走了，熊映楚（1925年秋从上海大夏大学回来的）任党的县委书记，团县委书记是蔡泽民。

1926年4月北伐军进军前夕，为迎接北伐，组织上指示进行宣传，扩大组织，扩大群众运动，各方面的工作开展起来了，党团组织也大大发展。到1927年初，团已发展到七百人，党由于农民协会大发展的关系，党员已发展到近一千人，这时团县委书记已由梅电夔担任。

当时党县委会除书记外，还设有组委（李文明任）、宣委（邓雅声任）、农委（汪士国任，后是农协负责人）、青委（由团委书记任）和专做国民党工作的委员（冯文华任，他又任国民党县党部常委）。团县委会除书记外也有组委（石晋圭任，后叛变）、宣委、儿童委（张祖德任）、妇女委（卞启明任）。

当时团委书记是党委之一，县团干部一定是党员，党的决议团要执行，团委书记参加党委会要汇报团的工作。这时团的主要工作是：文化宣传工作、儿童工作和妇女工作（因妇女骨干都是青年人）。

1927年4月，梅电夔同志调省团委后李竣德任团县委书记，同年4月熊映楚出席党第五届代表大会后留在省委，党县委书记由组委李文明代任，后由邢家镇担任。

群众运动

1924年夏天正值天旱闹灾，商会副会长徐赓甫（正会长梅尧阶，无权）囤积米粮，并且外运，由学生带头策动，群众参加包围县商会和徐赓甫家，打破了徐家的一些窗户玻璃，在屋上丢了些石头，这次事件是因群众买不到米而哄起来的，带有自发性质。事后少年黄梅学会就酝酿打石南屏，只等寒假学生回来，邓雅声还写了许多传单、状文，暗中活动县保卫团教官梅铁守中立，要他的团丁不管事（石当时是团总）。导火线是军警督察署（表面上说禁烟，而实际上是鸦片烟专卖机关，它和石南屏勾结，石充当该机关的地头蛇）持假条强迫石选起开的恒顺庆布店兑款子，打时召开了群众大会，利用徐赓甫儿子当大会主席，先到衙门告状，然后打石的家。但因事前被一个叫邢二光的学生走漏了消息，石南屏先一天逃走了。这一次是党员和团组织在黄梅第一次有计划有组织地发动群众向大土劣进攻，把石南屏家打个稀烂。县政府被迫出传票传石南屏，给群众影响很大，说明绅权是不可怕的。

1925年五卅运动后，石炳乾（他原在安徽教书，后回黄梅，在县城女子小学任教）组织了梅开华、梅玉琴、龚月嫦（三人都住县城），项佩玉、王景昭（二人都住大河铺），金承汉（住停前），游怀青（住孔垅），钱光华（住下新）等进步女学生，她们散布在各个地方，成为以后各地妇女运动中的骨干。北伐军来前，在孔垅（以游怀青、邢士南等为主）、县城（以梅开华等为主）、土桥铺（以鲁淑卿姊妹为主）、大河铺（以项佩玉等为主）等地已有秘密妇女组织，进行宣传当前形势和妇女解放等活动。北伐军来后，全县妇协普遍成立，农村中的妇女协会成了农会中的一部分，指导县妇协工作的是石二女（小名，石炳乾的妹妹）。1927年1月在县城东门万寿宫召开妇女协会代表大会，正式成立县妇协，选举石载林为会长，开展宣传革命，慰劳北伐军，反封建、反婆婆虐待、反童养媳制度等革命斗争，组织发展很快。

儿童团在北伐军来前各地已有组织，公开后成了农会的一部分，工作主要是宣传、送信、做纠察、监视土劣、禁烟赌等等。曾开过一次会，成立了全县儿童团总队，石玉圭（后叛变）任总队长，下设五个军，一军在县城，二军在孔垅，三军在土桥，四军在大河铺，五军在濯港。军有军长、政治部主任、组织部部长、宣传部部长，军部干部是脱产的。区党部还给些活动经费，军下设有团、营、连、排等组织，在反神权打菩萨运动中儿童团很活跃。

黄梅工人少，起初也注意不够，北伐军来前没有组织工会，也没有开展活动，北伐军来后才成立了工会。由于原来基础差，组织工会时是由平教促进会炊事员兼油印员钱东生任会长的。

秘密农民协会公开前已有组织，北伐军来后成立了县农民协会，地址在大南门。

共产党和国民党

1924年下半年建党的同时，就组织了国民党，它是我党一手建立的，先是秘密的，到1925年孙中山追悼会在大规模群众宣传中就半公开了。当时到一地是先发展国民党建立党部（最初的党部在县城、孔垅、大河铺、土桥、停前等地），一般不满现状、不怕迫害的就可参加，共产党之共青团从国民党员中吸收优秀分子参加，当时一般青年进步的方向也是先入国民党后入共青团入共产党。这时国民党里还多是青年，是国民党左派。公开后，很多投机分子参加革命，一些老顽固如原教育局原局长李竹如也大谈革命混进来了，成分也就一天天复杂。

公开后成立了国民党县党部，设在万寿宫，县党部有常委（冯文华任）、秘书长（邓步青任）、组委、宣委、妇女委、农委、工委、青委等，这些委员都是党团员。还有一些没有具体职务的委员，这些人中有些不是党团员，如张仲尧、石汉杰等，常委冯文华是共产党县委委员。共产党在县党部没有党团，党的决议到党部去通过，由于党部多数委员是党团员，每次通过是有保证的。国共两党中初期无大的斗争，只有县党部张仲尧、石汉杰两个委员欣赏戴季陶主义，要求党部是纯粹的国民党人，但只表现为一个倾向，还没有形成路线，他们在党部里影响不大。当时和他们的斗争，还只表现在会上开展批评，提提意见，当时党县委会是秘密的，县委会做出决议后县党部出面去办。县党部直接抓的工作是群众运动，县农协名义上也是它管的，此外就是和国民党县政府等方面联系（县政府此时是单独一摊，它仍照旧管收捐税、司法等事），争取进步人士。

有关的几个问题

黄梅革命爆发很早，与下述原因有关：

离九江近，对帝国主义侵略较敏感。

离湖北省政治中心武汉较远，地方势力一方面顽固，一方面也脆弱。

住大江边上商品经济较发达，又有些封建老底子，经馆（大私塾）蒙馆（一般小私塾）较多，文化较邻近县发达，旅外学生不少。他们多数是破产家庭和在外公务员的子弟，还有一部分是出身贫苦靠祭产读书的，如宛希俨父亲是穷秀才，梅电龙家是破产地主，石炳乾家是教书的兼小商人，王一飞家是手工业者，李子芬家是平民（王、李二人后来都成了失学青年）。在商品经济侵入下，走向破产的原地主家庭，是打算把孩子送出去读书，好升官发财，恢复旧业，但在当时动荡的社会中，这些青年在外受了新思潮的影响，看到本地经济破产动摇，思想上逐渐起了变化，其中很多渐渐走上了革命道路，很早就在武汉、南京、上海等地参加了党团组织，成了初期党领导的工人学生运动中的活跃分子，也为黄梅大革命锻炼了一批骨干。他们通过书刊和各种学习组织的平教运动很快联系了本地失学青年和乡村教师如邓雅声、张荻伯等，当时这些人正处在对现实不满的苦闷中，革命为他们指出了很好的出路，这样，也就使革命活动在本地很快生根了。

北伐军来后黄梅革命的普遍高涨是与党团在黄梅长时间的活动酝酿分不开的，而经过黄梅的北伐军第七军政治部（其中有很多党的骨干）每到一地就发动组织群众，建立革命组织，开展群众运动，也是有很大影响的。"四一二"事变后和蒋分裂的北伐军第二军（谭延闿部）由南京来黄梅去武汉，断断续续停停走走在黄梅有两个来月，该军政治部里也有很多党的骨干，党的影响比第七军还好，他们来到黄梅，对黄梅革命在短期内起了稳定作用，使"四一二"事变没在黄梅发生大的影响，群众运动仍继续高涨。

群众运动是轰轰烈烈地开展的，其中有经过党长期工作发动的，有北伐军经过时发动的，也有群众自发搞起来的。活动主要中心是县城、孔垅、大河铺、停前、土桥铺、蔡山等地，但群众运动的基础很不巩固，在农民中树立坚强的骨干不够，主要还是些知识分子在搞，党的领导虽然是完整的，内部没有出现第二种分裂势力，但很幼稚，还缺乏经验。北伐军来后各种群众革命组织公开大发展，旧机构打垮了，旧制度动摇了，人们思想大解放，但当时的领导不明确整个革命向社会主义发展在打倒军阀后应该干些什么，政权摆在眼前，也没有伸手去抓。县里只有各界联合会，由县党部召集，可向县长提意见。各界还有权派人参加会审，但没有触动县长的权力。县长仍按老样子办事，而当时的县长李晋芳是一个隐蔽的投机革命实际上反革命的分子，这样就产生了群众运动和县政府领导间的矛盾。1927年初群众要求枪毙程海安等四个土劣时，李晋芳就借口没得到省法院的批准拒不执行，并于3月间辞职逃走了，后还是党发动群众运动，李文明代表群众讲话，向代理县长邬跃埋（原是县政府的一个科长）、承审员崔国翰施加压力（此时"四一二"事变已经发生，不处理他们，反动势力就会抬头），才把他们枪毙了。各地农民协会虽大权在握，但也无明确的政权观念。

党在当时受陈独秀右倾机会主义影响，也没有尽可能满足农民群众的经济要求。农民的土地要求已经提出来了，但无上级领导指示，束手束脚，都没给解决，连减租减息也没进行；很多土劣长期关在县监狱里不知怎样处理，各地打土劣，没收土劣财产，不交租息，都是群众运动起来后各地自发搞的；党也没有认真掌握武装，把自卫团最初交给一个反动军官桂继纯掌握。公开后没认真进行马克思列宁主义和党的政策宣传，北伐军来后各地展开反绅权运动，原上级指示在反绅权后反神权，后又指示修正。1927年四五月下面已经掀起了反神权运动，尤以儿童团打得凶，但党在这方面的宣传没有跟上去，以致给阶级敌人如考田吴光勃、古角王焕廷等以我们"打祖宗"、打菩萨为口实煽动落后农民和我们对立。干部的思想政治工作也没有随着形势的发展而加强，多忙于实际运动；党团组织大大发展了，但无明确阶级路线，还是青年知识分子参加掌权的多，他们有很高的革命热情，但很不成熟，尤其是他们和封建阶级敌人的关系错综复杂，在革命失败前缺乏阶级警惕性，革命失败后容易动摇，因而在革命的紧急关头和失败后，除少数外，很多都不可能组成一股抗击阶级敌人进攻的坚强力量，而消沉下去。公开后，农会也是踊跃报名，但不明确依靠谁、团结谁，富农、小土劣也钻进来了，反动势力大的跑到大城市，在外捣乱，小的就在本地潜伏下来了。

夏斗寅进攻黄梅后，黄梅党的领导人对当时已经走向反动的何键部队失去警惕，邢家镇、李文明、汪士国、冯文华等当时重要负责人还以为驻在孔垅的第八军段日弼团可以抵御反革命军队的进攻，因此都跑去孔垅，并应邀去和段谈话，结果中计，全部牺牲。正因为这次县委会、县党部、县农协的领导人一起被害，所以大革命很快就在黄梅失败了。

（陈龙波　整理）
1959年5月4日

原载中共黄梅县委党史资料征集编研委员会办公室编：《黄梅县革命史资料》（第一辑），1984年，第86~97页。

中共党组织在潢川成立与活动

◎ 杨笠僧

1926年2月,我经在开封从事党的地下工作的江梦霞介绍,参加了中国共产党。3月,由中共河南省委(应为中共豫陕区委——编者)负责人汪哲楷派遣,到广州农民运动讲习所受训。9月结业返回开封,随即河南省委派我回潢川,负责组建党组织,同时组建国民党潢川县党部。须说明,彼时正是大革命时期,国共两党第一次合作,我肩负双重任务:秘密组织共产党,公开组织国民党,借以掩护,方便活动,在领导群众开展斗争中,吸收积极分子参加中共党组织。

我返潢川后,首先组建了中共潢川特别支部,我任书记,以此为领导革命斗争的核心。接着,又组建国民党潢川县党部,作为我们公开活动的招牌。潢川党组织初期发展,多由我和杜寿芝介绍,没有举行仪式,也没发党证,彼此联系仅凭负责人写信盖章而已。是时党员有戚宇凡、邱象巽、刘康侯、程进(后在商城牺牲)、胡青萍(即胡士俊,在广东惠州牺牲)、夏育才、庞仲云、阮××,包括我与杜寿芝共十人。党支部成立后,我们以全力组织国民党潢川县党部,城内有县党部的区分部。东乡有一个直属区分部,由张家梁(张彦武)、张家相(张相舟)弟兄俩负责,这是后来大荒坡暴动的基础。潢川县党部是1927年春成立的,邱象巽任常务委员,杜寿芝任组织部部长,戚宇凡任宣传部部长,冯仁骥任青年部部长,刘康侯任工商部部长,王国器任妇女部部长,我任农民部部长。于是,我们建立民众团体,深入工人、农民中去工作,为谋自己阶级的利益而斗争。

在组织民众团体之前，我们广泛开展革命宣传活动，贴标语，散传单，化装演出。还合股集资开办潢川书店，专门出售革命理论书籍和小册子，以扩大政治影响，鼓动群众的斗争情绪。我们把组织民众团体的力量主要放在农民协会和工会上，学生会及妇联会次之。农民协会分布很广，东至瓦孜岗、伞陂寺，南抵二十里亚港。工会组织有五金业工会、理发业工会和建筑业工会等。既建立了组织，就有了力量，于是对压迫自己的敌人开展直接斗争。现将突出事件择其要而简述之。

其一，斗争黄三老爷。城关大巷南口东边有一个理发铺，其对面住着黄三老爷。他以前在军阀部队当参谋，后闲在家里，俨然绅士派头。一天，黄三老爷叫一理发挑在自己家门口理发。理发铺工人出来与黄三老爷论理，不让其理发。因为当时理发工会规定：理发散挑，必须远离理发铺三家以外，方能做活。黄三老爷觉得太丢面子，遂拿出自己的名片，将理发工人送到警察局扣押了起来。这一依仗权势欺压人民的行为，激怒了广大理发工人。他们推举代表到县党部，要求主持公道。县党部为维护工人的利益，遂决定以调解民事纠纷的名义传黄三老爷，让理发工人同时到场，然后放回了理发工人。总工会联合其他民众团体，公众判处黄三老爷游街示众。斗争取得了胜利，从而大灭了敌人的反动气焰，大长了人民群众的志气。

其二，沙河店农民抗粮。1927年春，任应岐收编的马及第土匪部队驻在大南门外，总部设在地藏庵。那些土匪士兵经常到附近村庄骚扰，抢掠粮草，引起了农民的无比愤慨。对此情形，我们因势利导，组织农民群众与匪军进行针锋相对的斗争。数以万计的农民聚集在沙河店北头，手举刀矛，以小河为界，随时准备痛击胆敢来犯的匪军。任应岐得悉情况，惧怕事态扩大，指派城内劣绅黄昌旭到十里头与我们讲和。我方派开明绅士苏绍闻做代表，谈判结果，匪军保证以后不再危害群众。斗争又取得胜利。

1927年春夏，蒋介石、汪精卫背叛了革命，潢川县党部停止活动，听候整理。一时我县党组织与河南省委也失去了联系，活动停顿。在此情况下，我应商城教育局局长张心赤之聘，赴商城第一完小任校长。寒假，我返潢川，方知在我离潢川后，党的工作曾由戚宇凡负责一段时间。这时，龚逸情等来潢川恢复党组织（组建南五县特委）。经我要求，由杜寿芝弟弟杜哲之介绍，恢复了党的关系。大荒坡暴动之前,组织派我前往送款,我看到敌人力量很强,惧怕流血牺牲,拒绝参加大荒坡暴动。因此,被开除了党籍。我的政治生命就这样被自己轻易葬送了,致成为终身的不尽悔恨。

1958 年 8 月 13 日

原载中共河南省潢川县委党史资料征编委员会编:《中共潢川党史资料》(第二辑),1986 年,第 278～280 页。

党在息淮地区的初期活动

◎ 霍怀仁

我叫霍怀仁,又名霍育和,淮滨赵集人。1926年7月毕业于信阳师范学校,1927年1月受党组织派遣回息淮地区,发展党的组织,宣传党的政治路线,开辟红色区域,组织武装斗争。

想(向)往共产主义

1921年,我考取信阳师范学校。在校学习五年,适值反动、专制的伪校长及少数教师在学生中散布崇洋思想,煽动少数学生,把我们同学分裂为"汝宁十三属派""南阳廿七属派"。当时党在学校中的外围组织"青年社"则针锋相对,积极领导部分同学致力团结活动。五卅惨案发生后,革命的风暴波及学校,学潮、罢课、宣传、游行示威,检查抵制仇货代替了上课,动摇了部分学生的崇洋思想,使他们不约而同地赞扬苏联的社会主义生活制度;另一部分学生寄其希望于孙中山所领导的国民革命运动。在这一时期的活动进一步激起了我的爱国热情,(我)更加积极地宣传、阅读《向导》《共产党宣言》等宣传共产主义思想的书报刊物,积极地参加反帝、抵制仇货运动的斗争。由于受党的领导和教育,在爱国反帝运动中,我找到了真理,得到了锻炼,找到了自己和全国劳动人民应走的道路,决心把自己的一生献给共产主义事业。党组织完全了解我的思想情况,后经信阳师范学校共产党员李惟一、吴光客介绍,于1926年春末夏初在信阳南郊邑山下严肃而庄重地举行了入党仪式,(我)光荣地加入了伟大的中国共产党。

发展党组织

1926年7月,我在信阳师范学校毕业了。1927年1月,受中共信阳县委书记周绪伦同志的派遣和国民党河南省党部驻豫南党务指导委员会主任委员郑霍宇的委托,从信阳回息县,以筹建国民党息县党部为掩护,秘密建立党组织。

信阳距息县,路程三百多里,中间反动会道门、反动团队和军阀梁冠英的军队任意拷打、掠夺、枪杀行人。启程那天,正是农历正月初二,大雪纷飞,路无行人,我背着油印机及标语传单,以卖年画为由回到了息县。1927年2月底,我和孟星若(开封二中学生,息县城关人)、李步瀛(李驭州,武昌中华大学学生,河南省委委员,淮滨固城人)三个共产党员在息县城关召开了会议,会议决定成立中共息县党支部,孟星若任支部书记,我任组织委员,李步瀛任宣传委员。会议分析了息淮地区的政治形势,决定了当前任务。支部成立后,我们努力工作,积极发展党的组织,壮大党的队伍,为开辟息淮地区奠定了组织基础。

开辟红色区域

1927年三四月间,我与孟星若、李步瀛依照信阳特委、县委的指示,根据党在当时的政治路线,为了"发展组织,扩大党的队伍,贯彻党的政策路线",开辟红色区域,就分头和一些进步青年深入到乡村,散发传单,张贴标语,着重和工农群众谈话、交朋友,推荐进步书籍;利用村镇逢集之机,站在桌子或板凳上,向群众进行公开讲演,讲农民受苦的根源,讲革命的道理,讲党的政治路线。提出"取消苛捐杂税,打倒土豪劣绅,打倒帝国主义,打倒军阀,打倒蒋介石,不出夫、不出料、不交租、不还债……"斗争口号;并与部分党员、进步青年深入到贫苦农民中间,了解农民的疾苦,引导他们团结起来,对地主阶级进行斗争。

通过公开的讲演和个别串联发动,党的政策深入到息淮地区城乡人民的心中,许多青年学生革命热情高涨,积极要求进步。党的组织得到了迅速的发展和扩大,不到一年的时间,发展党员三十多人,发展农会会员一百余人,并在王楼、梅寨等地先后建立了四个支部。由于党组织、农民协会的迅速发展，包信、付庙等地很快形成了红色区域。1927年冬初，由于党的力量不断壮大，在豫南特委的指示下成立了中共息县委员会，我担任书记，王宏业、李步瀛、孟星若担任委员。并根据党员的多寡，划分包信、付庙两个区。

开展武装斗争

随着息淮地区党组织的迅速发展、红色区域的形成，为了粉碎国民党反动派的屠杀政策，县委根据豫南特委指示，具体研究了武装斗争的一些策略问题，决定"把暴动风浪，挑动起来"，发动农民暴动。1928年5月16日夜，我们集中武装力量十六人，我为警卫司令，王宏业为冲锋司令，胡日新负责全面指挥，各带人马，手持短刀，突袭了国民党第十二军设在防胡店的烟局子，击毙烟税局头子冯广德，缴获步枪七支，手枪二支，银圆二百余块，烟土四百余两。此次暴动，打响了息淮地区武装反抗国民党反动派的第一枪。

之后，我、胡日新、谷兰华等带领农会会员，一夜之间攻打梅寨，打死了付庙集一带的大土豪梅雨珠、梅雨泽兄弟俩。先后几次突袭横行在防胡、付庙集以北方圆数十里的恶霸、反动头子阎端吾，这家伙狡猾多端，夜里秘密躲避藏匿，几次突袭，他都溜掉了，只打死了他的爪牙和卫士。

由于除霸连捷，组织壮大，武装也较前增多了。1928年夏，漏网的反动势力头目阎端吾又勾结赵集恶霸简裕安，大肆收容匪徒及红学人员，与我党对抗。紧接着，国民党息县县长刘四方亲自带领县保安队，对付庙、防胡、包信、周荒坡等地进行大肆"清剿"，屠杀共产党员和农会会员，逮捕红色群众；胡日新、王宏业、周达吾相继被捕，慷慨就义，致使我精神上受到极大打击。在白色恐怖下，我感到在本地熟人多，不易躲藏，工作又难以开展，便想离开家乡。1928年秋，我去信阳地委报告工作，并请求离开息淮地区，以后与党脱离关系。

（刘洪胜　整理）

原载中共河南省淮滨县委党史资料征编委员会编：《中共淮滨党史资料汇编》（一），1985年11月，第147～152页。

大革命时期豫南大同医院党支部片段回忆

◎ 叶鹿鸣

1927年，我在山东济南私立齐鲁大学医学院预科班读书。这年，军阀张宗昌在济南大肆搜捕学生，学校被迫提前放假。因为我的学费是大同医院[①]资助的，于是我便经青岛、上海返回信阳。途中，我在武汉听了邓演达的国内形势报告，闰实领导我们参观过武昌北伐军政治部训练班。3月回到信阳后，到信阳豫南大同医院担任医护工作。

北伐军到达信阳后，第四军政治部政工人员高愚同志因病到院留医时，我和护士李光前任护理，受到高的教育和培养，懂得了一些革命的理论。李光前当时是国民党党员。高愚同志介绍我和张旭生接头后，经张旭生介绍在国民党县党部第一区分部加入国民党。张旭生是第一区分部书记，同时也是这个区分部的中国共产党的负责人。

我加入国民党后，张旭生调我和另外一位国民党员姚丕承去第三区分部报到时，不料该区分部书记刘乃湘拒不接受，原因是第三区分部同第一区分部有矛盾，怕第一区分部的人打进去，所以我们只好再回到第一区分部。当天晚上，我和高愚谈到这个问题，他说，知道了，就安慰和指示我在豫南大同医院筹备和组织信阳县国民党第四区分部。那时，豫南大同医院已有四个国民党员，刘汉彩、李光前还

---

① 今地区人民医院的前身（原文如此）。

有姓王的兄弟二人，他们都是该院的护士。

5月初，在豫南大同医院成立国民党第四区分部后那天上午，我同李光前在西关外信义中学美籍柏赖义住宅楼上，经高愚同志介绍，由吕则孔同志主持，还有两位铁路工人，正式加入了中国共产党（CP组织）。我是第一次看见党旗。后来我被党组织指定担任两党的书记。不久，党派联络员夏德藻到医院，共同组成豫南大同医院第四区分部的中国共产党三人小组，指定我担任组长。吕则孔是河南信阳国民党县党部的组织部部长，同时是该县党部的中国共产党的组织负责人。

在我担任豫南大同医院第四区分部两党书记时，参加过两次重大的政治活动：一次是参加信阳国民党县党部主持的浉河滩的信阳农民大会；另一次是豫南柳林的红枪会，受到反动分子的利用发生豫南柳林劫车事件后预谋洗劫信阳。这时，京汉线南段北伐军政工人员大多散居在医院附近。当红枪会围攻信阳车站时，国民党县党部的中国共产党负责人员，指示医院准备救护工作。因此，很多军队的政工人员，大多数集中到豫南大同医院。这两次的活动，都是在联络员夏德藻指示下进行的。红枪会撤退后，遗留在黑泥沟内的红枪会匪徒的尸体，光着上身，只穿着红色肚兜。这说明反动分子无恶不作，利用封建迷信，欺骗人民，残害群众，用心甚毒。

宁汉合流后，白色恐怖笼罩信阳时，国民党派员来信阳改组县党部，中国共产党上级组织通知我，做好退却的思想准备和行动准备。我不愿放弃医学前程，申请去日本继续学医，经董用思传达上级指示，批准东渡。同年9月到日本东京神田区专习日语。党又派周其英（女）和我接头联系，在江皖白领导下，过着若松町的小组生活。

1928年，江皖白在日本东京被捕后，因周和我与江在一起，都被日警提审，不久，江被遣送回国。同年5月3日，日本在我国山东制造了"五三"惨案后，我随冯玉祥派遣留学日本士官学校的学生一起回国。

原载中共信阳市委党史资料征编委员会编：《信阳市党史资料》（第二辑），1986年，第271～273页。

第一个团小组

——就黄梅革命初期活动的回忆

◎ 王一飞

×××同志：

您5月初给我的信和附件，5月半才从北京转到，又正在我的病情有些波动，吐了一次血之后，医护人员要我静卧，同时又作了一些会诊、治疗和各种检查，虽很想快写回信，而力不从心，拖延许久，请原谅！

谨就您提出的问题中为我所知道和记忆所及的（主要是1923年冬至1924年夏我在黄梅期间亲身经历的）分作几个问题叙述如下，以供参考：

一、党和团在黄梅建立组织的时间

1923年冬月（即寒假中）在黄梅组织了社青团（当时简称SY）的第一个小组（由在县的三个团员组成的）；1924年7月以前，党在黄梅还未成立组织，究竟何时开始建立，我不确实知道。所以就党和团在黄梅建立组织的时间来说，团先于党。

二、在黄梅建立团组织的经过和关于组织上的几个问题

1923年9月初我在武昌加入了社青团（据后来了解，中国社青团是在1926年改称共青团"CY"的，当然黄梅也不例外），因我当时在武汉失学失业，同意派我回黄梅去作青年运动，未给我发展团组织和以后通信联络的具体任务。我在回黄梅的前后，曾同黄梅旅外学生会（在武汉、南京、上海、北京各地大中学校的黄梅学生在五四运动中的联络组织，以在武汉的人为最多）的一些同志（已知其中的某些同志已加入党或团）面谈或通信联系，拟在黄梅开展党、团的工作，先从青年运

动搞起，组织黄梅青年读书会（吸收进步青年学习新文化，作为培养和发展党、团员的基础），同时进行平民教育运动（即贫民扫盲运动，目的和步骤是从县城的劳动青年中进行反帝反封建的新文化宣传做起，逐步推广到乡村），并约定寒假时在县城集会讨论进行的步骤和办法。

回到黄梅后，由在南京学习的宛希俨、吴铁汉等同志的通信介绍，认识了先我回县的团员李子芬同志（他是1923年在南京农林讲习所学习时入了团，当年暑期毕业回县的）。我们酝酿了组织青年读书会，发展社青团和进行平教运动的一些计划。

1923年寒假中，旅外学生陆续回县，在县城集会了二三十人，其中党、团员约有十多人（只记得旅外学生回来的，有南京的宛希俨、吴铁汉，上海的梅电龙，武昌的石炳乾、蔡泽民、石选起等人，在县的有李子芬和我）。除召开了旅外学生会外，还开了两次党、团员座谈会，讨论和决定了下列问题（我所记得的大致内容）：1. 关于组织青年读书会的问题。①发展会员对象——从进步的青年学生（包括旅外学生当时尚未加入党、团的进步分子）以至平教运动中发展的进步青年劳动者；②学习的内容和办法——以自学为主，又以集体订阅和个别宣传与传播《中国青年》《新青年》《向导》等定期刊物为主，并传阅当时陆续出版的（非公开发行的《康民及斯特丛书》，如《共产党宣言》《唯物史观》《社会主义从空想到科学的发展》《政治经济学批判》等马克思列宁主义的经典著作的中文单行本）以及瞿秋白的《新俄游记》等作品，以后另订讨论和通信等办法；③决定我和李子芬留县负责进行会务。2. 关于平教运动问题。①对象：城关平艺工人和学徒（当时黄梅还没有机器生产企业，只有铁、木、锡、铜、洋铁、银等业和规模较大的染坊、油坊、糕饼坊、酒坊等类作坊的平艺工人和学徒）、商店店员以及家庭妇女和其他城市贫民，乡村主要是青年劳动农民；②教育内容：识字、常识和时事；③步骤和办法：先在县城开始办识字夜班或补习班；④发动黄梅各界共同组织平民教育促进会来进行宣传和组织的经常工作，并募集基金，以便印行不定期会刊作为宣传与联络通信的工具（拟用油印）和采购平民识字课本、练习本和浅近的科学常识读物，发给学员，以帮助和鼓励贫民来学；⑤通过本会简章草案——内容大致如上述的平教对象、教学内容，进行步骤与办法，组织机构，等等；⑥拟定组织机构的候选名单——

宛希俨等五人（旅外学生会三人和县的学、商界各一人）为董事，我和李子芬为总、副干事。3.关于在黄梅建立社青团的组织问题（原先打算推迟建立团组织，因当时留在县的团员只有我和李子芬二人，后有几个同志建议由党团座谈会吸收和通过正在县城的北乡进步青年教师张获伯为团员，就可成立黄梅第一个团小组，经大家一致同意）：①成立社青团小组作为黄梅读书会的基本组；②按团员发展情况，到有相当人数能组成两个以上小组时，即按团章组织支部及支部以上的团组织。

由上述情况可以看出，1923年冬我们对社青团和读书会二者的组织活动与任务都没有划分开来，虽然以团小组作为读书会的基本组，且并没有把团小组作为青年与平教运动的核心，换言之，当时实际我们是把青年读书会当作团组织的别名，而把平教促进会作为党团对外活动的公开机关（社会团体）。在1924年上半年我们的实际活动中也是这样的看法。另外，当时我们对团小组的上级领导关系，也无明确的概念和规定（本来团章上有明确的规定），虽然在1924年上半年曾给武昌的团小组写过信（经黄梅在武昌的党团员转达的），但未得到湖北省团组织的回信，即未联系好上级组织的领导关系；在形式上，当时我们团小组好像是属于黄梅旅外学生会中党、团员领导的，而实际上后者并不是一个组织，也没有发生什么正式的领导关系。至于我们当时对于党和团的关系，虽然也知道党是共产主义运动的领导者，团是党在青年运动中的助手（在团的宣言和团章中都说明了这个原则问题），但那时我们认为党员和团员并没有什么差别，以为二者在目标、任务、活动以至年龄上都没有什么不同——例如黄梅旅外各地学生中的党、团员相互间都没有经过组织的正式介绍或证明文件，只凭各人自己说明，别人说他已加入党或团，就相互承认是党、团员，而且我们也没有认真区别谁是党员，谁是团员，党、团员的组织生活（例如寒暑假中开会等）以及对党与团的活动和发展工作，也都未划分开来。这也说明了当时我们对党、团员相互关系的认识和党、团员在组织生活与实际活动中的一般情况。

三、青年和平教运动的经过情况（1923年冬至1924年夏）

1923年冬，为了发动黄梅各界组织平教促进会和筹备平教基金，旅外学生会曾在县商会内召开黄梅学商各界（邀请当时的县教育局、县高小、初小和几个市镇公私学校教职员、讲演所、商会等机构的代表）联席会议，很快就通过了平教促进会的简章和董事、干事的名单（宛希俨为董事长，我和李子芬为总、副干事）；而讨论基金问题，开了几天会，费了九牛二虎之力，只由个别人捐了一点款（商会干脆说无款可捐，教育局打官腔说要等暑期开董事会来决定拨款），记得只能购买一部小油印机，少许油墨、纸张和百多部识字课本。筹募的款项虽少，但已引起黄梅各界，尤其是学界青年对平民教育的注意，造成有利于宣传"义务教学""人人识字"的气氛，为宣传新文化开辟了道路。

1924年春，旅外学生在寒假后纷纷返校，留县的团小组（即青年读书会的基本组）三人中，张获伯同志回到北乡教学，在当地开展平教工作，我和子芬同志在县城集中精力开展平教的宣传运动；在县城举行了多次群众性的讲演大会，宣传的主题是"人人识字学文化""大家起来救国——反帝反封建""劳工神圣""义务教学"等等。参加听讲的人一次比一次多，在城关差不多是街谈巷议，家喻户晓；原来死气沉沉的官办讲演所，也动员起来参加我们的宣传工作，连当时老顽固的县知事也不得不装模作样来参加我们召开的讲演大会，也指手画脚地讲他的一套平民教育的好处。这种讲演大会的形式和内容，在黄梅还是前所未有的，因而轰动了全城，这也是几年来震动全国的"五四"救亡与新文化运动大浪潮波及黄梅的应有反应。

在城关陆续办起了几处夜校，开始报名上学的有一百多人，其中以青年学徒和店员占多数，还有少数的家庭妇女和失学儿童，但坚持学习到半年的不很多，流动性大。教员大多是青年小学教师，除教识字外，很少做新文化政治宣传工作，所以学生的学习热情就容易冷下去。在城郊和乡村中，到三四月间，也有几处办起了夜校，如北乡的张获伯同志，考田和小溪的柳宅陶等同志（所在乡的名称都不记得了）。我们曾到这几处去看过，同就学的贫雇农及其子弟谈过话，他们对时事政治问题比对识字更感兴趣。柳宅陶同志是在一二月间主动到县城来找我们商谈开办贫民夜校的。同时他加入了青年读书会，我们团小组也就通过了他加入社青团。

在这几个月中，平民夜校虽然办起来了，但在夜校内外结合识字来宣传浅近的科学常识和反帝反封建的新文化，一般做得很少，固然我们也不能要求过高，而在这方面的缺点，首先是由于我们的注意和领导的不够：1.没有注意培养和组织在县的青年骨干分子，即没有大力开展青年读书会和吸收先进分子入团的工作——

虽然发展了团员三四人，如柳宅陶、帅元忠等同志，但未及时按团章和会章组织支部和小组，没有认真进行学习、讨论和通信联络工作；2.没有在夜校的课外多深入青年劳动群众中去做一些政治宣传工作，因而平教运动未能较快地树立广大的群众基础。

1924年6月间（临暑假前），因教育局董事会议拒绝去年冬天教育局代表所提拨款作为平教基金的诺言，激起了学界和群众的愤怒。我们在闹翻了这个董事会议之后，立即召开大会（主要是学界），群情激愤，会上喊起了打劣绅土豪的口号，如"打教育局局长李竹余""抄×××（当时县教育基金会的土劣董事，已记不清他的姓名，好像是石南屏）的家"等口号，会后群众都拥至教育局和某土豪的家，土豪都已闻风逃窜，虽未打着，而民气大伸。这是黄梅打劣绅土豪的开端，推动和鼓励了群众对现实政治的热情，也可算作半年来平教运动的成果。过了两天，哄传县署挂牌拿办"闹事祸首"的我和李子芬，可是我们仍然在县城内到处活动，却没有人碰我们一下，这证明当时群众和舆论的威力已占上风。

暑假到了，旅外学生陆续回县，党和团的同志开了几次会，听了我们关于青年和平教运动的工作汇报（约如上述的成就和缺点），讨论了继续改进工作的办法。在开会过程中，决定调我速到上海去考察广州的黄埔军校（限日启程），李子芬同志暂不调动。1924年暑假（大概是7月初）我没有等到开完会就动身去上海，8月初到广州，以后一直未返回黄梅参加故乡的革命活动。

四、解放前黄梅社会经济的特点及其在大革命中反应较敏感的原因

黄梅地处长江中游和大别山的尾闾，又为鄂、皖、赣三省交界的边区，大部分土地为肥沃平原，河流湖泊纵横交错，向称"鱼米之乡"；西北部山岭重叠，大小溪流瀑布很多，有利于发展林牧业和中小型水电站或其他动力站（山区农民几百年来就在大小溪流上布满了水轮式的水碓作为香特木产等之用）的建设（当然也有利于建立革命的游击根据地），山区梯田也不少；东南部濒临长江和龙感湖一带，地势低洼，特别是沿江方面，农业收成依靠堤坝；在京汉、津浦两铁路建成以前，黄梅曾是南北交通孔道之一，除南北间的直通驿道外，由孔垅到小池有五十里长的运河直达长江，孔垅往北的天然河流可通县城（也是五十里），所以水陆交通都较便利。虽然天然条件这么好，农（渔）民又是那样地勤奋，但在解放前，黄梅

也像长江流域以至全国各地一样民不聊生，农（渔）民及手工业者受封建地主和高利贷者的盘剥，受官僚、军阀的苛捐杂税，兵匪的劫掠，受外国资本和洋货的掠夺（因邻近九江等埠，洋布、洋油以至洋袜、洋烟更易侵入城乡）。随着人祸而来的天灾，上乡常旱（水利不兴），下乡常涝（堤坝失修，往往连年溃决）——因而农（渔）民及手工业者不能不破产，即使丰年，都有成批的农（渔）民流入沿江一带的较大城市、码头（特别是最近的九江）。"幸运"的人们找到各种季节性的苦工（例如以前九江、武穴等埠的码头工人，庐山的轿夫，大多数是黄梅人）或小工、小贩等等。更"幸运"的是找到各种工厂或商店做固定的工作（我的父亲就是从考田山破产的农民家庭到九江亲戚的锡店学徒，出师后，曾到武穴、垅坪、孔垅等地的酒坊、糕饼坊做酒锅、糕盆等的流动手艺工人，后来才在黄梅县城开个小锡店），而大多数不幸的人就沦为乞丐、死于饥饿；至于荒年就更不用说，大批地逃荒到江南的九江、彭泽、黄石港（现在的黄石市）等地。如果说黄梅由于许多优越的天然条件而形成了一些社会经济的特点，那么上述情况就是解放前反映这些特点的倒影，其实这也是解放前整个中国的写真。

　　从历史看来，近百年来黄梅曾写下了许多壮丽的革命史诗，太平天国起义军为夺取长江中游的战略据点，曾在黄梅一带同汉奸官兵进行过多年的拉锯激战，黄梅贫苦农民参加义军的当不在少数；庚子年全国反帝（打洋教）怒潮时，在黄梅县城和孔垅等地（都有帝国主义的特务机关——洋教堂）也掀起了一场暴风骤雨（我们小时常听老人讲上面的两种故事）；民间还盛传小溪山的于天宝造反（农民起义）等神话式的传奇故事（时间不明，当在太平天国与庚子义和团运动之间）——这一切都说明了黄梅历来对革命的敏感及其革命气氛浓烈的真正原因。

　　辛亥武昌起义，在部分知识分子的想象中曾泛起了一些资产阶级式民族民主的浪花（黄梅也有几个老同盟会员，如宛思演等，还有若干在武昌上学堂的学生或其他职员曾因被人剪掉辫子而参加起义的，如我的大哥王国祥等，在武昌起义后，他们在黄梅县城也搞了一些宣传活动，如练学生军、换国旗、剪辫子、放小脚等等；但到五四运动后，这般人大都成了保守、顽固派，如他们的代表人物宛思演，由土地主而开洋货店，后来在我们的影响下也附带代售一点公开的新文化书刊，而他的头脑至多不过是梁启超、章太炎之流的崇拜者），在一般老百姓中，也有一些渺茫的改朝换代的幻想和"美谈"，而在社会经济和政治生活中，不但看不到什么好处，反而尝到了兵灾马乱的苦头。五四运动，在黄梅民众的现实生活中虽未引起任何重大的反应，而在知识界，首先是旅外学生界较早接触了反帝反封建的新文化影响，其中部分进步分子接受了马克思主义的宣传，后来加入了党或团，这也是在黄梅开展青年和平教运动的思想基础。五四运动到北伐战争的大革命时期（即第一次国内革命战争时期），黄梅的群众运动已经在党的直接领导下蓬勃开展起来了，更显出它对革命反应的敏感性。

以上断断续续写了许多天，仅作为你们编写黄梅县党史时的点滴参考资料，也可作为我对故乡黄梅革命史实的回忆，其中有些答非所问或不妥当的地方，请你们指正；您寄来的部分访问记录稿，帮助了我的一些回忆，其中有几处是我知道不符事实的地方，用红铅笔画出来了（当然我知道的只是1924年上半年以前的很少一部分事实），附上供你们参考。

你们如有指示或问题以及关于编写黄梅党史的计划提纲或有整理好了的访问记等资料，请寄我一份。

来信请直寄"青岛疗养院居庸关路14号王一飞同志收"。

专此，谨致革命的崇高敬礼！

1959年6月18日

原载中共黄梅县委党史资料征集编研委员会办公室编：《黄梅县革命史资料》（第一辑），1984年，第76～85页。

信阳风暴

——北伐战争时期信阳人民反对军阀的武装斗争

◎ 饶秉凡[①]

  1926年国民革命军北伐时，我从中央军事政治学校调出来编入国民革命军总政治部领导下的鲁豫皖特别工作组。这个组织的任务是打入敌军内部，分化瓦解敌军或组织武装破坏敌军后方。这个组织的总负责人是王乐平（国民党左派，后来被蒋介石杀害），河南负责人是李正韬（他是蒋介石的死党，有"大太子"之称）。这个组织的领导总机构设在汉口法租界。我工作的主要地区是河南南部。我在工作时期参与过信阳人民反对军阀斗争和打击反动派的斗争。但我对红枪会以及军阀的内部情况，掌握得还不够全面。又因年代久远，时间记不准确。请知之者予以补充和更正。

一、北洋军阀吴佩孚的溃败和溃败后的信阳局势

  1926年，北伐军在两湖战场上以雷霆万钧之势打击了吴佩孚军。8月下旬，北伐军在丁泗桥、贺胜桥两大战役中取得了决定性胜利后，就以破竹之势长驱北进。

[①]饶秉凡，又名饶辉南，系董家河乡高岭村人。1925年在北京大学就读时加入中国共产党，后入黄埔军校。北伐战争开始，党派他回信阳领导农民运动，曾被选为河南农民自卫军临时执行委员。20世纪30年代初白色恐怖时期脱离革命去东北，新中国成立后在辽宁省海城高中任教，20世纪60年代退休返故里，1981年病故。

9月1日，北伐军直迫武昌城下，把这个古城包围起来。由于敌守将陈嘉谋、刘玉春据城顽抗，该城到10月10日才解放。9月6日，北伐军解放了汉阳，汉口敌守将刘佐龙投降，9月7日北伐军进驻汉口。

　　由武汉败下来的吴军残部约十余万人，退到武胜关至信阳及信阳以北。武胜关至信阳九十余里，中间有新店、李家寨、柳林、东双河等四个车站。铁路从峡谷中穿过，铁路两侧山势峻峭，道路崎岖。特别是武胜关自古就是军事重地，有"一夫当关，万夫莫开"之险。吴佩孚这个万恶的军阀还妄想据险顽抗，徐图再起。不意他的阵脚未定，就有曾从孙中山参加护法斗争的樊钟秀，自豫西率领建国豫军三千多人从信阳西南谭家河循山道直捣武胜关背后。吴军正在惊恐和动摇的时候，国民革命军第八军唐哲明部仅以一连之众就夺取了武胜关和鸡公山天险。吴佩孚的溃败如昔日苻坚在淝水溃败一样，风声鹤唳，草木皆兵，败兵蜂拥北窜。那时候我正在信阳城北长台关，见兵车一列一列地北开，车顶上、车厢外边都趴满了人，黄糊糊的就好像是用人堆成的列车，除机车和每辆车厢的车轮以外，简直看不见车体。铁道两旁成群的败兵，争先恐后地北窜，其混乱的景象简直无法形容。

　　形势的发展比人们想象的快得多。为了到信阳南部柳林镇去和县委研究新情况下的工作，我绕道铁路西南下。在信阳城西约十五里的二道河与县委书记周叙伦同志相遇。他是受了樊钟秀的委托，北上来找我的。我们一同经由青石桥到东双河，下午六点钟的时候赶到了建国豫军的司令部。建国豫军司令部设在东双河车站一家转运公司里面。樊钟秀听说我们来了，他就亲自迎了出来。他很机警，但也很坦率。未谈很多的话，他就把找我的目的说了出来。他说他率领的部队是由远道轻装而来，无论是给养、服装和弹药都很缺乏。希望我领着他的参谋到汉口，向总司令部请求援助。党认为他这次进军，是有利于革命事业的，应该给以援助，我就慷慨地答应了他的要求。吃了晚饭以后，司令部准备好了一辆专车，我和他的参谋吴竞堂（后来他加入了中国共产党，1928年在德州被蒋介石逮捕）登上专车，直奔武汉。那一天正是中秋日，月光分外明亮，水田里成熟的稻子，在月下发出灿烂的金光。胜利和秋色使人感到兴奋和愉快，我和竞堂同志一路畅谈，谁也未曾入寐。次日清晨火车到达汉口。上午八时，我们到武汉行营去见总政治部主任邓演达（他代理总司令，武汉行营司令），建国豫军的要求得到了满足。立了功的建国豫军不久也就离开了东双河。

北伐军攻下了武胜关、鸡公山以后,就停下来未再前进。国民革命军第八军随后扩编为第八、第三十五和第三十六等三个军,第三十六军第二师(师长唐哲明)驻防武胜关、鸡公山、新店、李家寨一带,其最前哨是李家寨。吴佩孚的残部有靳云鹗、魏益三、庞炳勋、梁寿楷、田维勤……约十万人猬集在信阳城内及其附近。这些将领清楚地看到吴佩孚的没落前途,都各寻出路,他们与国民政府的接洽活跃起来,战争从此就停顿下来了。

在战争停顿下来以后,有投机的军阀任国卿招募了流氓、土匪数百人,骗取了国民革命军总司令的任命,称"国民革命军河南先遣队"(以下简称"先遣队"),驻在柳林镇以东和当谷山一带。另有老政客刘积学(字群士)以老国民党的关系,也猎取了"河南宣抚使"的头衔。他在柳林车站设立了衙门,物色了当地的恶霸地主周成之做参谋长,招兵买枪成立了一个卫队团(实际不足一团人)。

在政权方面,军阀的政权只能统治浉河以北,浉河以南约一千平方公里的地区,则陷入了无政府状态。为了维持革命秩序和发展生产,当地人民迫切要求建立一个人民政权。1926年11月,在党的领导下,在柳林镇召开了信阳南部地区各界人民代表大会。出席会议的代表有铁路工人、农民、学生、妇女、工商业者和开明绅士共三十多人。会议通过决议:成立"柳林治安维持会"(应为"治安委员会"),选举了刘展宇(共产党员)、刘曼阁(河南省立第三师学校学生)、聂宜之(开明人士)等三人为委员。这个治安委员会存在了半年,到1927年5月随着信阳的全部解放而结束。在党的领导下,治安委员会做了许多有利于人民的事情:它两次领导人民解除了危害人民的军阀的武装,镇压了一些反革命分子和破坏分子。维持了地方的治安;解决了人民相互间的一些争端……它得到了信阳南部地区广大人民的拥护与支持,它是信阳历史上第一个人民政权。

二、人民反对军阀的武装斗争

1. 柳林地区人民解散"先遣队"的斗争

信阳人民反对军阀的斗争是从南部开始的。驻扎在柳林镇以东地区的"先遣队"

是新成立起来的、人数不多的一支土匪队伍，没有一点训练，纪律极坏。他们有不多的几杆枪，自制的手榴弹是兵士们的唯一武器。他们没有薪饷来源，仅仅依靠对当地人民搜刮抢掠来维持他们的生存。无休止的横征暴敛，激起了当地人民的极大愤怒。1927年初，柳林镇附近的人民在党和治安委员会的领导下，发动了解除"先遣队"武装的斗争。

参加这次斗争的有柳林镇、王家店和当谷山等地的红枪会。这些组织的基本成员是农民，党和这些地区的红枪会有较密切的联系。党曾派遣同志到这些组织的基层当中去进行宣传鼓动工作。在行动之前，党曾对"先遣队"的实力和人民武装行动的有利条件作了细致的分析与估计，针对"先遣队"的实力，调动了足够的人民武装。为了不发生误会，且于必要时可以得到支援，党在事前派我和驻扎在李家寨的第三十六军第二师作了充分的联系。对于解除"先遣队"武装的善后工作也作了安排。

人民对"先遣队"早已恨之入骨，在解散"先遣队"武装的战斗中，个个斗志旺盛，县委书记周叙伦同志亲自指挥战斗，不到半天工夫，就把"先遣队"的武装全部解除了。农民不认识手榴弹，有两人在路旁拾到一颗，不慎爆炸，把两人的脚后跟炸伤，随后送到汉口医院治愈。除此以外，参加战斗的人没有受到任何创伤。在解除"先遣队"武装的同时，柳林治安委员会以当地人民的名义向国民革命军总司令请愿，要求解散"先遣队"。请愿书在历数了"先遣队"残害人民的事实以后，指出："把这样的土匪部队放在革命军的最前线，以之御敌则不足，以之害民和损伤革命军的声誉则有余。"请愿书是我亲自送到总司令部的。邓演达主任看完了请愿书以后，拿起笔来，批了"着即解散"四个字。

这场胜利大大地鼓励了以后人民的斗争情绪。

2. 信阳城区及附近各镇人民反抗魏益三、庞炳勋军的斗争

吴佩孚的残兵败将猬集在信阳，给信阳人民带来了深重的灾难。这些败残部队，有如丧家之犬，饷项无着，要向人民征款征粮，自不待言；因为军队的过于集中，南北交通又被阻塞，物资供应成为严重问题。虽然各军将领采取了一些措施——如魏军分出两部，分别驻在城东的五里店、中山铺和城西的游河镇；庞炳勋部队移驻城东洋河镇一带，减轻了县城的压力——但是县城的负担仍然奇重。那时有粮商从北方运来几十车大豆，因火车不通，被阻止在信阳车站。驻军因缺粮关系，就把这一批大豆做了军粮。燃料供应不上，驻军就四处砍伐人民的成材之木，充作烧柴。士兵食大豆烧湿柴，满腹牢骚，而商人蚀本，人民多年培养的成材被砍伐殆尽，更是愤怒。人民和军阀之间的矛盾日趋尖锐化。特别是魏益三的部队砍伐木材时，不连根挖，不平地锯，而是在离地三尺来高的地方就把树锯掉，每锯倒一树，就留下一棵三尺来高的木桩。树伐完了，遍山都是树桩，凄惨的掠夺痕迹，人民看在眼里，痛在心里，炽烈的怒火，势难遏止。

柳林地区人民解散"先遣队"胜利的影响，马上扩大到北方，信阳县城以北、以东的人民也活动起来，他们也试图用自己的力量解除军阀部队的武装，这种行动首先在县城东北的洋河镇和城东的中山铺开展起来。这些地区的红枪会与党的关系较浅，但人民手中的武器比较充实。洋河地区集中起来的红枪会有数万人，他们的怒吼震动了山岳，使庞军望而生畏。不到一天的工夫，就解除了驻防在洋河镇周围的庞炳勋部队一团人的武装，他的残余人马都集中在洋河镇内，被红枪会数万人层层包围起来。

同时，中山铺一带的红枪会，也集中了数万人，解除了魏益三驻防在那里的约一团人武装，并缴获了两尊大炮和一些机枪（这些重武器后来被唐哲明派人收去了）。魏益三见情势不妙，马上把驻防在五里店和城西游河镇的部队调回来集中在县城。

那时候魏益三和庞炳勋已和武汉国民政府接洽妥当，把他们的部队隶属于武汉国民政府。武汉国民政府要保存这两部分武装力量，就决定和平解决信阳人民与当地驻军的武装冲突。政府把调停的任务交给我。我先到城北双井店去找红枪会领袖张钦臣（他与革命方面有较深的关系，在红枪会里面也有相当高的威信），我俩和地方名流方佛民、李君（忘其名）等，一同去洋河镇。另外一个有力的调停人是城北的大绅士仝静如，他已先到庞炳勋的司令部。那时连日大雨，庞炳勋的残部被红枪会围困在一个小城镇里，供应极度困难。红枪会在两天围城（洋河镇有城墙）急切不能取胜，撤围又恐怕庞军报复的情形下，也很苦恼。这样，两方都有和解的要求，我们的工作很好做。我们几个调停人提出和解方案："红枪会撤围，让庞军从洋河镇撤到信阳县城。在撤军中红枪会保证不袭击，庞军保证对红枪会永远不追索武器、不报复。"双方都同意这个方案。红枪会解了围，庞军撤到信阳城南三里店，这一场斗争又以人民胜利而结束。

3. 第二次反魏围城斗争

庞炳勋的部队由洋河镇撤到三里店后，所有吴军的旧部又都集中在县城。物资供应地区范围缩小，他们的处境比之前更为困难。魏军仍然四处砍伐木材，充作烧柴。如前所述，他们的砍伐方法较惹人愤怒。在4月初，信阳县城附近人民又掀起了第二次反魏的围城斗争。

这次风暴的发生，除因为上述魏军继续砍伐人民的木材充作烧柴，激起人民更大的愤怒外，还由于在上次解除庞、魏两军武装时掌握红枪会实权的地主们得到很多枪械，滋长了他们的贪欲。当他们估计魏军孤立无援，可以再从魏军手中夺取一些武器的时候，就又把红枪会发动起来，进行这次的围城斗争。

这次围城的人数很多，县城四周数十里内的红枪会都参加了战斗。他们声势浩大，号称二十万，实际上也不下十万人。他们把县城层层包围起来，口号是"解除害民的魏军武装"。魏军胆战心惊，急忙把城外的部队都集中在城内，依据坚固的城墙，在城墙上安设大炮与红枪会对峙。

红枪会手中的枪支也不少，在战斗中很英勇。有一支红枪会曾扑到县城的北门，因为城墙和城门都异常坚固，步枪、机枪攻不下来，他们被迫退去。

事情发生的当时，我正在武汉。因为上次调停红枪会与庞军冲突事件收到效果，政府又命我回信阳参与调解。我回到信阳先到魏军司令部和魏益三相见，把政府的介绍信交给了他，并了解了一下情况。当我知道红枪会的主力仍在县城的东、北方向时，遂决定先从北方调解入手。我马上到双井店去找张钦臣和周少甫。当我把来意和政府的意图对他们说明以后，他们表示尽力支持。那时城北的红枪会的领导人大部分都在十八里庙前线，那里还有广大的红枪会群众。张钦臣同我到十八里庙，经张钦臣介绍，我向红枪会的领导人和一部分红枪会群众讲了话。首先对他们受当地驻军的勒索和他们被迫所采取的正义斗争，表示深切的同情与支持，接着我就指出两方面武装斗争就免不了有或大或小的损失与牺牲。现在魏军已改隶国民政府，政府为了保存这一部分武装力量，使他们为革命效力，同时关怀人民，不使人民作无益的牺牲，因而试图使这场冲突和平解决。最后指出魏军经正式改编其饷项和供给有着，就不致再扰害人民，政府也决不允许他们再去扰害人民。群众听到这里颇感兴趣，特别是那些被强制参加斗争的农民，喜形于色。

遗憾的是我的讲话才完，前面就枪声大作，立刻传来了魏军发动进攻的警报。群众对我这个"使者"产生了怀疑。有的发话说我别有用心，有些年轻性急的领导人竟至持枪相向，情况甚为严重。张钦臣尽力向群众解释，说开枪可能是由于误会。他为了使我脱险，建议我到彭家湾车站给魏军去电话询明原因，并制止魏军妄动。我同意他的建议，在怒斥了魏军背信以稍稳定群众的情绪后，我和张钦臣等同到彭家湾车站。

魏益三为什么要在调解正在进行的时候发动进攻呢？他在电话中给我作了大概说明。他说他的军队无柴不能举炊。他曾下令不许再砍老百姓的树木，而组织了一部分兵士到蔡合林的山林去砍伐木头。蔡合林的山场是逆产，早已收归公有，百姓不应过问，而红枪会竟杀死去砍柴的士兵二人，军中群情激愤，说"我们没有干柴就烧湿柴，老百姓的树木不让动，就去砍逆产的树木，现在连逆产树木也不让砍，我们就应该被活活饿死？"群情激愤之下，自动开火了。魏益三在说明缘由以后，激愤地对我说："红枪会实在逼人太甚！我拥有数万武装能坐以待毙吗？我不能再与红枪会和解，你快回来吧，你快回来吧！我立即派火车头去接你！"

为了不使站在我身旁的人们听到魏益三最后的一段话，我把话筒紧紧地扣在耳根上，而岔开他的话头回答说："百姓不知道什么叫逆产，这当然是一场误会，你说已经下令不让打，那很好！必须这样才好！我立刻回信阳，回去后再商量，请你把电话机放下吧。"

我放下电话机，走到站台，不大工夫火车头开来了，我诚恳地对张钦臣和几位带队人说："我暂回县城去和魏军做严厉的斗争，军阀终究是军阀，让我们共同提高警惕，再见。"

我登上火车头，不到二十分钟的工夫就到了县城。见了魏益三，我首先质问他为什么在调解进行中，背信向人民发动攻击。他恶狠狠地说："我的士兵去砍伐属于逆产的木柴也遭到杀害，实在逼我喘不过气来！"我竭力解释人民不知道什么是逆产，应该谅解，并说明利害，劝他认清形势，以忍耐为重。但他仍然坚持要打。他说："我今天往东开炮，明天向西开炮，我用大炮往四面轰击，看红枪会有多大本领！"正在我和他争辩时，有一个高级军官进来："报告军长，往东打了几炮，那里红枪会退了。"魏益三回答说："好！再打。"接着又有一个高级军官进来："报告军长，往北打了几炮，那里红枪会退了。"魏益三仍如以前一样回答："好！再打。"这种示威的戏剧活动，我实在忍耐不下去了，站起来对他说："我坚决主张不打，你实在要打，我就从此告辞。"

我从魏军司令部出来，就到我的临时居处铁路工会，拿出电报稿纸，把魏军炮击人民的具体情况向政府拍发了一通电报，请政府制止魏军的炮击行为。

我在铁路工会反复考虑当天发生的事情，不想吃饭，也不想睡觉。到了半夜的时候，忽然有一个兵士，背着一把大片刀，提着马灯，手持魏益三的名片，说魏军长请我有事商量。这个兵士来得奇特，我本想不去，又转念："任务总得想法完成呀！"我就跟那个兵士去了。魏军司令部设在袁家大楼。出了工会，应该向左沿大街前进。但那个兵士却领我向右沿小道前进，这就使我产生新的疑虑：当时阶级斗争很尖锐，魏益三的这张名片并未盖章启事，很可能是阶级敌人贿买军人，假借魏益三的名片，把我骗到暗处杀害。想到这里，就恨自己对世事欠缺历练，但我已随那个兵士走出很远，并且已到一块荒凉的空地，除了提高警惕，准备搏斗，别无良法。空地上扣有很多口瓦缸，有一只缸的阴侧卧着一条大黑狗，我正在注视那个兵士的行动，他煞地一刀向黑狗砍去，我机灵地跳出五尺来远，准备去迎接他的大刀，这把他也吓了一跳，他沿着狗卧的地方向右一拐，走出极其狭窄的一条道口，就到了大街。对面就是魏军司令部。我这时猛然省悟，原来是他领我走了捷径！

我到了魏军司令部，魏益三没有出来，他的郝参谋长代为接见，他说魏军长请我来，是因为我白天发出的电报，用语过于严重，他们怕政府斥责，给我改了几个字，请我谅解。我说我的电报，是据实报告，你们改了它的内容，应由你们负责。我回到工会以后，直到天明，心情也未平复。从此，提高了一点认识：在他人的统治地区，与他有关的明码电报是发不出去的。

早饭以后，魏军开始用大炮向县城四周轰击，一炮接着一炮，数不清他发射了多少炮。隆隆之声，震耳欲聋！这种野蛮的轰击，不知要给人民造成多大的灾难。思念及此，焦躁万分！

我正在想法通过红枪会的封锁线，步行到城南去给政府拍发电报，请求政府制止这种暴行，忽然胡焕民同志（他是共产党员）从十三里桥来到工会。焕民同志是十三里桥红枪会领导者之一，我就借着他的向导很顺利地通过红枪会的封锁线，到达了城南十三里桥。

我由十三里桥步行到东双河，这才把报告魏军轰击人民实况的电报发出。魏军的炮击，随后被政府制止了。

后来我到武汉，才知道魏益三把我的电报正好改成一个反面，说红枪会猖狂攻城，满城军民处于危殆境地，请政府准许魏军自卫。政府根据这个电报，复电准许魏军作适当的自卫。因此，魏军就肆无忌惮地炮击人民。

魏军的轰击，并未能使人民屈服。当炮击的时候，红枪会就退到较远的地方隐蔽起来；炮击一停，红枪会又包围上来，魏军始终不敢出城。后来魏军被调到湖北省广水镇，这一场风暴，才告结束。

4. 解除河南宣抚使卫队团武装的斗争

我和胡焕民同志到了十三里桥，红枪会当中有一部分军队，引起了我的很大注意。我问当地的老乡："你们当中哪来的军队？"他们回答说他们是河南宣抚使的卫队，说是宣抚使叫他们帮我们打魏军的。我认为这里面有问题：刘积学与魏益三为同类，他的卫队团力量并不太大，为什么要远道来到这个地方帮助人民进攻魏军？他们可能是受到人民的攻击而逃跑来此！

正当我和老乡们谈论这个问题时，该部队的参谋长周成之走过来，把我请到他们那里。屋子里只有他和一个姓刘的营长，他们的神情慌张、颓丧，周成之苦苦地要求我把他们的队伍带回柳林改编——改编为正式部队或地方部队都可以。我问他们为什么要把部队带到这里来，他们起初还不肯直说，经我再三追问，他们才说出实情：宣抚使的卫队团，被柳林的红枪会包围缴械，有一部分已被解除武装，他们这是漏网的一部分，逃到这里来的。他们后来打算跑到远处另找出路，但各地的红枪会都行动起来了，他们跑不出去，就只好伪称是来帮助人民进攻魏军的，暂在这里停留下来。我答应带他们回柳林去改编。为了防备他们在中途有变化，我请胡焕民同志和谭家河红枪会带队的老徐同志（共产党员）在队伍里各选三十名精兵，护送这一百多名逃兵到柳林去。

在午后三时许，我领着这三方面的队伍往柳林前进。天雨初晴，道路泥泞难行，走到东双河路西，天色近黄昏，周成之和刘营长走到我们前边，周成之坐在铁道上不再前进，他说："饶先生，我和刘营长要到前面水围子我的佃户家去，你自己把队伍带去吧。"我再三要他同行，他坚决不去，我又了解了别人，才知道他已先使刘营长带走二十来人，每人带有德国制造的新驳壳匣枪一支，他的真正意图，立刻暴露出来了。

在队伍来到东双河之前，东双河的红枪会已集合起来，他们是接受了党的指示，准备追赶这支逃兵的，他们还未出发，这支逃兵恰巧返回来了。队伍进东双河街时，东双河红枪会领队人之一丁泽卿同志（他是共产党员）听说是我回来改编的，就不许红枪会动手，他亲自到北门外去迎接我。我们相见以后，他告诉我：刘积学的卫队团，已被红枪会解除了一部分武装，另一部分向西逃跑了。叙伦同志来信叫他们去追赶逃跑的那一部分，问我可否就地解除这一部分队伍的武装，我说既是党有指示，你们可以解除这一部分队伍的武装，但必须与十三里桥、谭家河来到这里的红枪会共同行动，缴获的武装也要分一部分给他们，对被解除武装的士兵，必须发给他们必要的还乡旅费。

他们得到我的同意，并按照我所提出的办法，三处的红枪会联合起来解除了这一部分逃兵武装。

周成之分裂出去的一部分武装，是这一部分逃兵武装的精华，周成之的企图，并没能实现，这一部分武装随后也被解除了。东双河的人民群众还以"勾结反动势力，扰害人民，阴谋隐匿武器，为非作歹"的罪名，把周成之枪毙了。至此河南宣抚使刘积学卫队团的武装，全部被解除了。

当时我们有条件取得很多的武装，可惜我们没有这样做！

三、反动派利用红枪会向革命进攻

红枪会也叫"红学"，是以农民为基本成员的一种迷信组织，它很早就从外地传到信阳来，到第一次国内革命战争时期，在信阳各地普遍发展起来。一般都使用红缨扎枪，后来，由于流入民间的枪械越来越多，红枪会多半使用步枪或手枪（但练功时还使用红缨扎枪）。他们迷信吃了符以后刀砍不进，枪打不进，没有死亡的威胁，所以，他们战斗起来异常勇猛，简直像猛虎一样。

这种迷信组织有浓厚的宗教色彩、狭隘的排他性和地域观念，团体外的人不可能进入他们的内部。因此，对于他们的政治工作，很不容易进行。红枪会的基层领导权，一般都掌握在设立红学的地主或富农手中。红学与红学之间，还重视无原则的"团结"与"义气"，往往一倡百随，盲目相从，最易为恶霸地主所利用，以实现其反人民的目的。

蒋介石在"四一二"叛变革命以后，就和帝国主义、封建势力、大资产阶级勾结起来向革命发起猛烈的进攻。他们千方百计地在武汉方面进行瓦解工作，夏斗寅、许克祥的相继叛变，就是他们这种阴谋的具体表现。

他们的破坏活动，也反映在信阳地区的红枪会里面。他们收买了信阳南部最大的土豪熊绘幽和一些反动的土豪恶霸，通过他们调动红枪会向革命进攻。从1927年5月起，信阳全县范围内的土豪劣绅活动起来了，他们调遣红枪会到处捕杀革命的青年和工农革命分子。他们私立公堂，严刑逼供，任意残杀，有的不经过什么讯问的程序，就私自杀害。刘曼阁、陈忌言、谢叔廉等很多革命青年，都是这样被残杀的。他们抄没革命者的家产，虐待革命者的家属，刘少文同志的家产被反动派抄没，他们还以烧红的铁棍烙他父、兄的肛门。如此惨无人道的野蛮行为，并不是少数。

5月初，反动的土豪熊绘幽调集了红枪会数千人，去抄袭柳林镇国民党县党部。这时柳林治安委员会已经结束，国民党县党部已移到信阳，同志们也随着到了信阳，仅我和周叙伦同志尚在王家店。我听说反动派行动起来，便带了一支匣枪独自跑到王家店铁道西边的高山上去观看形势，刚上到山顶，就看见柳林车站以东有黑压压的红枪会大队。他们的人数很多，一群群地经过车站向柳林镇前进，当时我很为曾在很长时间和我们在一起进行革命斗争的革命群众担心，同时我更痛恨那万恶的反动派，真想拿我那一支匣枪，去和他们拼个死活！我在山顶上待了有两个小时，还是叙伦同志上来，认为在这里待着危险，实际也没有什么益处，要我同他到东双河去，我们才一同下山往东双河去。

那时，我们知道熊绘幽在红枪会中有一定的势力，知道他和革命对立，但这次反革命武装进攻，就是他发动起来的，我们还没估计到。叙伦同志主张我们到东双河去同熊绘崮谈判一下，让他出来调停这次冲突。因知道此去危险性很大，我们都暗带了锋利的武器，估计他不敢有什么作为。我俩先到丁泽卿同志处（他家在东双河街住），和他同到东双河民团办公室去找熊绘崮，我们三人在那里正值熊绘崮在室内，另外，还有何博臣（他是中间派）在那里，我们的谈判在仓促中开始。这次谈判出乎我们意料，熊绘崮特别谦恭和蔼，我们提出什么他就答应什么。不到半点钟的工夫，我们谈判就结束了。叙伦要到东双河车站打电话，问问信阳城内的情况。泽卿要和他同去，当我也要和他们二人一同去的时候，熊绘崮想把我留下，他说："让他们两人去，你在这里我们再谈一谈吧。"我说："不！我们必须一同去。"

当我们出东双河北门时，熊绘崮调动起来的红枪会大队就进了南门，彼此相距还不到一里路，他们急往车站去追赶我们。等大队红枪会追到车站时，我们已经乘张华荣同志（信阳铁路工人，共产党员）开来的火车头，离开了车站。

后来，何博臣问熊绘崮："你总说要收拾他们，现在人家送上门来了，你怎么又让他们走了？"熊绘崮回答说："他们都带有武器，我仅有一个人，又没有武器，怎么能不放人家走？"

我们离开东双河车站以后，这个反革命罪魁就驱使红枪会从东双河车站往南扒铁路。从汉口开来的国民革命军的一列给养车，正开到柳林车站与东双河车站之间，因铁路被破坏不能前进，所有车内的军需品和上百万元的现金，都被反动的恶霸们抢劫一空。

第二次北伐的先头部队已开到驻马店，双方的战斗即将开始，反动派选择这个时机破坏交通，真是险恶之至！我和叙伦同志到了信阳以后，马上向前进指挥部打电话，把这个严重的情况向指挥部报告，第三十六军第二师立刻从驻马店开回来平乱。

第二师到了信阳，唐哲明要求当地党部派一个负责同志，随军前进。党决定派我随军前进，午后4时出发（日子记不清了），当天晚上打到两河口，次日上午就打到了柳林。军队进到哪里，铁路就修到哪里。军队过了李家寨，南北两军就会师了。

红枪会被打退，当我们到熊绘崮家中去搜查时，他的全家已远走高飞。这个万恶的反革命罪魁在蒋介石政权的庇护下，逍遥法外二十多年，信阳解放后，他被人民政府镇压了。

事情的全部经过,至此基本结束。但还有一件使我终生难忘的痛心事,要在这里叙述一下。

当反革命势力破坏了交通、国民革命军南下平乱时,党决定让我随军前进,叙伦同志留在县城主持一切。叙伦同志极其关心前方的战斗情况,当他听到前方胜利的消息时,就决定到前方去看。他和唐哲明师长一同乘专车前进,到了王家店大桥附近,抓着了敌方的一个送信人,从他身上搜出一封请援的信。唐师长命令把这个送信的人处死,把信交给叙伦同志收存,为日后追查罪责的证据。叙伦同志把这封信带在身上,在柳林车站遇着刚从南方来的第八军某连,该连连长从叙伦同志身上搜出那一封信来。那时武汉方面的反共活动很厉害,特别是唐生智的军队里面地主出身的军官,反共的色彩更为浓厚。这个连长侦知叙伦同志为中共信阳党的负责人以后,硬指他是红枪会的送信人。当时我们都在李家寨,唐哲明的专车已开到前面去了,对这件事的发生毫无所知,自然也无从救助。叙伦同志说他是当地人,要求准他去地方找保,那个反动军官不准。叙伦同志说自己是国民党信阳县党部的负责人,要求把他送到信阳城内去处理,那个万恶的反革命也不答应。他立刻把叙伦同志杀害。我们最忠实的同志和战友叙伦同志就这样牺牲在反革命的手下,而与我们永别了!事情发生以后,我们曾要求军队追查凶手,但在战争紧张时期,军方不闻不问,紧接着武汉方面汪精卫集团也叛变了革命,谋杀叙伦同志的凶手没能追查出来法办,这是我们最痛心而感到遗憾的事。

1963年8月14日

原载中共信阳地委党史资料征编委员会编:《丰碑——中共信阳党史资料汇编》(第十二辑),1986年,第328~345页。

大革命时期兰溪工运情况

◎ 赵庆芳

1927[①]年12月,蕲水县党部的杨瀛、潘惪、罗格非、夏朴生(县党部工人部部长)等人筹建县总工会,会址设在县商会(今剧团巷)内。1927年1月5日湖北省总工会派向忠发来蕲水,县总工会正式成立,选任赤诚为总工会主席、张理任秘书。

为发展工会组织,县总工会除在县城组织各行业工会外,还任命我和刘志祥等四人为特派员,分赴重点集镇筹建镇工会。当时,县总工会委员黄世祥说:"赵庆芳是兰溪人,对兰溪情况熟悉,应到兰溪去。"县总工会采纳他的建议,派我为筹建兰溪镇工会的特派员。

1927年2月,我奉命到兰溪,串联发动蔡合庭、陈再容、柯××、孙均诚等人筹建工会组织。接着,我又在仙灵观召开工人群众大会,宣讲革命主张,号召工人加入自己的组织。3月初,兰溪店员工会首先在仙灵观召开了成立大会。参加大会的店员工人有二三百人,大会上,选举蔡合庭为委员长、叶丰汉为组织部部长、叶丰平为宣传部部长、周华新(绰号周洋人)为纠察队队长、叶勤武为学徒童子团团长。会址设在黑神庙内。随后,码头工会在裕福寺召开成立大会,选举陈老四(后为郑世福)为委员长,郁老三(轿子行)、张绪元为助理员;粮行工会在太阳会公屋(姜永清家)召开成立大会,选举董凤春(后为范英元)为主席,高××(绰

---

① 应是1926年。

号高大个子）为助理员，其会址亦设在太阳会公屋内；厨业工会在关帝庙（城隍庙墩侧）召开成立大会，选举陈颐华（裕隆祥厨师，后为周焕新）任主席，沈继加（绰号鸦片烟）为助理员；勤行（豆腐、熟食）工会在翁家印子屋（家庙）召开成立大会，选举李友生为主席，许祥鳞为助理员。以上各工会共有会员637人。

4月底兰溪镇工会在仙灵观召开了成立大会。参加大会的有县党部代表罗格非、县长余丙猷、县总工会主席任赤诚，兰溪各乡农协的代表均列席，到会会员700多人。会上，选举孙均诚为兰溪镇工会主席，叶丰汉为组织部部长，郁馥（又名老卿）为秘书，周华新为纠察队队长，叶勤武为学徒童子团团长，我仍为特派员。会后举行了盛大的示威游行。

此后，兰溪镇工会派出孙均诚组织船业工会，郑绪元组织算业工会。六神港有各行业工人四五十个，他们在济佛坛成立了六神分会，镇工会委员叶丰平兼任分会主席，徐××（店员工人）为助理员，隶属兰溪镇工会。我去参加了该分会的成立大会。

各级工会相继成立后，工人群众在工会的领导下，开展革命活动，对不法资本家进行了斗争。兰溪裕隆祥老板胡忆甫一贯虐待工人，压低工人工资。在如火如荼的工人运动中，还要解雇工人。为此，镇工会主席孙均诚、纠察队队长周华新和我，率领学徒童子团员十几人，手持刀、矛或三民棍，到胡的老家——牌楼湾，把胡捉来，戴上高帽游街示众。元茂隆的老板孙海清企图破坏工会组织，造谣惑众，说什么"汉口工会投了降，兰溪工会也不长"。纠察队队长周华新听到了，立即捉孙游街示众。当时店员工资很低，店员工会鉴于这一情况，多次找资本家协商才同意将店员的工资酌情增加20%。

1927年5月1日，为庆祝兰溪有史以来第一个五一国际劳动节，兰溪工会举行了盛大的庆祝活动。白天，召开庆祝大会，游行示威；晚上，举行提灯大会。次日晨，300多人的游行队伍，从兰溪游到福主庙，又从福主庙游到天鹅咀、高家湾、牌楼湾。这次节日大游行，一是显示工人阶级的力量，二是支持各乡农民协会的革命行动。因此，我们的游行队伍每到一处，都受到当地农民协会的热情接待和欢迎。

游行队伍返回到新庙后，人人累得汗流浃背。这时，裕隆祥的店员陈宗佑开玩笑地说："店员工人万万岁，码头工人做汗气。"码头工人听后很反感，当场质问店员工人："地主、土劣、资本家不把我们当人，说我们做汗臭，你们为什么也说我们做汗臭？"双方争吵不休，几乎打起来了。我看到这一情况，上前劝说："有话双方回去平心静气坐下来说，不要在路上吵闹，以免造成不良影响。"当时，双方平静下来了。当队伍回到玉泉阁，码头工人又闹起来了，一定要把"做汗臭"的事情搞清楚。我多方调解未果，只好将事情的起因和经过,以及调解等情况,报告总工会，并要求派人来协助解决这一纠纷。县总工会委员长任赤诚闻讯后，专程赶到兰溪，从中调解。但码头、店员两工会互不相让，事态越闹越大，还引起了县城码头工人的愤怒，他们表示"要做兰溪码头工人的坚强后盾，不彻底解决决不罢休"，任见调解无效，指示兰溪镇工会极力制止事态扩大。他回县后，一面劝说县城的码头工会不要插手，不要给他们火上加油；一面报告省总工会，要求派人到兰溪解决问题。省总工会主席向忠发接到报告，于5月8日上午来到兰溪。我详细地向向忠发汇报了闹事的始末和县、镇两级工会调解无效的情况。午饭后，向主席把码头、店员两工会的委员长找来，对双方给予批评教育。他说："你们想不想一个锅里吃饭？是一支筷子的力量大，还是一把筷子的力量大？马克思、恩格斯教导我们，'全世界无产者联合起来！'你们一个镇还联合不起来，怎样进行革命呢？"通过这一批评教育，双方表示要荣辱与共，肝胆相照，团结起来，共同对敌。

9日上午，镇工会召开全镇工人大会。会上，店员工会委员长蔡合庭作了检讨，主动向码头工会赔礼道歉。码头工会委员长陈老四也作了自我批评。从此言归于好。

当天下午向忠发一行乘船到石灰窑（今黄石市）去了。

工会内部矛盾解决了，工人情绪高涨了。5月中旬，镇工会委员长孙均诚、纠察队队长周华新和我，率领纠察队员20多人到南畈乡，协助该乡农民协会打土劣。我们一进乡，就捉住土豪劣绅吴开金、张汝光等戴高帽子游乡，从乡农协游到天鹅咀、红莲稍、涂家营、岳港大埠街，并罚款三四百串。同时，封了吴开金的粮仓。次日，把他们的罚款和吴开金的300多担稻谷，全部分给了当地的穷人。

5月下旬，由于孙均诚是少老板出身的关系，加之他领导不力，镇工会领导成员进行了调整，大家选我为委员长，李锡祥为学徒童子团团长，其他成员仍供原职。

蒋介石"四一二"叛变革命，接着夏斗寅在沙市叛变。6月初，夏叛逆军从石灰窑过江到散花洲，又从散花洲窜到兰溪，捕捉工会干部，捣毁工会财物。当时，各级工会领导人都隐蔽了，工会组织从此停止了活动。而我则是初生牛犊不怕虎，仍待在裕隆祥店里。

一天下午，叛军要"姜生茂"的少老板姜敏之（姜二麻子的侄儿）引路，搜捕革命人士，姜把他们引到裕隆祥。该店管事任仲华怕把我捉去了，一面与他们周旋，一面暗示我快跑。他说："客人来了，你还不赶快去泡茶。"我听后，假装到后面去泡茶，实际却从后门溜走，过江到月亮洲，我花了五元钱叫条船，连夜赶到鄂城（今鄂州市）。船到鄂城，岸上的纠察队不准船只靠岸。我说，我是兰溪镇工会来的。上岸找到邵委员长，介绍了兰溪情况，便和他连夜乘曹汉成（人称"曹胡子"）的"兴旺安"（后改名"瑞安"）轮船到汉口。在汉口，我找到向忠发，向他汇报了兰溪的情况，他叫我在汉口等待上面的指示。过了两三天，阳新、大冶来了30多人，和我一起住在汉口日租界三元北里9号。我们又等了两三天，向忠发来了。他对我们说："我计划将你们分期分批送到革命根据地去。你们如果愿意去，我已在武汉工人中筹了一批款子，每人可领二元现洋做盘缠；如果不愿意，可遵照上级党'寻找靠山，保存实力'的指示，自谋职业掩护，等待时机，东山再起。"我说愿去，他就安排我第三批走。这时，第一批走的人，已经到达根据地；第二批走的，只去了一半，另一半在途中被蒋军卡住了。我们第三批走的已经走不了。我在汉口等了很长时间。白天不能随便出去，到了晚上，才出去秘密张贴"打倒蒋介石""打倒叛逆夏斗寅"的标语，并散发传单。

冬月间的一天晚上，我在汉口四官殿码头碰到关口的水客郭玉卿，向他打听蕲水和兰溪的消息，他没有说什么情况，只是说："你表叔余小山来了，他住在董家巷荣吉客栈里，你去找下他。"次日晚，我去荣吉客栈，找到表叔。表叔说："现在年关在近，莫在外面漂泊流浪，赶快回去安居乐业。"我说："我回去怕担风险。"他说："你跟我回去，天大的事有我。"腊月间，经请示向忠发同意，我随表叔回到家里，他嘱咐我不要在外乱跑，以免发生意外。1928年农历正月间，兰溪乡长蔡觉天要捉我，表叔把我转移到关口镇，安排在该镇中和杂货店卖工，才幸免于难。

以后，我和向忠发、任赤诚等失去联系，一直以卖工度日直至解放。

原载中国人民政治协商会议浠水县委员会文史资料研究委员会编：《浠水文史资料》（第一辑），1987年，第20～25页。

五卅运动在应山

◎ 曹 扬

民国四年五月七，日本曾把我国欺，
趁那洪宪复帝制，他提条款二十一，
条条夺我权和利，件件逼我要遵依，
同胞始终未承认，并向各邦诉他非，
巴黎和约拒签字，誓死不认此条规；
现在日本竟借口，实行条款想胡为，
旅顺大连今租满，被他霸占又延期，
同胞再不结团体，国破家亡身极危，
废约坚持须到底，庶将权利挽回归，
参加五卅后援会，四百兆民莫迟疑！

这是1925年夏秋，我县工农商学各界声援上海五卅惨案时，广泛传唱的一首《国耻歌》。这歌词有着一段不平凡的来历！

1925年5月爆发于上海的五卅工人运动，很快从黄浦江边蔓延到全国各大都市，以至部分中小县城，要求惩办国贼、取缔日英仇货的呼声响成一片。6月间，英帝国主义者又在汉口制造了"六一"惨案，武汉三镇反对日英帝国主义的民众抗暴斗争迅速普及鄂属各州县。7月，第一次国共合作的中国国民党湖北省临时党部执委会在董必武同志主持下正式诞生，组织进步青年学生利用暑假随同临时省党部特派员返回原籍，广泛宣传发动农工学商各界，声援上海五卅运动。在这批特派员和返乡学生中，有相当一部分人是由中共武汉地委负责人陈潭秋同志选派的地下党团员。其时，应山的何子述在国立武昌高师（今武汉大学前身）任教，是该校共产党支部第一任书记，又是武汉学联负责人之一；东乡的卢玉成毕业于武汉外语专科学校，担负着三镇大中专校地下党团组织的联络工作，对外是跨党的国民党员。他二人都被派回了本县。何子述是以高师教员的身份，带了一批进步同学回到县城，以组织暑期读书会、爱国青年演讲会等形式，在城区学界和商界进行宣传发动工作。卢玉成则以国民党临时省党部特派员的身份，和在武汉秘密入党的柴凌阁、樊仁轩、高少珊、陈洁臣等一起回到东乡肖家店，以组织铁血青年抗英反日联盟会和乡村救国团的名义，在京汉铁路沿线向贫苦农民、巡道工人和乡村小知识分子，做宣传发动工作。

这正是大革命的前夜，外地声援五卅惨案的消息即通过何子述、卢玉成等人传到应山。这年七八月间，以何子述为主发起的暑期读书会和爱国青年演讲会的学员们，经常在县城儒学（今县大院）明伦堂——永阳中学校址集会，传阅进步书刊，演说国家大事，举办声援五卅运动壁报，让各界民众初步了解上海五卅惨案究竟是怎么一回事，和我们普通老百姓有何利害关系。在此基础上，他们通过县劝学所（即教育局）和劝业所（县商务会）的头面人物，向军阀政权委任的县知事李抱沅立案，以县劝学所、劝业所、旅省学友同乡会三方名义，召集县城学商各界代表，组成纪念五卅工潮死难同胞、反对日英列强、抵制仇货、抗敌雪耻后援会，对外简称"应山各界声援沪案救国理事会"。并确定9月7日"辛丑条约"国耻纪念日在县城文庙（今县大院）举行纪念大会和抵制仇货游行示威。当经与会代表决议：凡城区内外官学私塾都要在一礼拜内教唱《国耻歌》及《沪案后援曲》，准备好参加纪念游行的白布裤褂、白纸小旗，由高等小学堂和永阳初中班的学生联合组成沪案后援纠察队，在各理事带领下分途往各铺号登记日英洋货，封存不准再售；并挑选一批有表演特长的学生，赶排几个街头文明戏，以扩大宣传声势。商界方面规定：县城内外所有店铺自即日起停止购进销售仇货，对现有仇货择日集中销毁，不得隐瞒转手，违令者以奸商论处；凡各商民参加纪念游行，一律白袍白帽白手帕，不得使用洋纱织物；无论大小商家铺面，每户门前必须悬挂白布旗帜，墨书"勿忘五卅""洗雪国耻""抵制仇货""实行商战"等字样，亦限于一礼拜内备齐。此令一出，应山县城学、商两界顿时沸腾起来，为了赶印传单，写标语，做小旗，几家杂货铺和字画店的白纸销售一空；许多学生和商民要赶制开会穿的白衣裳，城内外几家白布庄和裁缝铺的生意也着实兴隆了一阵子。为保证各项准备工作顺利进行，复征得县署李知事同意，由劝学所所长杨勋铭、视学员曾常五以及永阳中学甲班级长柳乐生、张骏昇等人担任巡回监督，分别到各类学校及商号检查督促一切。

全城大集会的日期9月7日（农历七月二十）到了。这天从早晨起，县城的气氛就与平时大不相同，但见店铺闭门，各校停课，大街小巷标语满墙，在初升的旭日映照下更显出气氛的肃穆。文庙中心会场用白布青松扎彩，悬挂着纪念五卅惨案死难者的挽联，大成殿前搭了讲演台，幔着"应山各界声援沪案国民大会"的白布横幅，与院内的千年银杏、古槐树相映衬，隆重又庄严。早饭后，中学、高小、初小、福音堂女校、平民义学及各改良私塾的师生们穿着白布裤褂整队而来，由笛鼓队前导，数百名刚发蒙的小学生用童音齐唱《抵制日货儿童歌谣》：

旅顺口，大连湾，日本国要占。我同胞，团结起，不买他东西！矮子矮，一肚子歹，人人莫买矮子货，看他歹不歹。同胞同胞，莫买莫买！

接着，商民队伍也按时到了会场，一律白草礼帽白布袍子，前有吹棚队演奏哀乐，后面一长串抬杠，杠抬着各商户交出的部分日英仇货，诸如东洋竹布、胡子人丹、藤井灵宝丹、大学眼药水、日本磷寸（火柴）、都之王牙粉香皂、哈德门小刀洋烟、太古砂糖、英吉利壳牌洋油之类，名目不下数十种，都堆积在文庙泮池边，就像一座小山。在开会之前，先表演文明戏，由初中高小学生组成的表演队扎了两具英日侵略强盗的模拟像，用铁链吊在文庙石碑上示众，这班学生演员装扮成汉、满、蒙、回、藏五族共和形象，手牵手围成一个大圆圈，放声齐唱《国耻歌》及《沪案后援曲》，顿时引起全场附和，歌声伴着哭泣，更增添了大会场面的悲壮！

主席团宣布应山城区各界民众声援五卅惨案、声讨日英列强、抵制仇货、抗敌雪耻大会正式开始。县知事李抱沅及学、商各界代表理事上台，全场肃立，向各地死难者三鞠躬，吹棚队、笛鼓队齐奏哀乐。进入大会演讲，首由李知事训话，表示对此次民众集会的支持；相继，县城学界代表报告开会宗旨，及拟发"快邮代电"通告全县之决议，旅省学友代表朗读《少年中国杂志》刊出之五卅惨案号外，阐述顾正红烈士被害始末、港九反帝大罢工及全国各地声援情形，城区商界代表向大会表示决心，提倡国货，挽回利权，抵制仇货，实业救国，并当场公布自愿交出日英洋货的铺号名单。接着自由讲演，许多青年学生争着上台，痛诉中英鸦片战争以来丧权辱国的不平等条约，说到激昂之处，台上台下群情愤慨，一致振臂高呼："誓为五卅死难同志报仇！""揭穿日寇阴谋亡我中华的大陆政策！""声援香港九龙总同盟罢工！""反对英夷妄图变我中国为第二印度殖民地！""提倡实业救国，坚决取缔仇货！""收回租界，挽回利权！""勿忘五卅，誓雪国耻！"口号声此起彼伏，经久不息，把会场上的反帝情绪推到了高潮。大会最后销毁仇货，由纠察队员点火，顷刻之间烈焰冲天，连同那两具模拟日英洋鬼子的偶像一起灰飞烟灭。与会各界同胞，无不拍手称快！

游行示威开始了，按大会主席团统一规定，学、商各界队伍分为东、西、南、北四路，沿途呼喊口号，散发传单，高唱《国耻歌》；在城内西十字街头，南街县署衙前，东关外城门口，事先已分别搭起三座讲台，游行队伍到这几处地方，就停下来表演文明戏，或由旅汉学生代表登台作街头演说，纠察队员则到附近各铺号将前所登记之仇货按册收拢，分送至英王塘、马厂子塘、莲荷池三地销毁。各路游行队伍头顶烈日，秩序井然，宛如几条白色长龙在县城内外狭窄的街巷中流动，招来众多妇孺沿途围观，直至午后三四点钟才近尾声。

这次纪念游行集会，是应山县城自辛亥革命以来第一次有政治意义有组织领导的反帝反军阀的群众运动，它使县城学、商各界受到了一次民主革命的启蒙教育，为一年后的北伐战争、农民运动、大革命高潮的到来打下了思想基础。城里开大会声援五卅运动的消息通过"快邮代电"等途径传到了乡村，全县各地国民小学及改良私塾的学生和教员也先后投入抵制仇货的斗争。当时郝家大店的青少年同学们看见豪绅奸商穿着东洋竹布长衫、叼着大英雪茄下乡看稞、收青苗，便一拥而上缴了他的洋烟，剥掉他的衣衫，并问以卖国贼之罪，让这伙财主阔佬体面扫地。受五卅运动的影响，应山北乡的民间秘密结社"哥弟会"又重新活跃起来，以"哥弟会"为首，号召贫苦农民和逃荒饥民向豪绅地主阶级发起了"吃大户"运动，为以后建立农民协会、清算土豪劣绅开了个头。

与县城声援五卅运动爱国大会同时，卢玉成等人在应山东肖店秘密吸收乡村知识阶层中的激进分子加入中国共产党,并由此而产生了本县第一个共产党支部,领导广大人民群众由历来的自发斗争走上了自觉斗争的道路,也为1926年至1927年大革命高潮中本县的农运、工运、妇运的蓬勃兴起,培养了干部力量。

原载中共应山县委党史办公室编:《鄂北风云·第一辑》,1986年,第26～31页。

信阳"后援会"活动追记

◎ 高介民

1925年,上海发生了五卅惨案,帝国主义屠杀中国工人的残暴罪行,激起全国人民的强烈义愤。中共中央召开了紧急会议,号召各阶层人民结成反帝统一战线,开展罢工、罢课、罢市斗争,声援上海工人阶级。五卅运动迅速由上海扩展到全国。富有爱国热忱和斗争精神的信阳人民,勇敢地投身到这场反帝爱国斗争之中,罢工罢课,游行示威,募捐款物,以实际行动声援和资助了上海人民的反帝斗争。在这场斗争中,信阳学生运动的统一指挥机构"后援会"起到了重要的组织、领导作用。

一、信阳"后援会"的成立

为了更好地发动和组织群众,援助上海工人的罢工斗争,6月中旬,信阳各校学生会联合成立了"上海'五卅'惨案信阳后援会"(简称"后援会")。当时信阳的学校有省立第三师范、信阳二女师、信阳师范讲习所、私立豫南中学、义光中学、扶轮学校等。这些学校大都有地下党组织活动。据后来所知,省立第三师范教师秦君侠,师范讲习所教师易杜五、高俊于,扶轮学校教师刘少猷等,那时都已是共产党员。在他们的影响下,学生中涌现出一大批革命积极分子和学运领袖人物。如省立第三师范的彭德忱、赵佩芝,信阳二女师的张瑞华,私立豫南中学的李正中,信阳师范讲习所的王伯鲁、程子伟等,都走上了革命道路,有的为革命献出了宝贵生命。据此看来,信阳"后援会"学生运动,从一开始就是在信阳地下党组织的领导下进行的。我当时在师范讲习所读书,也是该校学运(学生会)主要负责人之一。

记得是1925年6月23日①,信阳"后援会"正式宣告成立。大会会场设在信阳城内太平缸后街大寺广场②。主席台上悬挂着"信阳人民声援上海人民反帝后援会成立大会"大字横幅会标。会场四周的建筑物和树干上贴满了"帝国主义从中国滚出去!""向英日帝国主义讨还血债!""替上海死难同胞报仇!"等标语。上午8时,来自各校的进步师生手持彩旗,高呼口号,列队进入会场。到会的还有部分工人、农民及商业界代表,前来围观的居民群众更是不计其数。信阳学联主席彤德忱③(共产党员)任这天大会主席,由各校学生会负责人组成大会主席团,分两排在台上就座。当时我也是主席团成员之一,坐在台上,看到下边激动人心的场面,真是热血沸腾,激情澎湃,紧握的双手都出了汗水。

大会开始后,首先由彤德忱作了富有鼓动性的讲演,他详细介绍了五卅惨案真相和当时的国内外形势,最后号召大家团结起来,以实际行动支援上海人民的反帝斗争。接着,工人代表徐宽、学生代表王伯鲁(共产党员)和一位农民代表先后讲了话。他们的讲话不时被阵阵掌声、口号声打断,整个会场都沸腾起来了。会后,举行了声势浩大的游行示威。记得我们信阳师范讲习所的学生走在游行队伍的最前面。游行一直持续到当天下午,当我们回到学校时已快开晚饭了。尽管我们还没吃午饭,却丝毫不觉得饥饿和疲劳,久久沉浸在团结战斗的兴奋之中。

二、"后援会"的活动和影响

"后援会"成立后,在地下党组织的领导下,运用多种活动方式,在古老申城造成了强烈的影响。

---

① 应是"6月12日"(原文注释)。
② 应是"信阳车站信新大舞台"(原文注释)。
③ 应是"王克新"(原文注释)。

（一）组织宣传队，进一步把反帝爱国运动引向深入。除组织进步师生书写标语、印发传单、宣传演讲外，不少学校还组织了演出队，深入到工厂、农村演出活报话剧。我们师范讲习所演剧队，曾步行七十多里，到信南谭家河镇为当地人民演出话剧《顾正红之死》，观众达千人，反响很强烈。演出后，有的观众赞扬说："演得太好了！动人心魄，深蒙教启。"那时，演出队所到之处，无不受到热烈欢迎，十几里甚至几十里外的农民群众都赶来看演出，确实起到了很好的宣传教育作用。

（二）抵制仇货，打击走狗奸商。当时民众出于对日本帝国主义的义愤，视日本进口商品为仇货而拒以购买使用。五卅惨案后，信阳开始了大规模的检查、销毁仇货的群众运动。"后援会"是这一运动的主要发动者。从7月份开始，佩戴红袖章的后援队员分组到城内或附近村镇商店，逐一检查，发现仇货，即行没收，当众销毁。对于敌视这一运动的奸商实行重点打击。如信阳商会会长朱浩然（本人是基督教徒，与英帝国主义素有勾结）竟然公开对抗，将大批仇货隐藏起来，抗拒清查。一天下午，十余名后援队员突然闯进朱的"信义诚"商店，强行打开库房，把其所有仇货搜集起来，当众焚毁。奸商蒋国涛暗进仇货，拒绝检查，还散布诋毁"后援会"的言论，结果被"后援会"揪出来戴高帽子游了街。打击了奸商分子，教育了其他商人，不少商人主动向"后援会"申报上交仇货，并保证不再进售仇货了。这一斗争方式，确实体现了广大人民群众反帝爱国的坚强的民族主义精神。

（三）开展募捐，资助上海工人罢工斗争。当时各校都组织了募捐小组。我们师范讲习所共成立了四个募捐小组。两个在城郊活动，一个在城内活动，我和王伯鲁负责的小组活动在平汉铁路线。每天我们搭乘客车，往返于信阳、郑州之间向旅客讲演，介绍五卅惨案经过，控诉英、日帝国主义的罪行，号召大家为上海罢工工人捐款。我们的讲演深深地打动了旅客，募捐的数额是十分可观的。那时，凭着一腔爱国热情，募捐队员们昼夜奔波，废寝忘食，经常是一个馒头充饥，从不动用募捐来的一分钱。每次归来，大家都把钱款聚到一起，交到"后援会"，再由负责这项工作的主要负责人彤德忱和刘少猷从邮局分汇到上海，有力地支援了上海工人的罢工斗争。

（四）组织读书会，引导青年学生追求真理。"后援会"成立后，组织学生阅读进步书刊，探求救国救民真理，在学生中形成了热潮。不少学校公开成立了"读书会",同学们自愿组织起来,利用节假日、课余时间,学习和讨论革命理论,开阔了眼界,唤起更多人的觉醒。他们纷纷要求走出课堂,跨入社会,承担起救国救民的重任,涌现出了一大批革命积极分子。如上面提到的王伯鲁、张瑞华等人就是突出的代表。当时义光中学是一所帝国主义办的教会学校,对学生进行奴化教育,把"圣经"列为必修课程,成绩不及格者自动除名。该校学生在"后援会"和进步思想的影响下,采取各种方法向校方做坚决斗争,迫使校方取消上述两种无理规定,抵制了帝国主义的精神奴役。我们师范讲习所的学生运动是比较活跃的,但一开始却遭到校长黄柳的竭力反对,全校学生举行罢课一个多星期,最后教育局只得被迫罢了黄的职务,另委派陈歧山接任校长。

继1923年信阳铁路工人二七惨案"工运"和信师的"学运"之后,信阳"后援会"是又一场规模壮阔、轰轰烈烈的学生群众运动。作为这场运动的参加者和见证人,回顾这段历史,至今令人激动不已。由于时间久远,加之自己年迈体弱,记忆力不济,回忆起来难免挂一漏万,以上仅把自己所追忆起来的片段稍加整理,作为自己的一片心意,奉献给党的组织。

原载河南省革命文化史料征编室编:《河南省国统区革命文化史料选编》(二),1996年,第29~33页。

回忆英山方洛舟、彭干成、傅维钰、姜高奇、裴炎志在安庆参加学生革命活动

◎ 濮清泉[①]

方洛舟（又名方乐周），是湖北省英山县（原属安徽）人，1917年考入安庆第一师范学校。安庆的学联会是1919年5月18日成立的，方洛舟为会长。在方洛舟的筹划下，学联会下面设有秘书处、组织部、宣传部、联络部、纠察队等组织。当时学联会的名誉会长是圣马罗学校的学生许炳松。要许当名誉会长，主要是为了借教会的名义，实际会长是方洛舟。安庆学联会一成立，就带有很强的政治性。

方洛舟工作非常努力，是天生的实干家，为重振中华忘我工作，毫无畏惧。他刻苦耐劳，待人诚恳，不知狡猾，经常穿一件旧蓝长袍或者灰长袍。他工作很忙，有时顾不上吃饭，就用三个铜板去买点油条或一个饼子吃就算了。大家公认他是领导人，他常说："帝国主义不打倒，封建主义不铲除，誓不为人。"

学联会的会址设在省教育会礼堂。学联会以"国家兴亡，匹夫有责，爱国救国，克尽天职"为宗旨，坚持反抗倭奴，反对军阀统治（即后来说的反帝反封建）。当时的主要任务就是抵制日货，检查日货，扩大宣传，唤起民众。

方洛舟经常到处演说，并组织学生到各商行进行宣传，抵制日货。这样，有时跟商人发生冲突，学生劝说商人交出日货，商人拒交，还说："爱国不敢后人，血本定要保住。"最大的一次冲突是西门"广昌发"号染织坊。这个店很大，能纺

[①] 濮清泉，即濮德治，原安庆第一师范学生，现为云南省政协委员，云南省文史馆馆员。

纱、织布、染布，是半机械化操作。它的染料、原料尽是从日本买来的。当时由一师学生领头，上门劝说，傅维钰、彭干成和我都去了。我们劝说，店老板不交，学生就动手拿，结果就打了起来。他们雇用了打手，用铁棍子和木棒殴打学生，学生没有武器，唯一的武器就是手中的折纸扇，结果自然是学生失败了。一师学生胡敦敏被打伤，我的腿也挨了几棍子。这次的发动组织者是方洛舟，他因为工作很忙，本人没有去。学生被打败了是不甘心的，最后通过商会，向店老板提出警告，结果他还是把日货交出来了。学生把查出的日货集中送到黄家操场，发动市民到会，各校学生也到了，商会也到了，进行烧毁。一些市民深受感动，当场将日本草帽丢到火中，表示爱国，情景壮观。

为了唤起民众爱国热情，方洛舟在各学校组织了宣传队，三至五人一组，到全城茶馆、酒店、十字街头、菜场等处，手上拿着旗子，站在小凳子上宣传演说。宣传"五四"经过；揭露巴黎和会内幕和北京政府卖国行为；公布曹汝霖、章宗祥、陆宗舆卖国贼罪行；等等。为了扩大宣传，扩大组织，同年暑假期间，方洛舟组织大部分学生到各县帮助成立学生联合会、我到大通、东流、贵池和铜陵县的顺安镇等地开展工作。

安庆学生因声援五四运动，第一次由一师发起，成立安徽省学生联合会。各校选举出的学生代表除许炳松、方洛舟为正、副会长外，我记得还有一师常万元，法专童汉璋、汤志先、万心斋（即万诚）、周振飞（即周新民），一中朱子帆、路锡祉、葛晓东，甲工濮德毅（即濮洪）、许继慎、舒传贤，甲农苗树德、谢嗣获，六邑王步文、×××，女师邵德贞、叶英等。第二任会长是舒传贤。因为学联会是一年选举一次，舒是1920年5月选出的。为什么选舒传贤呢？一是舒传贤这个人也很能干；二是因为方洛舟的名声很大，怕反动政府对他下毒手，遭迫害。方虽然退到二线，还是实际的领导者。第三任改选学联会，实行了委员制。主任委员是王同荣，这期被选为委员的有王步文、许继慎、杨溥钱、濮德治等。第四任学联会主任委员是王先强。他从日本回来以后，投靠了国民党，当了国民党内政部次长。

1923年发生二七惨案，安徽以学生总会为主，联合教职员联合会、商会等组成安徽各界"二七惨案后援会"，派蔡晓舟（教育会委员、安大筹备处主任委员）、彭干成（英山人，一师学生）和我到武汉去慰问，带了二千元大洋去作后援。

曹锟当选总统，首先是安徽学生发难。1923年国会议长是吴景濂。这年秋天，曹锟通过吴景濂，以五千元一票的高价贿买国会议员五十九人获选，当上了总统。首先是安徽学生举行示威游行，反对曹锟贿选。这次游行彭干成、傅维钰、裴炎志和我都去了。我们把安徽省第一师范的校旗打出来，被校长李立民知道了，他出来劝阻，说我们是闹着玩的。并说："你们反对曹大总统，个人要死你就死，不能把学校的旗子打出去。"彭干成说："我们是以公民的身份表示自己的意见，你不要管。"校长说："你们不要在我这个学校读了。"意思是要开除我们，我们就把旗子给校长了，以后校长看到各学校都打了旗子，又把校旗送给我们。学生带着一肚子气，走到安徽贿选代表张伯衍门口，张的门口站着十多个警察，不让学生进去，我们用扇子打警察，警察用棍子打了我，我们人多，我一喊："打警察！"结果把警察打跑了。我们进到张伯衍的屋里去，把他的衣服分给了贫民，米也分给了贫民。我们要放火烧他的房子，贫民不让烧，结果未烧。以后我们又到安徽贿选代表何雯家去了。傅维钰、彭干成都在一阵。当时《明光报》登：暴徒蔡晓舟（五四运动中曾断指写血书"还我河山"唤起民众）率领学匪彭干成、濮德治等捣毁国会议员张伯衍、何雯家宅。以后反动政府曹锟共通缉三十六人，有彭干成、濮德治、蔡晓舟（被通缉的第一名）、高永春（一师）、杨光鼐（一师）、黄新富（即黄德邻，一师）、许继慎、杨溥泉（这时许、杨已转入一师），六邑中学有王步文，法专有王同荣、刘旭光、余大化，简师有李云鹤、刘文友、江完白，甲工有濮德毅、舒传贤，一农有苗树德、谢嗣获等。学生总会至此被迫暂停活动，到1924年才恢复活动。

由于我们遭到反动政府的通缉，我和彭干成都跑到上海。我到陈独秀那里去了，彭干成到李次山那里，后又到黄埔（一期）去了。傅维钰也是这时到黄埔一期去的，是从哪里去的我不清楚。

1921年安庆爆发的"六二运动"，方洛舟是组织领导者之一。这时我和彭干成是一师二年级。事情的缘由是：安徽反动军阀倪嗣冲（督军）、聂宪藩（省长）、倪道烺（倪嗣冲的侄子，任军职）、马联甲（皖南镇守使，相当于现在的警备司令）等，贿选了三届议员，组成了安徽省第三届省议会，操纵安徽的军事、政治、经济，进一步压榨搜刮全省人民。当时全省教育经费，全年只有六七十万元。教育界的学校联合会、学生联合会和安徽教育会三团体向省议会呼吁，请求增加教育经费，以利教育事业的进行，一再向省议会呼吁，但省议会的议长、议员们，只知钻营逢迎，升官发财，中饱私囊，都对之漠不关心，拖延时日，不加讨论。正在这时，这伙反动政客，又决定于6月7日在蚌埠为省督军倪嗣冲举行生祠落成典礼，议员们都要去蚌埠参加（当时省会在安庆，议会也在安庆）；并定于6月2日由安庆启程。这样，增加教育经费一案便无法讨论，前景更为渺茫。方洛舟听到这个消息后，立即邀约各校代表集会，研究应付办法。当即决定于当日（6月2日）傍晚集合在省议会门前请愿，要求他们把增加教育经费案通过再走。我们一师在这天吃晚饭时，方洛舟通知大家，并亲自带队到省议会。法专、一中等校学生都集队前往。学校联合会、法专校长光明甫等，也参加了请愿。我们到了省议会，议会就把大门关了，内面有几十个打手看门进不去。方洛舟看到这个情况就带领大家走后门，后门也关了，也是警察拿着棍子看门。当时学生代表方洛舟、彭干成（均一师学生）在门前和守卫省议会的警察交涉，要求进入议会，会见议长和议员，请求议员们把增加教育经费一案讨论后，再去蚌埠。议长赵继椿答以俟去蚌埠回来后，再去讨论此案。双方正在激烈交涉时，学生要进，他们不准进，闹起来了。这时马联甲下令，打手冲出来了，第一个就把一师学生戴文秀的头打了，流血不止，送到了同仁医院。大家回去后就是气着哭，说省议会是人民的代表机关，就这样打我们。就在这时，一师青年教师许恪士（参加过五四运动）作了一次演讲，意思是大家要继续做斗争。这样，学生更是群情激愤，虽然天黑了，大家接着第二次又去了。我们走到省议会约三百米的样子，议会大门的两个红灯就熄了，听着他们吹集合号子。我们这时晓得有问题，由于人多路窄来不及退，姜高奇（英山人，一师学生）和方洛舟站在一排，我和彭干成站一排。据说马联甲要杀方洛舟，马对他的部下说，听着英山人的声音就杀，结果姜高奇被杀七刀。这时我和彭干成共有十多人，躲到一家豆腐铺里去了。有的警察也跟我们说："我们搞这事也是没有办法，你们站好，我们在前面，你们在我们后面站着。"大约有半点钟工夫，敌人又吹了收兵号子，我们回到一师都气坏了。姜高奇受伤后，放在垃圾箱上面，血流完了，后来我们抬到安庆同仁医院。这个医院的院长叫戴世璜。有位医生说，人不行了，我们就发动学生输血抢救，结果医治无效，7月1日死于医院。还有一中周肇基也被打成重伤，轻伤有二百余人。

"六二运动"第二天,马联甲把各中学校长找去训了一顿。法制学校校长光昇(字明甫)被马联甲打了一巴掌,说他不管学生。光昇要和马联甲拼命。马要杀光昇,大家说光昇是不好惹的,杀不得,才拉开。

还是"六二运动"第二天,马联甲派兵占电报局、邮电局,怕"六二惨案"的消息传出去了。6月3日,我们就去找圣马罗教会会长,以后会长又去找教会学校的濮校长,濮校长的父亲是美国人,母亲是广东人。这个校长比较同情学生,带领学生拿着姜高奇的血衣上街游行。这位濮校长还打电报到上海,上海同乡会打电报声援,分发到全国各省会,以后全国都知道了;同时打电报到北洋政府,要求惩办马联甲。后来北洋政府感到人言可畏,把马联甲调到蚌埠去了,但未免职。

"六二惨案"以后,事隔半年,为姜高奇、周肇基(周是一中学生,"六二惨案"受重伤,回家后隔半年死去,可以称烈士)开追悼会,很隆重,各校师生都到了。马联甲为了推脱罪责也送了挽联。彭干成悼念姜高奇和周肇基的题词是:"干!干!革命的真精神是干!"我送给姜、周两烈士的挽联是:"许多人(主要指女师校长徐高甫)升官发财去了;只两个拼命舍种干来。"姜高奇的遗体葬在安庆菱湖公园,他的墓被马联甲破坏了。女师有两个女学生——一个叫邵德贞,一个叫叶英,把姜高奇的墓碑抬到女师藏起来了。她俩都是社会主义青年团员。姜高奇牺牲后,姜的家里得了两千块钱的抚恤金。

"六二惨案"以后,进步校长和同学们主张我们要隐藏。方洛舟在1924年("六二惨案"以后,1924年以前我不知方在何处)由安徽省教育厅厅长江彤候(同盟会员)搞一个官费留学生的名额,到日本早稻田大学学习。我是1925年到日本去的。1926年北伐战争开始,方在早稻田大学未毕业,回国了。方在日本,是不是共产党员,我不知道。

1927年"四一二"政变后,我在日本东京,国民党右派把我从二层楼上扔下来,头跌坏了。按日本法律要判我们十年徒刑,他们未判,日本警察把我和王树声送到上海,想由蒋介石来杀我们。由于我们事先进行了联系,组织上派人到吴淞江口把我们接上小划子,才未遇难。以后我们到了武汉,这时叶挺在武昌卫成司令部当司令,彭干成在司令部当参谋长。这次彭干成为我个人安排了酒席。自这次分手后,我一直未和彭干成见过面。

1927年7月15日汪精卫叛变以后，我在武汉不能立足，周总理叫我到上海，同年由萧劲光带队，我又从上海到苏联。这次共有93人，都住在大轮的煤仓里。怕敌人发现了，要等出了吴淞江口才能出来解手。我到了莫斯科，才晓得方洛舟1926年就来到中山大学学习。我到莫斯科是住东方大学。中山大学是1925年孙中山逝世以后，苏联为了纪念他办的，全称是"中国劳动者孙逸仙大学"。东方大学是为亚非拉的进步人士办的学校，全称是"东方共产主义劳动者大学"。方洛舟在中山大学学习时，查织云也在中山大学（方在安庆一师时，查在女师），这时我才知道方洛舟是共产党员。他是怎么入党的，我不清楚。

方洛舟在中山大学与王明是对立的。1929年在中山大学反对王明的一次会议上，我们也被邀请去参加了。方在这次会上讽刺王明说："有些人要做莫斯科的革命家。"意思是说，王明只能在莫斯科养尊处优，遥领中国革命。实际王明当时不是中山大学的党委委员，他是个翻译，是抱着米夫的大腿过日子。

傅维钰是1920年考入安庆第一师范学校的，比彭干成低一年级。他东征平定广西军阀刘震寰、云南军阀杨希闵有功。在广州、上海做过党的工作和军事工作，他打陈炯明也立了战功。我和他第二次见面是1927年。我和傅都是从上海乘船到武汉，在船上巧遇。因为是"四一二"政变以后，情况紧张，我虽见到他，他也见到我，但都未说话，过了安庆才互相认识。这次傅戴一副黑眼镜，我说："武汉政府如果靠不住，戴黑眼镜更危险。"果然他在武汉下船，被汪精卫的警察带走了。最后我问了一下，几天就放了。这时武汉政府还没有公开叛变。

英山的裴炎志在一师比彭干成高一年级，是1918年到一师的。以后他跟刘著禄（六安人）一阵到黄埔军校第二期学习，在广东入党，东征打陈炯明在汕头阵亡。

1921年，蔡晓舟在安庆县学宫开会，发起成立社会主义青年团，方洛舟、彭干成都参加了团的组织，王先祥、许继慎也参加了，但未得到中央承认。到1923年安庆菱湖会议，陈独秀派柯庆施来成立社会主义青年团，才正式承认。这时参加团组织的有傅维钰、彭干成，但又没有方洛舟。团支部书记柯庆施，濮德治搞宣传，王步文负责组织。

1923年12月，在安庆濮家老屋建党（地处安庆北门后街孝子坊），彭干成参加了，没有看到傅维钰。那时大家还有一个概念，团就是党，党就是团。1923年建党以后，一师建立了党支部，彭干成任支部书记。

安庆建团以后，陈独秀通过柯庆施告诉我们：社会主义青年团（英文缩写为SY，内部称为"中学"）和中国共产党（英文缩写为CP，内部称为"大学"）都要以"工运"作为自己的中心任务。所以团支部活动的计划是：工运第一，学运第二，妇运第三，农运第四。当时还没有讲到兵运。

1984 年 5 月 25 日于云南昆明

（陈克非、方开元　整理）

原载中共英山县委党史资料征集编研委员会办公室编：《英山革命史资料》（第二辑），1985 年，第 22～29 页。

孝感暑期学校斗争生活的回忆

◎ 郭述申

20世纪20年代，中国历史正经历一场重大的转折。五四运动和中国共产党的诞生，对当时渴望改变旧中国黑暗社会现实、探求救国救民道路的进步青年来说，影响是巨大的。

1922年秋，我考入国立武昌高等师范学校。它是当时湖北省的最高学府，我们党的著名领导人之一陈潭秋同志曾是这个学校的早期毕业生。董必武同志在武昌高师青年学生中，也有很大影响。当时，中国共产党党员和社会主义青年团团员都是学生中的先进分子。在他们周围，影响团结了一批进步同学。但当时多数学生还是读书上课，希望毕业后能在社会上谋得一个优越的职位。因此，关门读书、不问政治的空气十分浓厚。

1923年春，汉口江岸发生了镇压京汉铁路工人罢工的二七惨案，激起了全国人民的愤怒。武汉各学校的青年学生也受到震动，深感不打倒帝国主义和封建军阀，中国是没有出路的。社会黑暗的现实和进步思想的传播、影响，使武昌高师的许多以前不大关心政治的青年学生，也开始关心时事、关心社会了。

1922年上半年，我在国立南京高等师范学校开办的补习班学习时，加入了中国社会主义青年团。

1922年秋到武昌高师后，这个学校的团员刘昌绪与我联系，时常把一些进步书刊送给我看，我看过后，便寄给家乡孝感的胡锡奎阅读。1923年，胡锡奎也来到汉口，在武昌高师教育系旁听。我俩常和旅鄂的同学一起讨论时事，抨击时弊，议论怎样才能够找到一条救国救民的正确道路。当时给我印象最深的是那些进步书刊的文章中，号召有志青年到民众中去，多做一些有益于社会、有益于民众的事。这个观点，我们十分赞同，就商量如何利用学校的假期，回到家乡孝感开办暑期学校，为失学、失业的青年补习文化，用我们学到的知识，为社会、为民众做点贡献。我们还试图用新思想、新方法办学，以打破旧学校因循守旧、保守落后、死气沉沉的局面，引起社会的关注。这就是我们创办孝感暑期学校的初衷。

世界上许多事情，说起来容易，办起来难，处在20年代初期的几个满腔热情的青年学生，无钱无势，想为社会、为民众做点事情，谈何容易。首先，遇到社会上一些人的嘲笑非议，说我们办学是没事找事，是出风头。我们对这些闲言碎语不予理睬，排除阻力决心干起来。

办学校要取得社会的支援，我和胡锡奎等多方奔走，除做当地知识分子的工作，得到他们的支持外，我们又走访了孝感县知事和教育界的代表人物、社会名流、开明士绅，得到他们的赞同和支持。我们借用了城关考棚的模范高小的校址作为校舍，那里桌椅齐全、宽敞明亮。当时的经费一部分是我们这些热心教育的青年自己拿钱，一部分是靠社会各界的捐助。

暑期学校能否办好的一个重要条件是师资。我们热心创办暑期学校的同学自然责无旁贷，但是只靠几个人还不够。我们又动员了旅鄂、旅京的学生和当地的知识分子参加学校的教学工作。他们被我们为民众、为社会无私奉献的精神所感动，都愿意牺牲暑假的休息时间，义务为家乡的新型教育尽力服务。我记得当时担任过暑期学校教职员的有胡锡奎、屠义田、郭友仁、严发儒、姚世春（女）、胡必寿等人。在暑期学校学习过的学生有汤经畲、严宗汉、李益谦、郭幼勋（女）等人。

学校用新思想指导办学，设有教务部、校务部、事务部和斋务部。为了加强社会教育，还设有社会教育部、平民教育部。社会教育部的职责是举行通俗讲演，定期调查人民的生活状况，开办图书阅览室等。

民主办学校，是孝感暑期学校的新做法。当时学校的领导，都是民主选举产生的。第一期的校长，是由我提名，教职工一致推选胡锡奎担任。第二期选举了屠义田担任校长。学校各部的负责人也都是民主选举产生的。

学校在招生时，破除封建主义的影响，改变歧视妇女的做法，提倡男女平等，妇女同样有受教育的权利，第一期招收的120名学生中有40%是女学生，以后两期的女学生也不少。这在60年前，中国仍受封建主义的影响，提倡妇女不出三门四户、女子无才便是德、男女授受不亲的时代，是大胆的措施。

在课程设置上，学校也采用新的教育方法。设有英文、国文、算术、常识、卫生、音乐、体育等课程。

财务公开也是我们办暑期学校的新做法。学校的教职员，都是利用假期时间，自愿尽义务，经费不足时还要掏自己的腰包。从社会各界募集来的有限捐款是谁捐助和怎样花费的，都张榜公布，并登载在《孝感暑期学校校刊》上。

从第二期暑期学校经济状况的报告中（载1924年11月4日《江声日报》）可以看到，当时暑期学校（第二期）的开支达三百串钱（约合二百元）。其中一百六十五串是社会各界募捐的。支出的款项主要用于购买图书、教科书、文具等。

我们办暑期学校的一个重要特点，就是不仅为学生补习和提高文化，而且也着重进行爱国主义教育和新思想的宣传，并引导学生参加反帝反封建的革命斗争实践，提高他们的政治觉悟。同时，还利用各种方法，向社会群众进行新思想的宣传。如约请校外大学生作政治时事讲演，在学校政治常识课中，经常讲解帝国主义侵略中国的历史和中国革命反帝反封建的历史使命，讲解什么是共和政体和男女平等。

为了扩大学校在社会上的影响，向社会作新思想的宣传，从1924年开始，我们还成立校刊编辑部，创办了《孝感暑期学校校刊》。当时武昌公开发行的《江声日报》是全省性的报纸。报纸的编辑对我们办学的活动十分支持，同意用该报副刊的整个版面连续刊登《孝感暑期学校校刊》。现已查到从1924年到1925年的9期《孝感暑期学校校刊》。

在1924年8月的《江声日报》副刊上，登载有胡锡奎写的《本校周年纪念之感想》一文。他在这篇文章中阐明："暑期学校是以新文化运动精神，做补习平民教育的神圣工作，他开始敲砸旧文化的久闭之关，点燃新文化的未燃之火，在孝感的教育史上，确有开创性的功绩。"

他在文章中还对创办暑期学校寄予很大的希望。他说，中国人组织能力薄弱，为世界各独立国家之冠……其实,中国人之组织能力,不过在潜伏而未发展耳,是以仅为薄弱而非绝无也……设法培养而发展之,而最适合于发展本能之场所,无过于学校。

在第二届暑期学校宣言中,也曾有这样的说明:"中国的现状如何呢?教育界每日叫苦连天,农人听老天爷摆布水旱,工业尚在手工时代,商业是守旧的、不讲道德的、缺乏爱国心的……政治黑暗,军阀专横,这是不是教育缺陷的表现呢?孝感是形成中国组织的一分子,从事教育和受教育的人亦不少。我们忠告教育家是要吃苦的。但对于职务,万不可放弃。学生应当勤苦求学,培养他们完成改革社会政治的能力和使命。总不要起升官发财的妄想,替中国造下罪恶来。亦不可袖手旁观不问世事,他们要觉悟救治中国的方法。"

第二期暑期学校校长屠义田在《暑期学校开学纪念日的一篇报告》中说:"我们认定孝感的任何方面,都十二分地退化,社会黑暗、教育腐败……推而至于一切事项,都是死气沉沉,长此不改,恐怕孝感的青年,将来都会成为时代的落伍者。……我们承认,环境是人们可以改造的。而要改变环境,非自教育入手不可。我们创办一个教育机关,尽我们一份责任,我们唯一的希望,就是做出物质牺牲和精神牺牲,不断地将暑期学校开办下去。"

武昌师大生物学系的学生赵俊德在《暑期学校创办的必要》一文中论述说:"人是社会的一分子,对于社会自然当有点贡献,自私自利的人,是顶没有价值的东西,换句话说就是社会寄生虫。利他心,是再高尚没有的道德。"他对讥讽我们办暑期学校是出风头的说法也给予有力的驳斥。他说:"在这个炎威逼人的暑假,有些人不肯去打麻雀,抽鸦片……游山玩水,反而鸡鸣而起,终日孜孜去预备教材,讨论教法,每天换几件汗湿的衣服,去过他们义务教员的生活,这或者不是多事,或者不是出风头吧。"

武汉的《江声日报》连续刊登了9期《孝感暑期学校校刊》,对于扩大暑期学校的影响,引起社会上各方面重视,对于引导有志青年为民众为社会做贡献,起了很好的作用。至今想来,还对像《江声日报》一样能为人民事业说好话、伸张正义的新闻报刊怀有深深的敬意和感激之情。

1925年以后,国内形势又有了新的发展。孙中山先生确立联俄、联共、扶助农工三大政策，形成国共合作的新局面，加速了国内革命的步伐。全国各地群众反帝反封建运动风起云涌。

5月30日，上海发生了镇压反帝示威群众的五卅惨案，激起全国人民的愤怒，各地工人和学生纷纷罢工、罢课。当时反动政府惧怕工人和学生的反帝斗争，命令学校提前放假。我和胡锡奎等人立即回到孝感，继续组织第3期暑期学校。

根据全国各地反帝斗争形势的发展，我们当时特别注意把文化教育和反帝斗争结合起来，不仅向学生进行一般文化补习，而且把反帝反封建的宣传活动推向社会，和社会上的反帝斗争运动配合起来。

在1925年7月3日的《江声日报》上，《孝感暑期学校校刊》第9期登载有一篇《编者的话》。这篇文章愤怒地声讨帝国主义残害中国人民的罪行。它说："残暴的帝国主义在上海、汉口、广州一味地横蛮，早已将公理、人道、国际信义抛向九霄云外去了……民众一一苏醒过来，团结起来，尤其是北京、上海的学生，他们有极大的牺牲精神……现在他们上了前阵，去打先锋，我们怎能默默而息？古语说：学问之道，致用为贵。我们学到后要有用处，才合我们的宗旨。所以要抽一部分时间，专做社会活动的事体。我们要扎起后台，遥做反帝反封建的实力支援。"

在这一思想指导下，暑期学校组织了多次演讲会，揭露帝国主义侵略、剥削、压迫中国人民的罪恶。并且在9月7日，签订《辛丑条约》的国耻纪念日的那一天，组织以暑期学校学生为主体并吸收市民参加的示威队伍上街游行，声援全国工人和学生的正义斗争。

那一天，近千人的游行队伍，拥上孝感街头。一路上高呼"打倒帝国主义""打倒封建军阀""声援五卅惨案受害者"的口号。队伍经过英国人的教堂时，一个英国牧师走出来观看，听到呼喊"打倒帝国主义"的口号，灰溜溜地跑回教堂里去了。游行队伍就聚集在教堂门口，高呼口号，发表演讲，揭露帝国主义的罪恶，号召大家起来斗争。游行队伍中口号声、歌声此起彼伏，那种慷慨激昂的气氛，给孝感民众留下很深的印象。

这次游行是孝感民众第一次政治性的示威游行，它有力地配合了全国反对帝国主义，声援五卅工人斗争的行动，激发了孝感民众的觉悟，使暑期学校的学生和市民得到一次革命斗争实践的锻炼。我们这些参加暑期学校工作的人，也初步实现了"深入民众、深入社会、参加斗争"的夙愿。

1926年初，我因家庭生活困难，提前离校到河南许昌中学教书去了。胡锡奎也在1926年考入国立东南大学到南京去了。1926年夏北伐军已进入武汉，革命形势发展很快，许多青年直接投身到大革命的洪流中去。因此孝感暑期学校就没有继续再办。

孝感暑期学校连续坚持办了3期，在整个湖北地区的进步社会活动中，也仅是"沧海之一粟"。但是，它却反映了20年代的一些进步知识青年，为了探求真理，不怕困难，为民众为社会服务的献身精神。这对于今天的广大青年来讲，也是可以从中得到借鉴的。

20年代孝感暑期学校这一小段回忆，或许能从精神上对当代的青年起到一些激励作用。

原载《春秋》1987年第4期。转载于中共湖北省孝感地委党史办公室、中共湖北省孝感市委党史办公室编：《郭述申著述选》，武汉大学出版社，1993年，第146～151页。

回忆毛主席、周总理在武汉中央农运讲习所的事迹片段

◎ 尚仲民[①]

已是五十多年前的事情了，毛主席和周总理已成历史上伟大的无产阶级革命家，但回想起来，当年毛主席、周总理的光辉形象，仍历历在目，使人缅怀难忘。

在1927年2月，春节刚过，胡日新同志动员我去武汉上学，后来说明是去武汉农运讲习所，我便同意去了。离开罗山时我们是背着行李步行，同行的还有罗山的雷炎祖、尚惠文。我们都是同学。

头天，胡日新领我们住在信阳左店一户群众家里。翌日清晨给我们送往柳林，接待机关的门口挂着块"中国国民党河南省执行委员会"的牌子（据阎子白回忆是国民党河南省执行委员会豫南办事处，负责人郑震宇）。因当时是国共合作，我们在柳林住了十余天，其原因据说是等乘武汉来的专车。

专车来了，是接河南省武装农民代表的，我们顺便搭乘。乘车同行的罗山县武装农民代表有三人，我都熟悉。方范九家住城内，姚守界住竹竿挑河湾，陈宗彝住烧盆店。登车前，执行委员会每人发给十块银圆。

车到武汉，头夜住在汉口济生路一马路新分里国民党河南省执委会驻汉办事处，第二天把我们接去武昌。

武汉中央农民运动讲习所设在武昌雄楚楼（原为豫皖湘鄂赣五省农民运动讲

---

①尚仲民系尚伯华的弟弟，1927年3月武汉中央农运讲习所学员。

习所)。雄楚楼是一座二十多间长的两层楼房,我们就住在楼上,睡的是双层木床,食堂设在大楼后边平房里。

湖北、河南两省武装农民代表大会在雄楚楼召开,因而,我们被组织起来上街宣传。代表大会结束后,对我们进行了入学考试。考试科目有语文、数学、政治、历史、地理。试题倒是很容易的,唯政治题对我来说较难,所以印象深刻。我记得的题有:什么是三大政策?谁是国民政府主席?蒋介石是干什么的?等等。经考试我被录取了。

开学典礼后,已是3月份了。这时,我们一块儿来的尚惠文被抽去帮周恩来同志干杂务,雷炎祖抽去讲习所办公室工作,罗山参加学习的只有胡日新和我。

讲习所上课,确切说是听报告,还常参加社会活动。给我们上课的老师很多,多是党的领导人,有毛泽东、瞿秋白、邓演达、恽代英、彭湃、李达,还有苏联的鲍罗廷,他讲课时曹靖华当翻译。在讲习所见到曹靖华是第二次了。第一次是1926年秋他和罗山的尚佩秋结婚,婚礼在罗山举行。婚礼时他们不磕头,行鞠躬礼,罗山人都感到稀奇。时间久了,课的内容大都记不清了,只有毛泽东、周恩来同志的几个片段记忆犹新。

毛泽东同志当时住在雄楚楼附近一个小巷子里,来时常坐黄包车,给我们讲农村阶级分析课。他不仅对农村各阶级有精辟的见解,而且讲授艺术高超,形象生动,深入浅出,善用比喻,用手势助讲话,风趣潇洒。记得讲农民生活苦时,曾以农户为例,算了一笔账,具体数记不得了,其算法仍清楚:农民辛苦一年收入一点粮食,被地主收去一半地租,再去掉种子、农具耗用、耕牛饲养、捐派上礼、疾病医药、喜丧庆吊,生活怎么能过得去呢?讲到当时社会的不平等时,他说,像抬轿子,一个有钱人在上面坐着,两个穷人给抬着,这就是不平等。在解释"矫枉必须过正"时,他说,比喻种的树,长歪了,要把它扶正,就必须先把它向对方压倾,不这样就不能扶正。因他的湖南口音重,还不断地问我们懂不懂。

周恩来同志是讲习所常委兼总务主任,是常和我们在一起的领导人。他那饱满的工作热情和认真负责的精神,平易近人、和蔼可亲的态度,循循善诱、诲人不倦的方法,感人至深,令人难忘。我记得有两件事:

一件是我们乍到讲习所,周恩来同志便亲自领着我们去食堂,给我们讲话说:

"现在我教大家怎么吃饭。"我们都笑了,说吃饭谁还不会。周恩来主任认真地说:"讲习所吃饭和在家不同,立有规矩。一、要肃静,不许敲碗筷,羹匙不得碰碗响;二、饭时不说话;三、用饭时间五分钟,听哨音要离开饭厅。"为了落实执行这项纪律,培养适应战时的作风,每顿开饭时间他总是搬只高脚方凳坐在食堂门旁。开始,我们不习惯,后来很快习惯了。每顿饭我还用不了五分钟哩。

第二件事是一天晚饭后,哨音响了,周恩来主任把大家集合在大院子里听讲话。这一临时集合,大家都莫名其妙。原来是讲习所新盖了个大厕所,有二十多个位置,池口是木板挖的葫芦洞,隔板也是木的。对准葫芦洞大便,大家不习惯,十几天就脏得不能下脚。周主任发现了就召开了这次会。人齐后,他的第一句话就是:"你们不会大便啊!"全场都笑了。他说:"你们不要笑,是确实不会的,大便时要瞄准嘛,不瞄准就泛滥成灾了。希望大家注意。"此后,厕所脏的问题就解决了,便时都注意对准葫芦眼,偶尔个别没拉进葫芦眼的,也自动冲洗。

1927年6月,我们即将结业了,讲习所派我们出去实习,我和胡日新都被派往武昌平湖门外洪山区农民协会当指导员,食宿仍在讲习所。去时在讲习所办公室领有宣传提纲,还打着中央农民运动讲习所宣传队的旗帜,旗是白布黑字,上盖有讲习所的印。实习中有时回晚了,误了开饭时间,周主任亲自发我们印有"一人餐"字样的饭票,到食堂就餐。他关心我们是无微不至的。

实习二十天结束,就正式结业了,胡日新和我被派回罗山,我为战地农民运动特派员,胡日新是战地农民运动特派员组长。记得交给我们的主要任务是发展农民运动,组织农民武装迎接和支援北伐军北伐。还发有大量的宣传品和农民自卫军袖章。我把自己的被絮扒掉,将宣传品和袖章装在里面,安全地回到罗山。

(钟保松 整理)

原载中共信阳地委党史资料征编委员会编:《丰碑——中共信阳党史资料汇编》(第五辑),1984年,第128~132页。

苍茫大地　党主沉浮
——忆党领导的黄安县紫云、七里农民武装斗争

◎ 吴世安

没有共产党,就没有新中国。这是为实践所证明了的一条真理。从旧社会过来的人,或者说像我们这些经过了拼拼打打而幸存下来的人,对这条真理的认识和体会就更深刻一些。

一、黑暗中的曙光

20年代,黄安县紫云、七里两地和全国一样,笼罩在一片黑暗之中,人民群众在水深火热中挣扎。我的家就住在原紫云区北的油榨湾。从我记事的时候起就知道,油榨湾几百户人家,有钱有势的人家只有两户,能混日子的不过三四户,其余的都是难揭锅盖的穷家。我家没有田地,父亲是个土工,靠给人家搬石挑土挣几个钱,母亲只有挑花绣朵的小手艺,没有别的生路,我的五个弟妹都是岁把两岁就饿死、病死了。有一年年关,父母亲躲债出去了,我在家里,地主派人一天到我家三趟逼债,找不见大人还钱,狗腿子说要把我捉去。我苦笑着说:"你捉去还好些,我每餐能有两口饭吃!"可见,那时我们穷人的苦难该有多深重啊!

哪里有压迫,哪里就有反抗。可是,没有引路人,贫苦的农友虽然进行过这样那样的反抗,都没有成功。好多人要么是软弱地反抗,悬梁自缢、投水自尽;要么是盲目地报仇出气,与财主拼命,放火烧房子,大不了也只是上山结伙,杀富济

贫。其结局大都是落入魔掌，投入监牢，怒目苍天饮恨亡。

1921年，伟大的中国共产党诞生了，革命有了引路人，穷人有了救星。不久，董必武、陈潭秋等同志回到湖北，革命火种便燃烧起来。我们紫云、七里两地在武汉中学读书的吴焕先等同志，受到董必武同志的教育，回到大别山，宣传革命，发动群众，建立党的组织，穷人都积极地向往革命，干起来了。随着北伐战争的胜利，黄、麻两县的农民运动风起云涌，"打倒土豪劣绅""劳农神圣"的口号响彻山乡。

我当时只有十三四岁，不懂得革命的道理，只觉得穷人都起来跟财主做斗争，威力很大，很了不起。有一回，到箭厂河宣传的戴克敏、吴焕先等人，在大地主大恶霸吴惠存的药铺门前，搭了一个大台子演讲，说地主豪绅坏，农民有力量同他们斗。平日作威作福的吴惠存，拿这些人没有办法，只有干瞪眼。我们这些光屁股放牛娃听了眉开眼笑，感到扬眉吐气。苦农友们听了情绪激昂，纷纷要求参加农会。一天，靠扛工过活的周业成大哥到我家里来，把我的肩膀拍了一巴掌，说："怎么样，穷光蛋！"我说："是这个门，搞啊！"不久，我便参加了童子团少先队，当了队长，参加了农会组织的反封建斗争，剪短发、放脚活动。在1926年的冬天，紫云、七里两区的农民协会普遍建立起来了。是党，给黑暗中的山乡带来了革命的曙光。

二、斗争中的先锋

领导农民革命和农民武装斗争，不是一件容易的事情。农民苦大仇深，革命性确实是很强的。但是，农民的思想意识和旧的传统势力的影响，又有很大的局限性。只有用先进的思想作指导，以共产党员的先锋模范作用去带动他们，才能引导他们走向胜利。在紫云、七里区的农民运动中，党的领导作用，共产党员在斗争中的先锋作用，显得尤为重要和突出。像潘忠汝、曹学楷、汪奠川、张南一、王志仁、王秀松、肖从善、陈定侯等同志，都是在群众中很有威信，深受农友们拥护和爱戴的共产党员。我在参加革命的启蒙时期，受到了郑位三、王树声、吴先筹、戴季英等早期党员的影响，像吴焕先、王健等同志，对我的影响则是终生难忘的。

吴焕先同志的家住在四角曹门，离我家只有两里路，他是最早在紫云区宣传革命的党员之一，我们听过他好多次演讲，很受教益。农民协会办起来之后，他是领导人之一，在农友中间很有威望。他之所以威望高，除深明革命道理，是这里农民运动早期的组织者之外，还有两件事办得很得人心，取得了群众的信任。一是革他地主家庭的命，二是领导三堂红学。他不仅在对地主豪绅的斗争中带了头，而且在积蓄革命武装方面也做出了很大贡献。

农会建立之后，矛头是对准地主豪绅的，大家要"打倒土豪劣绅"，分田分地。吴焕先同志的家就是地主。于是，他带头把自己家的田地分给了穷苦农友，让父母亲过贫苦的生活。这件事对四乡的农友教育极大，大家都称赞说，焕先是真革命，是穷苦农友的贴心人。因为他家里有钱，原来有一支作为保镖的队伍——红学。红学是一种封建迷信组织，那些人横行乡里，对付手无寸铁的穷人，群众十分愤恨。吴焕先同志的家里原来就有这么一支四五十人的队伍，而卓有远见的焕先，并没有把他家的那支"红学"解散，而是加以改造，紧紧抓在他的手里。不仅如此，他还开办"红学"训练班，吸收年轻力壮的农协会员，扩大农民成分，并且把党员派进去，逐渐把它改造成一支以农民为骨干的队伍。在训练的过程中，还进行反对封建迷信的教育，使农友们识破"红学"的欺骗性，敢于同反动红学作战。在打击土豪劣绅的时候，吴焕先同志领导这支队伍冲锋在前，给农民壮了胆、撑了腰，得到了农友的支持。人们高兴地说，焕先组织了一支革命的"红学"。可见，吴焕先同志坚定的革命思想、卓越的组织才能和他的模范作用，对于农民武装斗争产生了多么大的影响，做出了多么宝贵的贡献啊！

王健同志是一位闻名黄麻地区的优秀共产党员。1927年3月初，他来到我们紫云区箭厂河乡，执行省党部关于逮捕恶霸地主吴惠存的指示，与吴焕先同志一起，领导了这场战斗。

吴惠存是箭厂河地区的大恶霸、大地主、大讼棍，担任反动红枪会会首、民团团总等反动职务。他鱼肉百姓，坑害乡民，勾结官府，谋财害命，强奸妇女，无恶不作，是一个十恶不赦的大坏蛋。农民运动兴起之后，他不但不收敛凶相，反而变本加厉，诽谤农会，咒骂农友，暗杀农会干部和家属，破坏革命武装，实属不杀不足以平民愤的一恶。当然，要除此霸没有周密的计划和深入地发动群众也是不行的。当时，有一个最大的障碍就是宗族房头问题。吴家是箭厂河乡有几百户人家的大姓，吴惠存是最大的豪门。在旧社会经常发生打官司、打卡子的格斗，宗族房头总希望有能撑起门面的人，吴惠存在这一点上有极大的欺骗性，不剥去这一层伪装，要打这个坏蛋，搞得不好就会引起宗族矛盾，这是不容忽视的事。

王健同志事先在吴焕先同志的家里召开了党员骨干会议，拟订了周密的计划。而后，他又亲自到油榨湾召开积极分子会议。那天下午，他把农会干部、妇女会的干部和我们这些童子团的队长召集起来，讲打吴惠存的事，启发我们不要搞宗族房头，要同地主做斗争。我给他倒了一杯茶，请他喝，听他演讲。他的个子不高，身材壮实，讲起话来通俗易懂，很有号召力。他说："你们不要认为吴惠存姓吴，你们也姓吴，是一个宗族，就不打他。他跟你们不是同手同脚的，他有饭吃，你们为什么没有饭吃？他有衣穿，你们为什么没有衣穿？他叫你们长工，你们为什么叫他三老爷？各位父老兄弟，莫要认为有减租减息就完事了，不把地主打倒，他们有人有枪，有一天他还会把那些东西都搞回去，把你们照样搞得家破人亡。你们能不能真革命，就看敢不敢打吴惠存……"

"敢！"我们都说。因为，经他这样一讲，我们心里明白多了，大伙都表示，我们姓吴的穷人，也决心打姓吴的地主。

第二天天麻麻亮，焕先同志便领着革命红学队员打头阵，包围了吴惠存的药铺，抓住了吴惠存这个大坏蛋。我们油榨湾和其他村庄姓吴的群众也前去助威，要求严厉惩办这个坏蛋。当王健、吴焕先等同志带领农民自卫队员把吴惠存往县押送，走到离七里坪四里多路的水果庙时，忽然听说吴惠存的亲信和爪牙，策动人马要来劫人。这时，王健同志当机立断，站在一根石条上，宣布了就地镇压吴惠存的决定，并就地把他处决了。

处决了吴惠存，人心大振。我们返回紫云区之后，又接二连三地惩办了十几个劣绅，对油榨湾的两户地主也进行了斗争。这样，农民真正感到出了头，感到共产党是真正领导穷人翻身求解放的救星。

三、危难中的砥柱

在过去许多朝代里的农民斗争，往往失败，而党领导的这一次农民武装斗争，为什么能够坚持下来，直到胜利呢？这里面，当然有诸种原因，其中，从我所了解的紫云、七里两地的农民斗争的情况来看，有一个根本原因，就是共产党员模范地执行党的路线，坚定同人民群众站在一起，在艰难困苦的危急时刻，成为群众的中流砥柱。

紫云、七里区的农民武装斗争，如同其他地区的农民斗争一样，不是一帆风顺的。参加了毛泽东同志主办的武昌农民运动讲习所学习的戴克敏、汪奠川、刘文蔚、桂步蟾同志，和黄麻地区郑位三、王树声等共产党员一起，坚决执行党的正确路线，顶住对农民运动的各种诬蔑诽谤攻击，积极建立和扩大农民义勇队。一面组织群众架起红炉打制刀矛，一面派人到武汉，通过董必武同志买枪支弹药，武装工农。黄、麻两县党组织还依托紫云、七里、乘马、顺河这些山区组织联防，构成了一条长达两百多里的防线，同土豪劣绅做斗争，一直坚持到黄麻暴动的前夜。

"四一二"反革命政变后，对农民运动怀有刻骨仇恨的土豪劣绅胆子大起来了，他们疯狂地向农民反扑。4月底，逃亡到新集的一批地主，勾结反动民团和反动的红枪会卷土重来，向紫云区进攻，他们烧杀抢掠，凶焰万丈。我们扼守山寨抗敌，中共黄安县委组织农民自卫军作战，董必武同志派省警备一团一营前来协助我们打击敌人。5月初，我们在木城寨进行了艰苦卓绝的保卫战，三千多农民自卫队员，和王守之营长率领的官兵一起，打退了敌人几十次疯狂进攻，我们用土炮、刀矛、石头杀伤了大量的敌人，坚守了七天七夜之久。

7月15日，汪精卫在武汉叛变。接着，反动派开始对黄麻地区进行"重点清剿"。霎时，白色恐怖笼罩黄麻，腥风血雨遍及山乡。敌人哨岗林立，暗探如麻，到处张贴着"通缉令"，仅黄安县被通缉的共产党员就有九十二名，其中董必武同志是第一个。在"茅草要过火，石头要过刀"的反革命口号下，许多共产党员和革命群众遭到屠杀，敌人兽性大发，惨绝人寰，采用砍头、挖心、剖腹、铡尸等酷刑杀戮革命志士。紫云区的反动民团有两把铡刀，一把七斤半，一把九斤半，一天要铡许多人。铡头还铡尸，叫"犯人"把血淋淋的铡刀抬着游街，把血淋淋的人头挑着从这山过到那山，妄图恫吓革命群众，扑灭革命火焰。

在这危难时刻，共产党员和我们战斗在一起，鼓舞我们说，"要同地主豪绅斗到底""不是你死，就是我亡""农民协会还是要办""只有打才有出路"。我们不仅没有被反动派气势汹汹所吓倒，反而更加坚定了。

7月下旬，中共黄安县委和麻城县委组织两县的农民自卫军和义勇队员上万人，在北界河地区伏击了麻城县西张店大恶霸、民团团总王芝庭的进攻。那天，晴空万里，骄阳似火，我们埋伏在北界河，一直等到中午，当敌人进入伏击圈后，一声土炮响，成千上万的群众冲向敌人，把敌人杀了个屁滚尿流。这一仗，歼敌几千人，生擒并处决了王芝庭，击毙了王仲槐等十几个反动头目。这就是黄麻农民武装斗争史上有名的北界河战斗，大长了农友们的志气。

由于党在危难时刻起到中流砥柱的作用，共产党员临危不惧，英勇战斗，尽管我们受到了极其严重的围攻和"清剿"，但是，紫云、七里两地的农民武装，没有散，没有垮，在黄麻起义的前夕，这里有几千人的义勇队员，还有百十支快枪，成为黄麻起义中的一支坚强的战斗力量。在党的"八七"会议精神鼓舞下，在毛泽东同志"枪杆子里面出政权"光辉思想指引下，这年11月13日，爆发了有名的"黄麻起义"，我们拿起大刀长矛，夺取了黄安城。从此，黄麻地区的革命又进入了一个新阶段。

原载湖北人民出版社编辑：《楚晖》（第四集），湖北人民出版社，1983年，第16～22页。

红色的黄安

◎ 郑位三

回忆起大革命时期的黄安，我们记忆犹新的是：农民革命斗争猛烈，革命的知识分子特别多。在初期，知识分子对向工农群众宣传革命思想，起了很好的桥梁作用；随后，农民革命斗争的烈火又迅速锻炼和改造了这批知识分子。

中国共产党成立后，黄安就逐渐有了共产党与青年团的活动。最初传播革命思想的，是一部分从武汉读书回乡的共产党员，他们多是董必武、陈潭秋、萧楚女等介绍入党的，特别在1925年暑期回乡以后，更积极地联合当地的许多革命知识分子，到处散发传单，进行集会演讲，宣传反帝反封建的思想。同时，黄安出版的《黄安青年》，在共产党的影响下，也开始转载革命消息，抨击反动政治，宣传反帝反封建，提倡新文化运动。之后《新青年》《向导》《中国青年》等刊物，也越来越多地邮寄到黄安，革命的影响，便日益广泛地深入人心。

1926年秋，北伐军打到武汉，摧垮了反革命的上层统治，革命之声响遍湖北各地，黄安党团特别支部随即进入县城。首先，党争取了县教育局的领导地位，动用"至诚学款"[①]大量开办公费学校和乡村贫民夜校，共产党组织便通过教育的系统，往各区各乡派遣干部，以学校为立足点，扩大革命影响，组织发动群众。与此同时，党组织又团结了一部分进步势力，通过清算委员会的组织，清算黄安

[①] 这时教育局控制着一笔巨款，是黄安南乡一些资本家在沙市60年的存款，名为"至诚学款"。

的义仓及平粜委员会，向管理义仓及平粜的大豪绅、县参议会的议长李介仁等，展开了斗争。

1927年初，各乡农民协会蓬勃地发展起来，农民在党领导下，便很快和地主撕破脸皮，展开了斗争。逼迫地主退租减息、发悔过宣言。正月十五元宵节，各地农民协会展开了活动，七里区刘家园等地，把罪大恶极的地主逮捕起来，戴上纸糊的高帽子游街。到了3月，全县已有20%的地区，达到了斗争高潮。

在群众斗争日益高涨的形势下，全县的豪绅地主异常恐慌，有的开始逃跑。各乡群众要求我们想办法，党团特别支部召开紧急会议，讨论措施。会上，大家一致认为，不能让大豪绅跑掉了，要立刻动员各乡的农民，迅速行动起来，把一些有权威的豪劣抓住，并动员农民自己动手打死一批（这种做法曾得到省委的口头同意）。会后，特别支部的委员及党的干部，即分头出发，四乡布置工作，调查地主豪绅的罪证。于是便掀起捕捉豪绅地主的热潮，各乡除农民亲手打死吴惠存等一批豪绅地主外，还通过政府，先后把罪大恶极的李介仁、阮纯青、张英廷、李士显等19名豪绅地主捉住，押往县城法办。

吴惠存，是箭厂河区的大豪绅，善打官司，会造假印，对付农民的手段十分毒辣。在押赴县城的途中，因听闻吴惠存的亲信正策动人马要拦路把人抢回去，押解的农民便在王锡九村庄附近，把他打死了。打死吴惠存，震动了全县的大小地主。由于农民组织起来得快，地主阶级内部的分化，使他们完全孤立，地主豪绅成了过街的老鼠，人人喊打。远处的反动派又救不了近火，于是跑到河南的反动地主豪绅，便和光山等地的反动地主勾结起来，利用反动的红枪会，向黄安、麻城两县的革命人民进攻。因此，便发生了几万人的军事斗争，黄、麻两县的农民全力动员，手持原始武器和反动的红枪会厮杀。吴焕先、吴先筹、吴先保等，在箭厂河地区办了三堂"红学"（即革命的红枪会），团结组织了广大农民，以红枪对红枪，投入了战斗。

这场战争规模浩大，没有时间地点，反动红枪会说声进攻，便像洪水似的涌了过来。遇到强有力的抵抗，便迅速败退，若能得逞，即大肆烧杀。仅七（里）、紫（云）两区，就有几千家房屋被烧，几百头耕牛被抢走。在没有钢枪的地方，农民天天防敌，日日跑反，几万老小男女，时常是靠山露宿，不敢回村。

这种尖锐的政治和军事斗争，更加激起了广大农民对反动阶级的仇恨。同时，在半年多的反红枪会战争中，锻炼了原始的农民武装，涌现了许多有组织才能的干部，为后来创立工农革命军奠定了良好的基础。

4月底，反动的红枪会围攻到麻城城下，烧杀掠夺，十分疯狂。麻城县委即派王树声去武汉，通过董必武同志的关系，向省里请求援兵。在省政府派兵的同时，省里还组织了麻城惨案调查团，到了麻城。黄安县委（此时特别支部改称县委）得此信后，即派我去麻城，向代表团请示工作。这时便听说，我党中央根据湖南和全国反豪劣斗争的情况，正考虑惩办豪劣的问题。

果然不几天，省里的公文到了，指示县里成立审判土豪劣绅委员会，对罪大恶极的豪绅地主，委员会有权在当地处决。县委接到公文，便连夜开会，推选委员。

审判土豪劣绅委员会共七个委员，四个共产党员两个国民党员（一个是县长），一个进步人士。在委员会领导下，有三股武装：一是县农民自卫军，有30多条钢枪。一是工人纠察队，没有钢枪，全部原始武器，这是两支可靠的力量。另外，还有一支县警察部队，20多条枪，这是旧武装，很不可靠。因此，我们在审案中，很担心被劫了法场。开审后，先审了几个次要的小豪绅，把他们放掉，缓和了一下空气；到下午，才又宣判了李介仁、阮纯青、张英廷、李士显四个地主豪绅的死刑。同时还判处了一个惯匪石黑子死刑。

黄昏时把这5个人枪毙后，大家回到县农协，正谈论着不怕有人劫法场了，程翰香同志跑来说：" 少了两个尸体！"

大家急忙跑到刑场去看，发现阮纯青和石黑子的尸体没有了，又见地上有爬的血迹，才断定没有打死，他们趁黑爬走了。我们立刻派人追查，追了半夜，只追上石黑子，阮纯青不见踪迹。回来后，一面派人去改布告，一面谈论办案的经验教训。县政府的一个公差在一旁说："枪毙人不能离得太远，打倒之后，要翻个个儿，验明人确实死了，才能收场。"我们哪里懂得这些！

惩办豪绅地主的斗争，大大地鼓舞了农民革命的士气，更加坚定了农民的斗争意志。打死吴惠存，杀了李介仁等豪绅，有的农民说："现在揭了盖子，革命要革到底。"有的农民见到曹学楷同志，伸伸拇指，称赞说："现在相信共产党是真正领导穷人革命的。"同时，惩办豪劣的斗争，考验了出身于地主阶级家庭的革命知识分子，有些人在这个斗争中，坚决地叛变了原来的阶级，和农民站在一条线上；也有些人，如王则西等两个党员，就公开拒绝担负审判土豪劣绅委员会的工作。另外，惩办豪绅的斗争，锻炼出了大批多智多谋的优秀干部。

由于反豪劣和打红枪会的斗争，加之群众要求武装，县委的同志深深体会到，党必须掌握一支强有力的武装，特别是以工农为骨干的钢枪队。早在审判土豪劣绅委员会成立之前，县委就利用对地主的罚款，各处零星收买枪支，请铁匠制造来复枪；另外还从教育局接收的"至诚学款"中抽出一部分，找人去武汉买枪。枪买到了几十支，但是没能全部到手。根据这种情况，县委决定，一面继续在本县搞枪，一面设法去武汉运枪。

1927年4月初，省里颁布了农民自卫军条例，允许农民武装的合法存在，这就为我们去武汉运枪，开辟了方便之门。不久，武汉的枪运到，加上原有的，我们共有了70多支枪，这在当时来讲，是一桩大喜事。县里举行了农民自卫军成立庆祝大会，宣布成立了农民自卫军管理委员会。

这时四乡的农民，也相继武装起来，虽然是一些刀、矛、鸟枪等原始武装，但也有班排的编制，只要一声号令，便可以集结几万人。有一首民谣，生动地描写了这种情形：

    小小黄安，人人好汉；

    铜锣一响，四十八万；

    男将打仗，女将送饭。

正当全县农民欢欣鼓舞，庆祝审判土豪劣绅胜利的时候，汪精卫叛变，武汉反革命政府宣布解散农会，勒令共产党停止在农村中的一切活动；同时，还发出通缉令，黄安被通缉的共产党员共92名，第一名是董必武同志。在反革命的恫吓下，县委一部分意志不坚定的人，借故打听消息，离开了工作岗位。剩下的一部分同志，在极端困难的情况下，改选了新的县委，坚守岗位继续领导各区的农民协会，开展减租减息斗争。

阴历八月初，武汉国民党省党部委员张国恩，打给黄安一份电报，指名黄安八九人去武汉，参加改组。此时，湖北省党的机关，已转入秘密活动，处在白色恐怖下，联络十分困难。黄安县委开会讨论，认为张国恩是董必武的老朋友，他的家乡又是黄安，估计不会马上起来反对我们。趁此机会，我们决定派人去武汉看看风向，更重要的，是去找党的机关取得联络，接受指示。

我们到武汉之后，很快打听到了党的机关所在地——汉口法租界协和里五号。晚上，我们秘密地找到那里，长江局（此时不称省委）的负责人罗亦农等接见了我们。这时才知道，党正设法和黄安联络。

罗亦农询问了黄安的情况，接着向我们传达了党的"八七会议"精神，详细地分析了国内的局势。他说："现在，资产阶级彻底叛变了，小资产阶级动摇不定，为了继续革命，党决定发动两湖秋收暴动，以武装的革命，反对武装的反革命。"罗亦农谈话中，拿出两份党中央的通告、一份鄂南秋收暴动计划（共17条，写在一个练习簿上），给我们看。要我们立刻返回黄安，参照鄂南的计划，组织暴动。

这几天，武汉充满着恐怖的景象，反革命的气焰十分高涨。反革命政府大骂黄安是"赤色县"，骂黄梅是"小莫斯科"。虽然正值中秋节，街面上挂满了月饼招牌，我们已没有心思过节了。大家商讨之后，留下少数人在武汉应付改组。党的主要干部，便连夜赶回了黄安。

这时，坚持在黄安的有曹学楷、戴克敏、吴焕先、吴先筹等同志，大家听说长江局有了指示，都很兴奋。立即开会讨论了党的指示，拟定了两个文件：一是转达长江局关于组织武装暴动的指示，一是具体的暴动计划。虽有个别人说，我们只有这几十条枪，打起红旗也经不住敌人两个团，但是，县委的绝大多数同志都满怀热情，充满着信心。有的同志说：俄国的武装革命，从1905年到1917年经过了12年的时间，工人阶级掌握了政权，我们也决心干它10年、20年。有的同志还以辛亥革命、五四运动等先例作比较，认为我们只要不懈地长期奋斗，革命一定会胜利。甚至有的同志这样说，梁山泊的英雄豪杰占山为王，都能存在许多年，我们有马列主义的真理，有党的领导，有人民的支援，打起了红旗，就一定能够存在下去，最后取得胜利。

可以看出，在当时，虽然没彻底解决红旗打多久的问题，但是，大家都有着长期奋斗的精神准备。这种精神，是极其宝贵的。

暴动开始以后，分散到各区的同志，利用原先打反动红枪会的组织——防务委员会，以庙宇、祠堂为集结点，展开了紧张的活动。这时候，逃出去的地主豪绅，在"七一五"之后，仗着反革命势力，又回到了家乡。因此，各区立刻又卷入了捕捉豪绅地主的斗争，每到夜晚，农民自卫队手持大刀、木棍，扛着鸟枪、土炮，到处围剿地主豪劣。一度沉寂的黄安，又燃起了革命烽火。

但是，这时由于缺乏建立政权的思想，农民武装起来之后，不仅没想到组织政权，也没拿出一个部队的番号，仅停留在打土豪劣绅的意义上。领导上的工作重点，只在基础好的七里、紫云两区（这是对的），没有派人支援其他地区，因此，有些区几乎任其自流，没有普遍发动群众。10月底，敌三十军一个师开抵黄安，领导上又没作相应的斗争计划，致使斗争暂时停顿下来。

当时，我们又和长江局党的机关失去了联络，下一步棋应该怎么走，拿不出主张。商讨之后，县委决定我和戴季英去武汉，向长江局请示工作。县自卫队的汪奠川同志，替我们筹办了11块钱的路费，我们化装到了武汉，还没和党机关联络上，我就病倒在一个朋友家里，一连数日，不能起床。

几天后，和长江局联系上，因听说马上派人去黄安，我便雇了轿子，先行赶回黄安。到家之后病更加重了，躺下40多天，不能起床。

据后来知道，我回黄安的第三天，长江局便派吴光浩、汪静斋等人赶到了黄安和麻城。他们会同潘忠汝、曹学楷等，在七里坪文昌宫第二高等小学举行了会议，批判了黄安领导上的右倾思想，又以七里、紫云两区为中心，继续领导了武装暴动，在麻城党的武装力量的密切配合下，于阴历十月二十一日，攻进了黄安县城，摧毁了反动的旧政府。

占领黄安县城的第二天，便宣布成立了农民政府，推选曹学楷为主席；组织了鄂东工农革命军第一、二路，潘忠汝、吴光浩为正、副总指挥，戴克敏为党代表。农民政府明确地提出了实行土地革命，推翻豪绅地主的统治，打倒蒋介石，拥护苏联社会主义，反对帝国主义侵略的纲领。全县人民欢欣鼓舞，到处放鞭炮，村村杀猪宰羊，庆祝新政府的诞生。

但是，这时由于对反革命缺乏警惕，没有明确以乡村为根据地的思想，占领县城以后，就在城里住了下来。21天后，反革命部队十二军远途奔袭了黄安，农民政府与军队仓促撤退，受到了重大损失。潘忠汝同志在指挥突围中壮烈牺牲。

从黄安突围的一部分部队，会同麻城的革命武装，在吴光浩统一领导下，上了木兰山，并改称为工农革命军第七军。

木兰山位于黄陂城北，山上有宽宏的庙宇，山下人烟稠密，物产丰富，部队以高山为立足点，进行革命宣传，出动袭击民团，没收当铺发还和分配给群众，做了许多扩大政权影响的工作。但是，木兰山虽然联系着向来斗争好的高桥区，然而本地没有工作基础，加之部队太小，距离武汉又较近，苦难仍是不少。因此，苦斗了三个月以后，便决定部队分为数支，采用昼伏夜动的方式，展开大面积的活动。当戴克敏同志带领一支部队回到七里、紫云两区后，那里的群众，不顾反动派的清剿和围杀，积极支援他们的活动，因而，斗争很有成绩。当发现这个情况后，木兰山的部队，便全部转回黄、麻北部老区去活动。

回到老区的初期，部队采取一日数迁的方式活动。这种方式好处很多，但不免过分疲劳。为了使部队有喘息之机，就时常转移到天台山等处地形条件好的地方去。部队来去经常路过柴山保，便发现了这块地区的优越条件：它属河南省管辖，地形很好，当时湖北的反动军队不便进驻，只能朝发夜归；同时该地又紧接着工作好的七、紫、乘、顺四区，群众受黄、麻的革命影响很大，一些较大的豪绅地主多数逃跑在外。这一切，很便于工农革命军的发展。这就决定了以此为根据地——开始了"柴山保时期"（这是后来说惯的一句话）。

党组织在柴山保的政策，可以说好得很，特别是统战工作、"红学"革命化的工作，成绩大极了。

部队依托柴山保相对稳定下来之后，七、紫、乘、顺等区"跑反"在外的5000名左右的干部与积极分子，陆续回到了老区，很快组成小股游击队，逐渐向外发展，并建立了各县、区委的领导。

"柴山保时期"一年有余，上级党组织从外面派来不少的干部，第一个到来的是倪志亮同志。曹壮父同志（中央巡视员）曾在这里向我们传达党的六次大会决议，后来吴光浩同志不幸牺牲了，中央便派徐向前同志来参加领导工作。国民党十八军一连人哗变，也是在这个时期，它对我军游击队武器弹药的补充，起到了相当大的作用。我在这里应特别表明吴光浩、曹学楷、戴克敏、吴焕先四位同志的功绩。在这一段时期内，他们的贡献颇大。

过了"柴山保时期"就是大发展了。随着商城暴动，皖西、豫南等地的群众工作开展，红军的部队日益扩大：建立红一军，扩编为红四军，再扩编为红四方面军。

今天来看，在黄安县城失守后，敌军进驻我中心区的时候，我们因队伍很小，很难到新地区、生地区去游击，大大地得力于柴山保这个地方；另外，我们还深深感到黄、麻两县由于在大革命时期很好地发动了群众，大力地惩办了地主豪绅，激发了广大农民的阶级仇恨，因而，为后来的斗争打下了良好的基础。正是由于广大农民对反动派和地主豪绅的仇恨深，才成为我们发展武装的重要源泉。

原载红安县委党史资料征编委员会编:《黄麻起义》，武汉大学出版社，1987年，第135～143页。

红色的黄安

◎ 郑位三

大革命时期，党的影响就深入到了黄安的城乡。1926年北伐军到了武汉，革命的浪潮漫卷湖北。在董必武、萧楚女等同志的影响和引导下，黄安北乡一部分在城市里读书的学生，先后加入了共产党。那年暑假，这批先进的知识分子，奉党的指示，回到了家乡从事革命活动。在他们积极的宣传鼓动下，各区、各乡纷纷办"红学"，组织农民协会，随着农民运动的蓬勃发展，党、团的组织迅速扩大。不到半年的工夫，黄安县从一个五六个人的党团小组，发展到近百人的特别支部。到1927年4月，特别支部便改为黄安县委。

县委成立不久，省里的一个代表团到了麻城。县委得此信后，派我去麻城找代表团请示工作。这时，麻城被反动红枪会的包围刚解除，城门还半开半掩，出入的行人，都要接受检查。我费了很多口舌，才进得城去，找到了代表团。这个代表团，有国民党的党员，有我们党的同志，一共七八个人。郭述申同志就是我们党在代表团中的成员之一。他见了我分外亲热，询问了黄安的情况，向我说："你们那里群众条件很好，要抓紧时机，大力展开反土豪劣绅的斗争。根据省里的指示，成立一个审判讨劣绅委员会[①]。"

此时，麻城县正闹得轰轰烈烈，杀土豪劣绅的劲儿大大超过了黄安。以往土

[①] 原文如此，应为"审判土豪劣绅委员会"。下同。

豪劣绅气焰嚣张，杀农民真是杀人如麻，现在轮到农民向土豪劣绅清算旧账了。我回去以后，同志们问："麻城搞得怎么样？"我说："他们搞得比我们好。"有的同志问："怎么好法子？"我说："杀土豪劣绅多。"

县委讨论了代表团的指示，立刻成立了审判讨劣绅委员会；又动用教育局的经费，买了二十几条枪，组织了县农民自卫队。加上原有的工人纠察队、旧警察，共有二百多人。

审判讨劣绅委员会，共七个委员，五个是共产党员。黄安县的县长，也被迫参加了，名为呈审员。这时期，正当放暑假，我在高等小学教书，照例是要回家的。因为参加了审判讨劣绅委员会，没能回去。戴继伦和我同乡，他回去以后，对我家里人说："位三当官了。"

审判讨劣绅委员会的委员，当然算不得什么官，可是，委员们的权力很大，决定办哪个豪绅地主，立刻就派县农民自卫队去抓，抓住了，委员齐声说杀，写一张布告，拉出去就枪毙。有一天晚上，一次就判决了五个，其中四个大豪绅地主，一个土匪。说起来可笑，把人枪毙完之后，布告也贴出去了，大家回去正讨论什么，程翰香同志跑进来说："糟糕，被枪毙的人跑了两个。"

程翰香是个细心的人，原来他担心我们没有办人的经验，又回去看了一次，才发现尸体少了两个。又见地上有爬的血印子，断定有两个没死的跑了。我们跑到刑场去看，大豪绅阮纯清和那个土匪的尸体没有了。阮纯清是全县鼎鼎有名的豪绅，县知事听说他跑了，脸都吓变了色，放虎归山，必有后患。我们派人四处追查了半夜，只追上了那个土匪，阮纯清不见踪迹。回来以后，大家相互埋怨了一阵，一面赶忙叫郑南先去改布告，一面谈论办人的经验教训。县政府的一个公差在一旁说："枪毙人，不能离得太远，打完之后，要验尸，人确实死了，才能收场。"我们哪懂得这些！

之后，我们又逮捕了一批民愤很大的地主豪绅，镇压的镇压，处理的处理，大大地鼓舞了农民斗争士气，推进了农民革命运动。这时四乡的农民协会，实际上变成了农村的最高权力机关。真所谓"村村是烈火，庄庄飘红旗"。

正当全县的斗争热火朝天的时候，汪精卫叛变了，武汉政府发出通缉令，第一名被通缉的是董必武同志。有些党的组织被破坏，不少党员被捕。逃亡他乡的地主豪绅，仗着反革命的势力，又死灰复燃起来。他们组织了反动的武装，到处破坏农会，屠杀农协的干部。黄安县审判讨劣绅委员会解散了，县委书记借口去省委请示工作跑回武汉，教育局局长跑了，最后县委机关只剩下我和吴焕先两个人。我代理县委书记兼教育局局长，他任县委组织部部长。我们一面和各乡的地下党联系，一面去信向省委请示。这时，南昌起义爆发了。省委机关转入了秘密活动，联络困难，去了几次信，不见回音……

就在这个时候，武汉国民党省党部的委员张国恩来了一个电报，指名黄安几个人到武汉去，参加改组，我是被指名的一个。几个同志研究了一番，认为张国恩是董必武同志的老朋友，一向是倾向我们的。最后决定去武汉，一面看看风向，一面找我党的领导机关联系。

我们一同去武汉的有程翰香、王效松等六个人，大多是共产党员。到武汉的当天，王效松同志找到一个姓余的同志，他告诉我们，长江局的负责同志在汉口法租界协和里五号。

晚上，我秘密地找到了那里。一个大个人出来，自我介绍说："我是罗一隆[①]，长江局的负责人，正要找你们谈谈。"见到党的负责人，就像见到了久别重逢的母亲。我向他汇报了黄安的情况后，他对我讲了党的"八七会议"精神，分析了国内外的形势，最后很气愤地说："现在，资产阶级彻底叛变了，小资产阶级动摇不定，党决定发动两湖秋收暴动，挽救革命的前途。"谈话之间，他拿出两份党中央的通令和一些文件给我看。因为不便长久多谈，又约定了第二天接头的时间。

第二天，我和程翰香同志一块儿去的，又有一个不知名的负责同志接见了我们。谈话之后，他拿出一份鄂南秋收暴动计划。这个计划一共十七条，写在学生用的练习簿上，那位负责同志说："你们也起草一份计划，配合两湖暴动。"写这样的计划，当然不是容易的。我说写不出来。那位同志又叫程翰香写，他也说完不成。最后那位负责同志说："现在不写可以，你们立刻回黄安，参考鄂南的计划，组织暴动。你们黄安的基础很好，应该拉起一支队伍。"

程翰香同志问："我们参加不参加改组？"

[①] 原文如此，应为罗亦农。

"留几个人应付着，你们主要的负责人先回去。"那位同志非常坚定地说，"我们对资产阶级，不能有任何幻想，要挽救革命，唯一的出路，就是组织暴动，掌握武装。"

这些天，武汉充满了恐怖的景象，反革命的政府，日夜捕人。报纸上大肆污蔑我党，说我们是"土匪""赤色分子"。汪精卫公开地大骂：黄安是"赤色县"，黄梅是"小莫斯科"。我们亲眼看到这些，再不能幻想，再不能犹豫了。

虽然正值中秋佳节，街面上满挂着月饼招牌，但我们已经没有心情饮酒过节了。大家商讨之后，决定留下少数同志参加改组会议，我和另外一个同志连夜回黄安。

这时，坚持在黄安各乡工作的，尚有吴焕先、曹学楷、吴先筹等同志。我回来后找到他们，在七里坪文昌宫高等小学召开了会议，转达上级党的指示，立即起草了两份文件。一是长江局关于发动武装暴动的指示，是我拟的稿；一是暴动计划，是另一个人拟的稿。按照行动计划，第三天大家就分头行动，吴焕先、戴季英带几支枪去紫云区、七里区；曹学楷、王效松去北乡；吴先筹在城区；我留在县里掌握全面情况，及时和各区联络。

潘忠汝同志找来了。他交给我一份不知用什么密写药写的信，用老办法总是洗不出来，一个同志告诉我用盐水洗，这才显出来几行字，原来是工作介绍信，大意是潘忠汝同志是中共正式党员，黄埔第三期的学生。

我向他说："同志，你来得正好，我们正需要懂军事的人才哩！"当即分配他去领导县的农民自卫队。

分散到各区的同志，利用原先打红枪会的组织——防务委员会，以庙宇、祠堂为办公地点，展开发动武装起义的活动。几天之后，一度沉寂的黄安县，又燃起了革命的火焰。各区的农民协会，纷纷组织起自卫队，每到夜晚，举着火把，拿起木棍、梭镖，去捕捉地主豪绅，火热的斗争遍布全县。先后又捕杀了一百多地主豪绅，彻底摧垮了反动阶级在各区乡的统治，与此同时，麻城县的农民斗争，也达到了高潮，这就是当时惊动武汉、南京的黄麻第一次农民暴动。

10月底，国民党三十军一个师，在军长魏益三亲自率领下，开到了黄安县城。魏益三坐镇黄安县城，每天派兵出动，四处烧杀。一百多个农民被捕，有的被吊死在城门上，有的被拉到校场岗枪杀、活埋。革命群众的鲜血涂染着黄安的土地。

这时，由于某些领导同志的右倾思想，只看到反革命的气焰，对经过革命斗争锻炼的农民力量估计不足，致使如火如荼的斗争暂时停顿下来。当时，我们和长江局党的机关失去联系，商量之后，决定我和戴季英去联络。县自卫队的汪奠川同志替我们筹办了十一块钱的路费，我们化了装，连夜赶奔武汉。

不幸的是，刚到武汉住下，还没有找到党的领导机关，我就病倒了，躺在一个同志家里，不能起床。一天，戴季英在街上碰到了汪静斋，他是戴季英的老同学，在长江局机关工作。他告诉戴季英说："长江局批评我们右倾，准备马上派人去黄安，要继续领导暴动。"

我的病日日加重，吃药不见好转。十一块钱花光了，躺在床上心里十分着急，又听说长江局要派人去黄安，说什么也不能躺下去了。我和戴季英商量之后，向朋友借了几块钱，雇了两乘轿子，离开了武汉。

紧赶慢赶回到家，由于一路的风寒，我的病更加重了，仍是不能起床。

就在我到家的第三天，长江局派胡向一（后来叛党）、吴光浩、汪静斋等人到了黄安七里坪。他们找到了潘忠汝、曹学楷等同志，又在文昌宫第二高级小学举行了会议，批评了领导上的右倾思想错误，决定以七里坪、紫云两区为中心，继续领导农民武装起义。

潘忠汝、吴光浩、曹学楷等同志，都是有军事才能的人。他们分头到各区进行演讲，整顿农民自卫队，改编农民自卫队，并到处买枪、招兵、训练部队。这时驻守黄安的三十军的部队已撤走，沉寂一个月的黄安，再度红起来。

11月13日，黄麻起义爆发了。农民起义军配合钢枪队，在"暴动，夺取县城"的口号下，像洪水似的攻入黄安城，杀了县官，成立了农民政府，选举曹学楷同志为农民政府的主席，还推选了十一个政府委员（听说我也是一个）。攻下县城的第二天，便正式宣布成立工农革命军鄂东军第一、二路军，潘忠汝任总指挥，戴克敏任党代表。

农民政府宣布成立后，全县的人们欢欣鼓舞，到处放鞭放炮，村村杀猪宰羊，庆祝胜利。农民自卫军脖子上都扎着红带子，吆喝着：

"穷人伸腰了！"

"现在是黑脚杆子的天下了！"

"打到武汉去过新年!"

当然,地主资产阶级和国民党反动派,是决不甘心农民伸腰的。起义军占领黄安县不几天,土豪劣绅用钱收买了姓秦的一股土匪(约有二百多条枪),前来攻打黄安城。四乡的农民,为了保卫新政府,一晚上会集起了两万多人,手持木棍、梭镖,摇旗呐喊,配合农民革命军,赶跑了姓秦的土匪武装。我们攻占黄安的第二十一天,国民党的第二十一军文清林的部队,夜晚从八十里以外奔袭黄安城。起义军缺乏准备,原先还以为是土匪武装前来扰乱,守城应战,及至知道是国民党的正规军后,仓促组织突围,部队突出城后受到了严重的损失,潘忠汝同志光荣牺牲。

敌人占了县城,又开始了更大规模的屠杀。这时我仍病着,刚能起床,看着家里不能再住了,一个晚上,在两个农民的护送下,逃到黄陂。

一天,在戴克敏同志家里,听说从黄安突围出来的一部分人,在吴光浩同志率领下,上了木兰山。这就是后来所说的"革命钟敲江海寺,英雄败困木兰山"的时代。我拖着病身体,不能去部队,便给他们写了一封信,大意是:久困高山,不是长久之策,为了保存这一小部分的革命力量,应该学习旧小说里的英雄人物,走东寄西,找求出头之日。

我病了半年多,躲藏了许多地方,直到1928年6月,身体才完全康复。有一天,听说吴光浩同志带领部队从木兰山到了柴山保,我在两个青年学生的护送下,连夜奔往柴山保去找部队。

同志们见了面,仍然像以往失败之后那样,一个个充满着必胜的信心。血与火的斗争,把大家锻炼得更坚强、更有经验了。我们一起研究了新的行动计划,决定重返黄安,开始新的斗争……

原载徐向前、粟裕等著:《星火燎原·未刊稿》(第一集),解放军出版社,2007年,第286~291页。

麻城的火焰

◎ 王树声

一

1926年，北伐军攻克武汉以后，麻城农民运动在大革命的风暴席卷下，急风暴雨般地发展起来。农民们热烈拥护我党反帝反封建的纲领，并纷纷要求成立农民协会。

这时，在乘马岗区工作的共产党员，和其他区一样，在上级的指示下，领导当地农民打开了一些祠堂和庙宇的大门，清除了多年积聚的尘土，粘贴上"打倒土豪劣绅！""打倒贪官污吏！""劳农神圣！""一切权利归劳动人民！"等红绿色的标语，摆上桌椅和纸墨砚，建立起了农民自己的组织——农民协会。被贱视了几千年的"黑脚杆子""黄泥巴腿"团结起来了。农民们喜在眉头，笑在心里，抬起头，挺起胸，向吮吸他们血汗的寄生虫——土豪劣绅们，展开了减租减息的斗争。

土豪劣绅们对待这一切，当然不会甘心情愿，他们千方百计进行阻挠、破坏和对抗。

罗家河有个丁枕鱼，是麻城乘马岗区的大恶霸。当农民协会开始发展时，他就四处造谣破坏，并搜罗了一批流氓、狗腿子，请来了"教师"，秘密组织红枪会，企图以此来破坏与打击农民运动。

阴历冬月十六日，这个大恶霸果然动手了，他指使他的狗腿子把大河铺乡农协罗家河分组的办公室捣毁了，标语也撕掉了。乘马岗区农协听到这一消息，火上浇油，气愤异常，区农协胡静山、徐子清等领导同志，立即召开了会议，讨论对策。到会的同志一致主张，立刻行动起来，逮捕丁枕鱼，扑灭反动势力的嚣张气焰。

会议结束时，已是半夜时分，共产党员们冒着刺骨的寒风，摸着黑路，分头到各个村庄，招呼农会会员集合。会员们听到丁枕鱼破坏农会的消息后，都扛起刀、矛、鸟铳、锄头、扁担，奔向罗家河村。没多久，丁枕鱼的住宅就被上千人包围得水泄不通。罗家河分组的廖荣坤等同志，带着数十个身背大刀的青壮年，首先翻墙而入，闯到楼上，把丁枕鱼从屋里拖出来。丁枕鱼用农民的血汗和眼泪修建起来的"安乐窝"，那高大、坚固的大门被打开了，农民群众潮水般地涌进了丁家的深宅大院。丁家的狗腿子因农民声势浩大，抵抗不住。丁枕鱼赤脚单衣地跪在地上，连连叩头求饶。农民们指着丁枕鱼说："过去头顶你的天，脚踩你的地，逼死了我们多少人！现在这个天这个地是我们的了。"曾被丁枕鱼霸占了未婚妻的吴某，上去把丁枕鱼揍了一顿，咬牙切齿地骂道："你害得我结不了婚，成不了家，现在该我报仇了！"

农民们拿起一根拴羊的绳子，把丁枕鱼那双剥削人民的血手捆了起来，押往乘马岗农协。临走时，丁枕鱼苦苦哀求让他添件衣、穿双鞋，农民们坚决不给，说："也让你尝尝我们穷人没衣没鞋穿的苦处吧。"

丁枕鱼被押到县里关起来后，斗争的烈火更旺盛地燃烧起来了。拿起了原始武器的农民，紧接着又捕捉了方家塆王子历等10余个土豪劣绅，并把他们的粮仓打开，把被搜刮去的积谷陈粮，一袋袋，一筐筐，喜笑颜开地背回家去。

反封建剥削运动如火如荼地进行着，农会实际上成了乡村的民主政权。在锐不可当的农民运动面前，有的土豪劣绅吓跑了；有的躲在城里勾结国民党右派，拼命叫嚷"农民运动过火"，咒骂农民协会和共产党人。正当这个时候，县代理商会会长大劣绅李舜卿和县长、县承审官等互相勾结，阴谋破坏农民协会，搞反革命政变。县城里的气氛顿时紧张起来。中共麻城县特别支部，决定动员乘马岗等区的农民来扑灭这一反革命阴谋。

1927年阴历正月一个寒冷的早晨，乘马岗等区两三千农民背着大刀，扛着长矛,像巨龙一样,浩浩荡荡地向县城涌去。下午,县城里的大街小巷,顿时人山人海,刀矛林立。农民武装配合县城内的店员和贫民,将李舜卿逮捕,关入监牢。县长刘芳和承审官徐某由于顽固地反对农民的革命运动,也被停职了。

以后,在群众的积极要求下,李舜卿和丁枕鱼、王子历等被公审枪毙了。

二

1927年的夏天来临了。农民群众第一次怀着无比喜悦的心情,在田地里忙碌着。人们都希望一个丰收的年景,让全家吃饱、穿暖。

可是,就在这个时候,一些逃在外乡的土豪劣绅,却以河南光山县新集为中心,勾结了当地的民团、红枪会上万人,在丁枕鱼的儿子丁岳屏、王子历的哥哥"王九聋子"、反动区长王既之的儿子王仲槐等反动头子带头下,向乘马岗、顺河集等区发起进攻。他们沿途抢东西,拉耕牛,毁青苗,屠杀革命群众……最后将县城包围。这时我们党、县农协,立即领导县城附近的和乘、顺两区跑反的农民、县自卫军、县警备队、工人、店员固守县城,抗击来犯的敌人。

被围的第二天中午,一股股头缠白布的红枪会会徒,在念念有词的"老师"带领下,拿着刀、矛,抬着梯子,嗥叫着向城墙接近。尽管我们力量薄弱,但是万众一心,斗志高昂。敌人一接近城墙,守城群众立刻用步枪、飞镖、石块、石灰罐打击敌人。红枪会会徒有的当即被我们打死,有的被打得头破血流。带头围攻西门的"王九聋子",也被击毙了。头子被打死了,原来迷信刀枪不入的红枪会会徒立刻害怕起来,后退了好几里路。

为击退红枪会的进攻,党组织派我到武汉请求援兵。我到武汉,找到中共湖北省委负责人之一董必武同志,他非常关心麻城的情况,便在当时的湖北省国民党省党部召开了省政府、省农协联席会议,决定组织"麻城惨案调查委员会",并抽调当时在武汉的农民运动讲习所300名学生,武装起来去麻城。同时,还调遣了在黄安进攻黄安的红枪会的一个营,先后赶往麻城。

消息传得比我们走路还快,在我们正向麻城疾进途中,反动武装已风传着"武汉的军队来了""神兵学生军来了",便慌慌张张地向北撤退。

麻城解围后，革命武装即分兵数路，乘胜反击。先后打垮了罗家河、丁家岗、朱家冲的反动武装，沿途解救了无数被反动派关押、吊打的革命群众、革命干部及干部家属。当我们打开罗家塆时，看到好多革命群众和干部的家属有的被吊死了，有的手脚被吊断了，解下来时，只剩一口气。敌人的暴行，更激起了革命群众的愤怒。越来越多的人，带着干粮，扛起刀、矛，参加到队伍中来，跟着去打方家塆。

方家塆是个封建堡垒。王既之的兄弟"大老板"等反动透顶的土豪劣绅，盘踞在这里。他们强迫当地农民参加红枪会，并从河南搬来一些带有少数枪支的流氓作为帮凶，与我们为敌。当他们败退到这里时，即关闭大门，炮楼上架起土炮、土枪，固守顽抗。

一两千人的农民武装及农民运动讲习所的学生，把方家塆团团包围起来。攻击方家塆的战斗开始后，从民团改编的自卫军队长、原民团头子郑齐玉，私通敌人，阳奉阴违，按兵不动（以后公开成为反动武装）。农民运动讲习所的学生，虽然热情很高，却缺乏战斗经验。武装农民，复仇心切，奋勇作战，但也缺乏战斗经验，几次攻击都被敌人的火力压了回来。几个同志召开了一个"战地会议"，重新部署了战斗。

天黑下来了，附近群众送来了数百担干柴和很多破棉絮，新的攻击开始了。"学生军"的快枪向敌人的炮楼、枪眼一阵猛烈射击，敌人的火力便被压住了。紧接着，农民群众有的头上缠着湿棉絮，有的顶着桌子、挟着柴草，有的提着刀、矛、锄头，在"学生军"的掩护下，匍匐着向围墙逼近。靠近围墙以后，大家便燃起柴草，往房子里扔。火借风势，风助火威，霎时，热火滚滚，浓焰腾空，方家塆成了一片火海。趁此机会，农民群众爬过围墙砸开大门，涌了进去。反动分子有的被当场打死了，有的在混战中溜跑了。这一仗，缴获了很多土炮和土枪。

打开了方家塆以后，农民群众的战斗意志更加高昂。接着又继续挥戈北上，直打到新集的东南地区。

在"麻城惨案调查委员会"和援兵的帮助下，我们镇压了一批反动派，击退了反动武装的进攻，使麻城的革命运动得以继续顺利地发展。

在这次反击战中，党更加认识到掌握武装的重要性，农民群众武装的要求更加强烈，积极响应党的号召，报名参加农民敢死队。农民敢死队及农民群众的武器也大大增多了，不仅拥有土枪、土炮，而且还有了三支半步枪（原是四支步枪，在反击途中，打坏了一支，因此大家都称为"三支半"），这"三支半"便是当时麻城农民武装的最新武器。

正当我们进一步巩固和扩大革命力量的时候，"七一五"汪精卫继蒋介石叛变了，在这之前不久，"麻城惨案调查委员会"、农民运动讲习所的学生和一个营武装都已被一一召回。封建反动势力又猖狂起来，民团、红枪会又不断地向乘马岗、顺河集地区进攻。

虽然大革命已经失败，但是麻城县和乘、顺两区的一部分领导干部仍继续组织领导农民坚持武装斗争，并在乘马岗区农民敢死队的基础上重新组成农民自卫军，一面训练一面战斗。

一天，我们得到消息，原西张店民团团总、大恶霸王芝庭纠合了新集的民团、红枪会三四千人，企图返回他的老家西张店，恢复乘马岗区的反动统治。县防务委员会一面集合农民自卫军和农民群众做战斗准备，一面派人到黄安县商请黄安农民武装配合作战。

阴历七月二十日，我们在鄂豫交界的北界河东边起伏的山冈上，布下了三道防线：自卫军配备在第一线，钢枪队又在最前面；第二线是带有梭镖、土炮的农民义勇队；第三线是成千上万的农民武装。黄安的农民武装则配备在西山武昌庙脚下和大坳口等处。

中午时分，传来了"嘀嘀嗒嗒"的声音。阳光下，清楚地看到一列长长的队伍，吹着喇叭向我们走来。队伍的中间有一乘大轿，显然，王芝庭亲自出马了。待敌人走近时，三声令炮一响，我们的钢枪队开火了，埋伏在山沟里、丛林里的自卫军和农民义勇队，猛虎般地向敌人扑去。农民群众也立即呐喊助战，漫山遍野，红旗招展，刀矛挥舞，雷鸣般的喊杀声震动山谷。自卫军猛扑上去，把敌人的先头部队打乱了，当即缴了步枪12支、驳壳枪3支、马6匹。敌人先头部队一乱，后面也就自相践踏，豕奔鼠突般纷纷溃退。农民自卫军和农民群众漫山遍野追逐敌人，缴枪、捉俘虏。

一个农民自卫军队员冲到田坎下，忽然发现一个家伙躲在那里发抖，便照着他戳了一矛子，那家伙痛得直喊："饶命！饶命！"原来他就是无恶不作的王芝庭。队员们立即把他四肢捆绑起来，抬到王家楼南街，在广大群众的要求下打死了。

并在西张店召开了庆祝胜利大会。

北界河一战还打死了王仲槐等反动头子，大大地打击了反动势力的嚣张气焰，并且缴获了许多武器，使农民自卫军得到了很大的补充和锻炼，鼓舞了群众斗争的士气。

三

反革命的进攻仍在继续着，白色恐怖仍在蔓延着。矗立在乘马岗区边沿上的几个形势险要的高峰，像杨泗寨、癫痢寨、破寨岗等，就成了麻城农民自卫军和广大农民武装防御反动武装进攻的天然屏障。在这里，农民自卫军和农民群众，给了敌人多次严重的打击，创造了许多可歌可泣的英雄事迹。仅在破寨岗，农民自卫军和当地农民武装，就打退了无数次敌人的进攻，因而，当地的人民不再叫它破寨岗，给它取了一个光荣的名字——"得胜寨"。

有一次，上万民团和红枪会会徒，在100多支步枪掩护下，分两路向杨泗寨进攻。当时，坚守在杨泗寨上的农民自卫军，只有96人，使用的武装除少数几支步枪外，大部分是1.2丈长的竹矛、土枪和土炮。人数虽少，武器虽差，但战士们却勇敢机智地守住了山寨，一天打退了敌人数次进攻，把指挥红枪会进攻的"老师"也打死了。

封建反动武装对杨泗寨的无数次进攻，每次都以失败而结束。后来，乘马岗地区的人民编了这样一首歌谣歌颂杨泗寨战斗的胜利：

    高高山冈如铜墙，
    杨泗大寨在中央，
    革命战士保山寨，
    英雄事迹传四方。

经过无数次战斗的锻炼和考验，农民自卫军已成为农民武装斗争的主力。这时，麻城农民自卫军已有三个建制排，共百余人。武器除了刀矛之外，还有长短枪50余支（除缴获的外，还买了一部分）。他们分驻在鄂豫交界的北界河、杨泗寨、破寨岗一线上，一面练兵，一面防御新集和麻城福田河、黄土岗等地反动势力的进攻。

虽然麻城的党（组织）对农民自卫军的建设始终是十分关心的、重视的，但是由于还缺乏掌握与领导武装的经验,农民自卫军逐渐被旧军官出身的教练官熊正翼操纵起来。恶霸地主、反动区长王既之,利用其留在家里的女儿勾引了熊正翼,并唆使熊正翼拖枪叛变,企图扑灭中共麻城县、区机关,将自卫军改编为民团。熊正翼为了实现这一阴谋,便和一排长余佩芳勾结起来,将多数较好的枪支编在第一排,以便利他掌握利用。这一阴谋活动被一排的共产党员发觉后,立即秘密报告了我们。得到这一消息,大家感到情况十分严重,组织上决定由我去找黄安县委,请求派兵援助扑灭这一叛乱阴谋。黄安县委即决定由戴克敏同志带领黄安自卫军15人,吴先筹同志带领革命的红枪会百余人,连夜出发。

出发前我们已经商议好,到一排驻地后,部队在附近埋伏起来,先由我借谈工作的名义,把门叫开,然后出其不备,部队冲进屋子,解除他们的武装,逮捕熊正翼、余佩芳。不巧,那天晚上很黑,走错了路。我们走了一整夜,等走到一排驻地北界河附近的东岳庙时,已红日东升。一排的队员发觉了我们,以为是新集的红枪会进攻他们,就噼噼啪啪开起枪来,黄安农民自卫军只好被迫还击,各亡一人,相持不下。经过和戴克敏、吴先筹等商量后,即由我向自卫军喊话,揭穿熊正翼叛变阴谋。我喊了一阵话,在第一排的共产党员带头鼓动说服下,队员们都不顾余佩芳的威胁,自动停止了射击。我们马上进入东岳庙,逮捕了余佩芳。但搜索了半天,却找不到熊正翼。原来在前天晚上,他化装成做生意的到新集城与反动头子密商叛变事情去了。没有捕到这个坏蛋,我们都感到遗憾,但是不几天,传来消息说,当新集的反动头子听到我们扑灭了这一叛变阴谋时,知道如意算盘已经落空,熊正翼对他们已无所用处,就把他杀了。这个叛徒的下场,真是大快人心。

黄安农民自卫军的援助,对巩固这支革命武装,起了很大作用。接受这一教训后,为了加强对麻城革命武装的领导,在我们积极要求之下,上级党组织派遣了黄埔学生、曾参加过北伐军的吴光浩同志来麻城县任农民自卫军大队长。

不久,黄安、麻城两县密切配合,举行了大规模的秋收暴动,反帝反封建的烈火,更炽烈地燃烧起来……

原载红安县委党史资料征编委员会编:《黄麻起义》,武汉大学出版社,1987年,第144～152页。

"麻城惨案调查委员会"成立之经过及其活动

◎ 郭述申

1927年4月,我参加了"麻城惨案调查委员会"的工作。我当时还不是共产党员,只是个革命知识青年,接受了一点革命教育。这年我在师范还未毕业,就当了教员,参加了湖北省第一次农民代表大会,还被选为省农协常委,是这次大会的执行委员之一。毛主席是这次代表大会的名誉主席,并在大会上做了重要讲话。当时省农协下设好几个部,有宣传部、组织部、武装部、教育部。我当时任教育部部长,张淑文同志任武装部部长,蔡以忱同志任宣传部部长。我记得省农民协会委员长是陆沉(共产党员),以后这个人坏了,参加了托派,是黄冈人。陈荫林同志任副委员长(是陈潭秋的弟弟),是黄冈回龙山人,后参加了八一南昌起义,在从南昌到广州的路上病死了。

毛主席是1926年底到达武汉的,一来就积极筹办农民运动讲习所,但根据革命的需要,1927年1月4日至2月5日主席又亲赴湖南考察农民运动。3月在武昌都府写下了《湖南农民运动考察报告》这篇光辉著作,同时发表了。主席这篇著作以饱满的政治热情给当时以湖南为中心的农民运动以热情的赞扬和支持,同时有力地回击了党内外一些人对农民运动的污蔑和责难。

1927年1月8日,湖北省党部召开了一次执行委员会议。这次会议的记录是刘昌群(黄陂人)同志,是武汉大学学生。会上讨论了农民运动讲习所的筹办问题。当时主要想招收湘、鄂、赣三省的农民学员,以后考虑范围太小了。因为当时的武汉，正成为全国革命的中心，加之又是国共统一战线组织，所以决定举办中央农民运动讲习所，招收全国的学员，这个意见很显然是毛主席指示的。

湖北省党部是共产党领导下的党部，主要负责人是董必武同志，他是省党部的主任委员。当时省党部执行委员人很多，有吴德峰、邓演达（大革命时邓是国民党左派首领，反帝反封建非常坚决，是当时北伐军总政治部副主任，郭沫若是主任；大革命失败后，他组织第三党，后来被蒋介石杀掉了），还有李汉俊（他是中共一大代表，后脱党，他还是接受党的主张，大革命失败后，就被胡宗南杀掉了）及李哲时和我等人。现在活着的人不多了。还有罗贯华，是国民党的右派。董老、吴德峰、周以栗、李哲时是共产党员，李汉俊、邓演达被杀了。党部里个别人是国民党右派，大部分是共产党员和国民党左派。

当时农民运动讲习所的学员，麻城有刘文蔚、桂步蟾、黄安（现红安）有王秀松等。武昌中央农民运动讲习所主要领导人是毛主席，还有周以栗、陆沉、陈荫林也在农讲所工作。

那个时候，湖北省很多问题都是通过省党部做出决定，安排工作、布置工作的。当时农民运动起来就是向地主豪绅做斗争，麻城的大地主丁枕鱼把农会的标语撕了，农会把他抓起来，送到县里关押。那个时候，也就是毛主席的革命路线同陈独秀的右倾投降路线激烈斗争的时候。蒋介石在上海制造了"四一二"反革命政变，大肆屠杀共产党人。许克祥也在长沙叛乱，夏斗寅在湖北相继叛变革命。当时的形势很险恶，但是，毛主席以无产阶级革命家的胆略和气魄，满腔热情地支持农民运动，并指示，农民已经不能满足于减租减息了，要在政治上把地主豪绅的威风彻底摧垮，要分土地。陈独秀不但不接受毛主席这一正确主张，反而竭力反对农民运动，推行右倾投降路线。再说农民运动起来，打倒地主豪绅，又直接触犯了国民党军官们的利益，因为他们的父辈就是地主豪绅嘛，所以他们当然要反对农民运动。

当时，麻城的地主武装红枪会、白枪会就镇压农会，到处杀人放火，制造了惨案。麻城党组织派王树声和一个农民自卫军到省里报告了惨案发生的情况，要求省里解决。当时省委通过省党部出面，召开会议，决定成立惨案调查委员会，即由省政府、省党部、省农协及各界组成一个20多人的"麻城惨案调查委员会"。我是省农协派的代表。我们没有枪，还是通过关系，从外国人那里购了十几支驳壳枪，和王树声一道来到麻城。

我们刚到麻城时是蔡济黄、刘文蔚、刘象明等同志接待的。他们当时是县党部、县农协的负责人，都是共产党员，已公开了身份。我认为，当时麻城的革命搞得不错，他们几个负责人工作很积极，反帝反封建很坚决。我们当时一起开会研究，要武装抗击红枪会、白枪会，但是手中没有武器，怎么办？当时县内有支自卫军，队长郑齐玉，决定调他们一道去打红枪会。会上蔡济黄同志提出："郑齐玉会不会和我们一路去打红枪会呢？"因郑本身是地主出身，他所组织的自卫军是自发的，为地主豪绅服务的。后来，通过商量，郑表示愿意去打红枪会。

我记得当时是阴历四月中旬的一个晚上，我们和蔡济黄、刘文蔚、刘象明、王树声等同志，带着十余支枪在前面走。郑齐玉的自卫军先是在我们后面走，走到半夜，后面没有人来，再往回一查，郑齐玉溜了，后来才知道他跑到东八区里面去了。鉴于这种情况，我们当即决定连夜又转回麻城。

到了县城一看，豪绅们都跑了，连那个姓符的县长也跑了，城里很空虚。我们当时认为，我们不能离开麻城，要留下来。我们马上研究，叫王树声同志把城关附近的农民自卫军调到城内来，组织起来，把各种武器都拿出来。我们当时估计地主武装红枪会要来追我们，果然不出所料，敌人围城来了。我们同自卫军、贫民、店员一块儿守城，并动员各家各户都把灯笼拿出来点着，一个城垛子放一个，便于夜晚巡查。我记得，我7天7夜没有脱过鞋袜休息，昼夜巡逻，加强戒备，守城抗敌。那时我们只有十几支短枪，子弹不多，瞄准再打，所以敌人攻城数次，都被我们和农民自卫军用石头、石灰罐打退了。他们虽然人多，也没有办法把城攻开。就这样，敌人围了一个星期后，自动撤了。

敌人撤走后，我们"麻城惨案调查委员会"就返回武汉，向省党部报告了麻城的情况。这时第二次北伐，已向河南进军，省里又没有其他武装，只有一个警卫营，又在黄安剿匪，董老就将麻城的情况向主席报告了，这样主席就决定从农讲所派300名武装学生支援麻城，这以后的情况我就不知道了。

原载中共麻城市委党史办公室编：《麻城革命回忆录》，中国地质大学出版社，1989年，第20～23页。

关于处理"麻城惨案"的回忆

◎ 郭述申

  1927年4月，麻城县反动地主勾结河南反动地主红枪会等窜回麻城进行疯狂反攻倒算，在乘马岗等地捣毁农协，捕杀干部和革命群众，制造了"麻城惨案"。麻城县农协自卫队队长王树声星夜赶赴武昌求援，董必武同志立即主持召开国民党省党部、省政府和省农协等单位代表参加的会议，决定组成"麻城惨案调查委员会"。4月22日，调查委员会组成，由我代表省农协，还有省党部代表丁涛奄，省政府代表刘云庭。调查委员会组成后，即由王树声陪同前往麻城，与中共麻城县委书记蔡济黄、刘文蔚、刘象明等同志共同商量决定，消灭盘踞在乘马岗的反动红枪会。在开会研究时，说没有武器怎么办。有人提出可联合县内民团团长郑齐玉一道去打红枪会。蔡济黄同志提出："郑齐玉会不会和我们一路去打红枪会呢？"因郑本身是地主，他所组织的民团是为地主豪绅服务的。后来通过商量，郑表示愿意去打红枪会。黄昏，以梭镖为主要武器的麻城农民自卫军和以郑齐玉为团长的麻城民团向该地进发。半夜行军途中，郑齐玉带民团跑了。我与王树声同志商量，认为仅有自卫军力量不能完成任务，遂决定返回麻城。此时，麻城县县长也跑了。在这紧急情况下，委员会果断采取措施，进城代行县政府职权，并调动县城周围农民自卫军守城。不久，乘马岗等地反动红枪会会匪铺天盖地涌来，包围了县城，一连数日乘夜色攻城。我和王树声同志在城上日夜巡逻，指挥战斗。城墙上集中了全城灯笼火把，守城群众奋勇抗击，坚守城池。战斗中，几名会匪首领被打死，敌人终于被迫撤退。

此时，黄安县派郑位三同志来麻城，向麻城惨案调查委员会通报了黄安北部反动红枪会反攻倒算的情况。

在守城时，有个叫罗偏头的地痞在城里企图趁乱打开监狱，放跑关押的土豪劣绅。事情败露后，我们立即将其逮捕，并组成革命法庭，由县党部、县农协、工会、商会、妇女协会等团体代表参加。麻城惨案调查委员会任法庭主审，宣判罗偏头死刑，立即执行，显示革命人民的权威。

麻城暂时解围，但形势依然严重。我立即赶回武昌向董必武同志汇报战斗经过和严重形势。董老同有关方面联系，并得到毛泽东同志的支持和同意，调武昌农民运动讲习所"学生军"和省警卫团一个营开赴麻城，同麻城工农武装一道镇压了反动地主武装，并将其反动红枪会赶到河南境内。此事，戴克敏同志作为农民运动讲习所的学生军参加了这次战斗，写了一篇文章，作了介绍，并谈了经验体会。

原载中共湖北省孝感地委党史办公室、中共湖北省孝感市委党史办公室编：《郭述申著述选》，武汉大学出版社，1993年，第152～153页。

剿灭麻城会匪的经过

◎ 戴克敏

麻城是处在鄂东地界的一个小县,四面都是山村,形势非常险要,交通可算极不便。自从北伐军来到武汉,该县几个努力革命的同志——桂步蟾、刘文蔚、孙士正、蔡济黄等,就到处组织农民协会。该地的土豪劣绅素来是极有势力,现在看见农民协会如此风起云涌,就乱造谣言,污蔑农民协会。哪知道,他们越是造谣污蔑,农民越是相信农民协会。土豪劣绅无可奈何,乃出其辣手,勾结附近光山红学,利用红枪会,捣毁党部、农协,抄烧党员家产,滥杀农友,无恶不作。小小的麻城,登时笼罩着白色恐怖!土豪劣绅的口号是"反对三民主义""打倒国民党"等等。麻城农友党员,只得急电求救,此时形势,非常危急,于是我们中央农民运动讲习所的学生——200名武装同志,就奉命星夜到麻城去了!

5月14日晚,我们出发了!农民运动讲习所教员和全体同学整队欢送我们,高呼:"杀尽麻城土豪劣绅!"我们亦对他们说:"不做到这个口号我们是不回来的!"15日就到了团风,是晚在黄冈围剿会匪,杀死红枪会的老师徒弟10余人,我们的同学亦伤了10人!16日,宿营白果。17日抵麻城,该县县党部、工会、农协、妇协,一切革命团体,知道我们到了,都好像大旱之得云霓,欢迎之热烈,达于极点!他们说农民运动讲习所学生是解除他们痛苦的救星。我们虽然不敢说怎样为麻城人民解除痛苦,但在当时,也觉得勇气百倍。抵麻城,守卫2日,每夜放哨侦探敌人。20日,前方来电云,会匪声势浩大,催促前往救援。我们的副队长,就命号兵吹号。

睡在地上的同志们，连忙起来，挂好水壶、粮袋、子弹、刺刀，扛着枪排着队，一口气走了60里路，就到了该县北乡乘马岗会匪巢窟，21日就预备向敌人进攻了。

先是警卫团三营九连进剿会匪，不幸死排长2人，伤排长1人，同志死伤约50人，失去步枪10余支，因而会匪声势更益浩大。我们还没有进攻，他们却已来挑战了。于是一方面由曹营长、王营长率部进攻，一方面由农民运动讲习所学生进剿。一仗打下来，敌人死伤数十人，土豪数人被捉拿，当夜即行枪决。这样一来，固然我方胜利了，但是该县北乡地连豫省，会匪几乎遍地皆是，随时随地可以向我们袭击。所以不得不在22日再向光山方面进剿了。

警卫团作尖兵，农所学生作预备队，农民千人手持武器任后卫，翻山过岭地前进。到距敌人2里之处，农所学生就任右翼，警卫团任左翼，与匪搏战，于是会匪巢穴之熊家冲、胡家湾，马上就化为焦土，杀死、烧死计40人！一连跑了3个山，就占领了前面的李家寨，农民送水送粥，络绎不绝。是晚回到余家河宿营。我们夜晚作步哨。

23日，警卫团五连在附近剿杀会匪。我们农所同志就在该地宣传，演说此次来麻城的意义，和农民应该武装起来，才能抵抗敌人。并说明会匪都是失业的农友，不过被老师欺骗，被土豪劣绅利用，所以变了坏人。我们要杀尽老师和土豪劣绅，欢迎觉悟的会匪来加入农协。听众越聚越多，越听越起劲，并有许多人要求我们不驻两月也要驻一个月。正闹得非常热烈的时候，前方剿匪警团忽来信催我们赶紧出发救援，说前方有红、白枪会会匪200余人，并占领4个山头，向我们进攻。副队长立即令我们整队往援，攻打水家湾及杏子树湾，打死老师3个，2个倒在地下，会匪死者50人，其余都跑了，白枪会会匪也缴械了。该处匪穴会堂及土豪房屋，一概由农民捣毁了！总计这次在黄冈、李子河、杏子树湾几次战役中，获得敌方土炮、台枪、鸟枪、妖佛佛本会旗、长矛不少，共杀会匪、土豪劣绅约200人。

24日，回到乘马岗，该县县党部及惨案调查委员会召集该地民众开了一个麻城北乡革命势力胜利大会，农民到者1000人，都执着武器，妇女200人，军队及农所学生400人。天气虽然非常炎热，可是在此大会中，革命情绪表示得非常浓厚！麻城民众都很有觉悟。他们喊我们是"武装同志"，并不说我们是老总副爷。

留守乘马岗2日，27日即开到麻城，一路上家家都放着鞭炮，噼啪之声不绝！

28日，农民部刘德荣，农所舒国藩及中大救护队，都来慰劳，慰问麻城民众的牺牲和我们的杀敌精神。每人赠送黑袜1双、化妆品2件、手巾1条，作为纪念。

29日农所学生一部分分队往四乡宣传，分8组，每组6人；一部分在城内各街演说；一部分守卫。这一天，麻城人民在城隍庙开了一个慰劳大会。30日举行五卅纪念，我们整队参加大会和演讲、发传单、贴标语、作了大宣传。6月1日，起程回武汉，麻城各团体，挽留异常热烈。只因当时夏逆叛变，武昌防务吃紧，加以麻城尚有警备队一连留守，于是我们才得回武汉。

这次战斗，是我们没有受到许多训练的农所学生第一次走上战场。我也在这次战斗中，才实际上过兵士的生活。以前的一切浪漫性情，完全弃掉，不敢不守军队的纪律了！我们在武昌时，一向喊着打倒土豪劣绅的口号，这一次居然躬行，我觉得很欣慰，总算实际上在革命中尽了些力，虽然这是很微小的一点。这次的战斗，还使我得到一个感想，现在革命，已不是空口喊喊的事了！反革命者弓上弦刀出鞘，张开了他的贪狼饿虎似的大口，对着我们，我们革命者若不自己武装起来，把我们的枪口对准敌人扫射，我们自己是没有命的！中国的革命一天天在紧张起来，同志们！武装起来！

1927年6月29日于中央农所第二大队

原载中共麻城市委党史办公室编：《麻城革命回忆录》，中国地质大学出版社，1989年，第312～315页。

我的一段革命经历

◎ 程冠群

一

我是1920年从湖北武昌省立甲种工业学校毕业的。毕业后，先后在应山县城区开设了照相馆和石印局，并兼任劝业员。1926年春，又担任了县立中心小学的校长。当时，我二十多岁，热心"实业救国""教育救国"，以图振兴中华，报效国民。但是，在北洋军阀的统治下，政府昏庸腐朽，国家内忧外患，社会阴森黑暗，民众生灵涂炭。这一切又使我十分痛心。

1926年秋，北伐军攻克汉口，旋即挥师北上。9月14日，国民革命军第一师一团攻占应山县城，并将军阀吴佩孚残部逐出平靖关。北伐军的到来，给人们带来了曙光和希望，使沉闷的应山萌发了生机，社会各阶层人民纷纷行动起来，拥护北伐，欢庆北伐的胜利。

同年11月，省农民协会特派员黄民钦等人，以及在武昌外语专科学校毕业的应山籍学生、共产党员卢玉成、高少珊等先后到应山工作。他们一到应山，就立即擂响了应山农民运动的锣鼓。这时，我就积极向他们靠拢，常常联系往来。他们见我年轻激进，也经常向我讲解这次北伐和国共合作的性质及意义，启迪和鼓励我参加农民运动，并分配我协助黄民钦组织和发动农民，建立农民协会。和他们在一起工作，我感到十分亲热，我们之间的感情也越来越深了。进而，他们向我谈到这次国共合作，实际上是由共产党领导的，但共产党不公开挂牌，是地下活动，并向我讲解共产党的一些主张。在和他们的交谈之中，我逐步认识了共产党，懂得了只有依靠共产党，才能够救中国。于是我就向他们提出了加入共产党的要求。没多久，高少珊同志通知我："培英同志（我当时叫程培英），党组织根据你的申请和表现，经过讨论，批准你为中共候补党员。"我听了他的话，高兴得不能自已，拉着他的手激动得久久无言相对。为了便于以公开的身份活动，当时所有的共产党员都得跨党加入国民党，经高少珊的介绍，我又加入了国民党。

1926年底以后，中共党员、湖北省党部特派员冯树功，省农协特派员施心圃等先后来应山，加强对党部和农运的领导，在县城永阳书院成立了"应山县临时党部"和"应山农运指导委员会"。高少珊同志任党部常务部部长，叶厚田任组织部部长，陈杰臣（中共党员）任宣传部部长，我任农民部部长，程植才任书记兼宣传干事，阳子良（中共党员）任劳动少年童子团团长。应山农运指导委员会不久又改为"应山农协临时筹备委员会"，主要领导人是黄民钦，成员还有吴光德、施心圃、冯树功、柴凌阁、陈杰臣、黎高泳、柳东生和万平治等人。

临时党部和农协筹委会相继成立，再加上当时国共合作的关系十分融洽，大家和睦相处，同心协力，全县各项工作进入了一个大发展时期。

二

我任农民部部长以后，主要是协助农协筹委会工作，随同黄民钦等人到四乡发动农民，成立农民协会。在这个时期，为了促进农民运动更大的发展，我们一方面在县城魁星楼举办了农民运动讲习所，培养农运骨干，继而又选送了六名农运骨干到武昌中央农民运动讲习所学习，为大规模开展应山农民运动培训了一批优秀分子；另一方面成立农民自卫军，县成立农民自卫军大队，区也有农民自卫军中队。由于农民运动的不断高涨，一些顽固不化的土豪劣绅，自感末日来临，就千方百计地破坏农协，企图阻碍农民运动的发展。哪个地方的工作搞不开，县里就调农民自卫军去，协助当地农协，打土豪劣绅，开斗争会，戴高帽子游乡，民愤大的就押到县城，关进监牢，打击土豪劣绅的嚣张气焰。经过一段时间的努力，到1927年2月份，全县各区、乡农民协会，像雨后春笋一样纷纷建立起来了。

农民协会的普遍建立，实行"一切权力归农会"，使千百年来一直处于"十八层地狱"的贫苦农民起来掌了大权。"打倒土豪劣绅"的吼声到处可闻。反动势力的堤岸在愤怒的浪潮的冲击下，大部分土崩瓦解。

1927年3月，应山根据《湖北省惩治土豪劣绅条例》，成立了"应山审判土豪劣绅委员会"，县长王绍佑兼主任委员，司法委员丁觉群兼任副主任委员，委员有我和冯树功、高少珊、徐清珍等。乡下农协押来土豪劣绅，我们就开庭审判，量其罪恶轻重，分别予以惩处。轻则教育释放，罪恶特大的就押送省城。在审判过程中，县长王绍佑有包庇土豪劣绅的行为，我们审判委员会的其他委员都一致反对县长的卑劣做法。再加上王绍佑自来应山后，大刮地皮，在全体民众的强烈反对下，他只得趁夜潜逃了。我向来痛恨土豪劣绅，因为这些人对我家的欺压十分深重。在审判中，我从未心慈手软，一直坚持依法办案。当时，捉拿惩办土豪劣绅是先农村后城镇，农村的一捕，城内的土劣就预感到自己的末日来临，惊恐万状，四处求情。我的老师梅爽轩跑到我家，笑着向我求情说："如果要捉拿我，请不要捆绑，我自己投案受审。"我答复他："你的要求，我个人无法决定，我可以向上汇报。"平时对我家欺压最厉害的城内最大的土豪劣绅曹璧臣也跑来苦苦哀求，要我高抬贵手，宽大处理。我断然拒绝了。我的四伯父系一保安团总，是压迫农民的罪魁祸首。他开粮行加倍盘剥，又代他的女婿收租，多收恶要。农民对他刻骨仇恨，他来找我打招呼，我依然严厉拒绝了。

我们审判土豪劣绅委员会的同志，排除各种干扰，人人齐心，接连惩办了一大批罪大恶极的土豪劣绅，如黄土关新店的刘华甫、李道一，蔡河的朱联臣，花山的程型甫，郝家大店的熊子州，西草店的石远峰等。这些行动使广大农民扬眉吐气，无不拍手称快，极大地调动了群众的革命热情。在此基础上，我们农协筹委会便着手整顿教育和废除封建陋习的活动。在教育方面，应山一向极为腐化，间有学蠹从旁把持捣乱，虽几经改组整顿，但由于经费困难，缺乏人才，未能成功。当时应山有适龄儿童六万多人，入学的只八千左右，如果不对这些儿童进行教育，不但必将造成有目如盲之困苦生活，成为社会莫大之累，而且实行"社会改革，国民革命"也是一句空话。为改变这种局面，我们组织成立了强迫教育委员会，劝导各地将祠产、家庙以及公共团体之财产，提供办理教育。为了适应教学发展的需要，县设立了小学教师传习所，招取俊优分子一百二十名，按照新的一套教学规程，进行严格培训，充实各学校教师。这些新教师走上讲台，一改陈腐的封建教育制度和传统封建教育习俗，使全县教育初步出现了新的局面。同时，对那些思想昏庸、学识浅陋、不明教育原理、误人子弟的教师，加以撤换。此外，还对全县教师队伍进行了一次审查鉴定，合格者继续从教，不合格者、擅自办塾者，查明后除将该处学校解散外，并加以相当之处罚。这样一来，全县教育在整顿中得到了很大发展。到 6 月底，全县已增设两级小学两所，单级小学四十余所，私塾改良学校八十余所，新招收学生五千余人。在整顿教育的同时，还大力进行了一次废除封建陋习的活动。应山本来交通闭塞，文化落后，封建陋习根深蒂固。特别是封建迷信、抹牌赌博、妇女裹足的现象极为普遍。由于我们一致努力，几经发动，竭力整顿打击，使抹牌赌博、封建迷信活动有所收敛。妇女解放运动也蓬勃开展起来，各地相继成立了"天足会"。4 月，改组了应山妇女协会。嗣后，又成立了四个分会，总会会址设在县立女子学校。妇协会成立后十分活跃，经常召开各种会议，开展妇女放足运动，参加群众大会，发表宣言，张贴标语，宣传理论，唤醒民众，号召被压迫的妇女起来谋解放，成为轰轰烈烈的农民运动中的一支重要方面军。

三

1927 年 4 月，高少珊调走，我接任县临时党部的常务部部长，主持日常工作。为了使统一战线的领导权牢牢地掌握在共产党人手中，以便更快地正式成立应山县党部和县农民协会，发展应山的革命形势，我们对各级党部和农协会进行了一次卓有成效的整顿。

先前，各区的党部和农协会组织松懈，纪律涣散，成分复杂。我们就将各级组织中的成员，进行严格审查，淘汰不良分子，重新改组，成立了各级党部和农协会，充实了一大批工农优秀分子，壮大了我党的力量。同时，加强时事理论学习。对党的基本组织，县执委会经常组织训练，以提高党员素质和工作水平。

经过整顿和充分酝酿，各区党部和农协先后召开了代表大会，选举产生了出席县代表大会的代表。在准备正式成立县党部和农民协会之际，省农协常委张学武也来应山巡视指导。1927年6月27日，在县城召开了应山党部第一次代表大会预备会。会上，全体代表讨论了大会的组织法、选举法、议事细则，通告主席团。同时，义愤填膺的代表们还一致通过了讨蒋通电。这份电文列举了蒋介石屠杀革命民众、摧残工农运动的罪行，要求国民政府迅即出兵讨蒋，以清反动，以完成国民革命，并号召全国同胞，精诚团结，共同对敌。6月29日，大会正式开幕，到会代表五十四人，特别委员十七人，参加旁听的一百多人。大会首先由主席报告了开会的意义，总结了应山党部的建设情况及会议任务。接着省党部特派员冯树功在会上致辞，他说：“我代表省党部参加应山县党部成立大会，一、表示热烈的祝贺；二、我希望大家在讨论过去工作问题时，要明白党的中心事项，特别是组织和训练，要很精密地定出一个新策略，作为将来工作的目标。”接着是各位来宾的致辞，有三十军的代表，有省农协特派员黄民钦，有县司法委员丁致聘等，各协会、联合会、区党部等也相继致辞。最后我传达了在武汉召开的"省、县、市联席会议"的精神。根据应山的具体情况，我主要讲了四个方面的问题。第一是实现中央最近的训令，第二是整顿组织和扩大组织，第三是分明党部与政府的关系，第四是今后的农运方针。并提交大会讨论，形成决议。

这次会议，经过讨论，发出电文多篇，主要是反对帝国主义出兵华北，慰问第二次北伐凯旋将士，慰劳西征各将士，要求政府出兵讨蒋，反对帝国主义酝酿的第二次世界大战，拥护中央最近各种训令，拥护召开第四次全国劳动大会，等等。

会议共开了3日。各项议案讨论完竣后，选出了县党部执行委员七名：程培英（中共党员）、袁子述（中共党员）、朱孔阳（中共党员）、李淑南、吴仙洲、万平治（中共党员）、叶开甲；候补执行委员五名：蒋汉杰、洪秉钧、黄声德、谭保珊、汪汝德；监察委员三名：袁凤斌、刘若明、陈亚平；候补监察委员二人：程德佑、潘楚藩。执行委员会又选举产生常务委员会，我是常务委员。组织部部长朱孔阳，宣传部部长冯树功，农民部部长万平治，工人部部长袁子述，青年部部长黄声德，妇女部部长李淑南，商民部部长吴仙洲。从此，应山县党部正式成立。7月2日，各位正式就职，开始工作。

县党部成立了，接着我们召开了应山县农民协会成立大会。7月2日举行开幕典礼，到会代表八十九人，特别委员三十余人，各团体代表十余人。会场布置非常庄严，各团体所赠匾额约有百余件。先由大会主席施心圃致开幕词，他声音洪亮地说："我们今天开代表大会，就是团结全县农友的力量，向敌人进攻。同时也要定一个好的方法，作为今后前进的标准。当前，时局特别紧张，反动势力布满了整个中国，残杀会员，摧残农协的消息，如雪片飞来，我们更要稳住脚步，认清我们的敌人，整顿我们的队伍，杀开血路，努力前进！"接着，省农协常委张学武致辞说："应山农协在最短的时间，因发展迅速，都已走到新的时期。"为应付最新的环境起见，他对应山农运提出了五点要求：一、在建设事业方面，过去因地主土豪劣绅的经济封锁，以致乡村中发生一种不实在的现象，我们为救这种危险，首先应经办各种合作社，尤其是信用合作社，其次如开辟道路、修理池塘、培植森林等，要注意办好。二、在乡村教育方面，农协发展到一个相当的时期，教育遂为一般农友所迫切的需要，我们这次大会，应当有个很好的办法，务使一切农友能得到教育的效果。三、在建设乡村自治方面，自封建势力的政治基础崩溃以后，乡村遂陷入无政府主义的状态，我们为肃清反动派的势力，巩固革命的基础，发展教育事业，应当努力建设自治政府的运动。同时，更要注意的是我们农民要起来，要把握住乡村自治政府。四、在党的建设方面，我们要积极加入革命党，为农工谋利益，参加党的工作。五、武装起来，以实现我们的目的。这是最重要的问题，也是这次大会的中心问题。希望各位代表，尽量讨论，努力办好。他的讲话，极大地振奋了到会的代表，会场上不时爆发出一阵阵热烈掌声。紧接着我代表县党部在大会上作了讲话，祝贺农协代表大会的开幕，同时对农友提出了要求和任务，鼓励把应山农民运动开展得更好。最后黄民钦报告了全县农运情况。这次代表大会选举产生了应山县农协执行委员和候补执行委员，正式组成了农民协会。

　　应山县党部和农民协会的成立，迎来了应山革命形势的迅猛发展，大批优秀农民骨干被接纳为中共党员，党组织日益巩固和壮大，农民协会遍及全县城乡，革命斗争轰轰烈烈，广大农民的革命热情空前高涨。

四

正当大革命方兴未艾之时，7月15日，宁汉合流，革命形势急转直下，白色恐怖笼罩着整个中华大地。不久，应山伪县政府下令撤销县党部，我这个县党部常务委员只得"靠边"。局势越来越恶化，我们再也不能抛头露面地搞党务工作了，省委、省农协派来的同志先后离开了应山。我只好担任县苗圃的技术员，以此作掩护，秘密参加共产党的地下活动。在县苗圃参加工作的还有共产党员曾传经，他公开的身份是文书。7月下旬，湖北省委派郭述申担任京汉特委书记。他来后，住在王植庭家中，以我党地下交通站"曹源兴药铺"为联络点，召集应山的共产党员重建党的组织，先后在县城、广水、应山南乡柴家岗等地秘密活动，建立革命武装，准备实行暴动。县委分配我们城关地区共产党员的主要任务是扩大和巩固党的组织，侦察敌人的活动，做国民党驻军的哗变工作，并与农村保持联系，做好攻打县城的内应准备，配合农民起义军，内外夹攻，一举夺取县城。经过一段时间的准备，在1927年农历腊月二十一日夜晚，全县各地农民游击队数百人，从四面八方开赴县城四周，进行攻城。因敌人早有准备，戒备森严，再加上城内我党势单力薄，无法起事，屡攻不下，攻城遂告失败。从此，国民党反动派更加疯狂残忍，四下捕杀我共产党员，党组织遭到严重破坏。我被列在通缉令的榜首，再也不能在应山存身了，党组织派曾传经通知我马上转移。在离家的路上，噩耗传来，曾传经不幸被捕牺牲。曾传经同志是我介绍他加入中国共产党的，形势恶化后，又是我介绍他当苗圃文书作掩护。他为人忠实耿直，勇敢坚毅，在任城区党支部书记的时候，工作十分顽强，是我党的一名优秀的共产党员。我和他关系极为密切，他的牺牲，给我内心带来难以言状的悲痛，也增加了我对国民党反动派的刻骨仇恨。

（郝贤聊　整理）

原载中共应山县委党史办公室编：《鄂北风云·第一辑》，1986年，第52～60页。

黄民钦与应山的农运活动

◎ 刘海如

我于1899年出生在应山小河,幼年就读于县立高小并住过县师资短训班。那时,目睹我文明古国遭受外敌欺凌,人民挣扎于水深火热之中,深感北洋政府腐败无能,内心十分愤慨,经常同乡亲和学友议论时政,认为灾难深重的祖国非进行一场深刻的革命不可。我敬佩那些献身革命的仁人志士,对孙中山组织的革命几经挫折感到悲愤,因而也为苦于找不到革命道路而深感焦急。在那个世道,我只好在小河街上靠教私塾栖身,并在中医胡省三名下学医,期望用医学拯救愚弱的国民。

他访到小河来了

1926年11月的一天,我出外行医,走到麻粮市,碰到一个外地人向我打听去小河的路线,并询问小河的风土人情,我一一作了介绍。他随即掏出一张证件给我看,上面写着"省农协特派员黄民钦"。他听说我是当地的读书人,便要求住在我家里。黄同志因为是特派员,我就称他为"黄委员"。

晚上,我们在一起倾心长谈。他拍了拍我的肩膀说:"老兄,如今世道在变啦,各地都在闹革命。闹革命就是要打倒帝国主义,打倒土豪劣绅,使穷人过好日子……"他又把带在身边的文件和刊物递给我看,上面尽是一些宣传马列主义、转载革命消息、抨击反动政治的文章。我这一听一看，霎时茅塞顿开，仿佛登上了高山峻岭，视野辽阔，感到异样地兴奋和喜悦。黄委员风趣地说：

"我这次来了就不走啰！"

"你来干吗？"我关切地问。

"我是来应山搞农民运动的。组织上分派我到贵地开展农运，希望能得到你的帮助。"

我说："这里是农民运动的理想之地，工作容易开展！"

"何以见得？"

我说："小河地处鄂豫之交，堪称穷乡僻壤。这里笼罩着乌云与黑暗，充满着饥饿与严寒，尽管人民是勤劳的，但他们终年食不果腹，衣不遮体，过着牛马不如的生活。帝国主义、土豪劣绅、反动军阀像一座座大山，压得他们直不起腰，喘不过气来。他们急切地盼望着救星，渴望着解放！只要有人拨动他们胸中的怒火，就会变成燎原之势。组织农民协会，打倒土豪劣绅，哪个不欢喜，哪个不拥护！"

他听后会意地笑了，并嘱咐我不要再出去了，就在小河教书。到1927年春，小河创办县立第四十一初小，他到县里给我弄了一个教书的证件，从此，我便在当地边教书，边行医，边宣传农运。

农协是为穷人办事的

黄民钦到小河后，深入农村，联络贫苦知识分子和农民，着手发展农协会员，开办农民夜校，建立农协组织，以此作为教育和发动农民的阵地。

1926年12月一个阴雨的夜晚，麻粮市平民学校的一间矮小屋子里挤满了人，他们是附近常来夜校听课的农民。教室里放着一张长方形桌子，黄委员坐在旁边。他两只手托着腮帮，认真地倾听着学员的议论。他用通俗易懂的语言，讲解革命道理，询问农民的生产和生活情况，使大家感到从来没有过的温暖。

一次，黄委员问大家：

"我们这些人，成年累月没完没了地劳动，收的粮食铺满地堆成山，为什么总是缺吃少穿呢？"

有的说:"这是因为穷人的'八字'不好,命里注定。"

有的说:"这是因为我们的祖坟风水不好。"

黄委员告诉大家:"我们受穷受苦,绝不是命里生就,也不是祖坟所应,而是这个世道不好。在这个黑暗的社会里,豺狼横行,虎豹当道。劳动者终年辛勤而不得温饱,剥削者四体不勤而花天酒地,这是多么的不合理,不公平!穷人要想改变现实,就得团结起来,推翻这个吃人的旧世界,把颠倒了的一切再颠倒过来。"

黄委员的话,解开了大家心里多少年来解不开的谜团,点燃了大家胸中的革命之火。

记得在那些日子里,应山北乡出现了亘古未有的活跃局面。夜校里灯火通明,群情激愤。散会后串亲访友,奔走相告。开始人们对"革命""农民协会""打倒土豪劣绅"这一类新名词的意思还不全懂,常常围着黄委员问个没完没了:

"农民协会是什么组织呀?"

"农民协会干些什么事呀?"

"我们什么时候办农民协会呀?"

黄委员都一一做了回答。他说:"农民协会是共产党领导下的广大农民组织,他按照党的主张,为贫苦百姓办事。这个组织的规模大得很啦!湖南、江西早就办起来了,我省鄂东各县也办起来了。农民协会就是要把贫苦农民兄弟组织起来,同封建势力做斗争,一切权力归农会,田地回老家,取消苛捐杂税。总而言之,农民协会就是在共产党领导下闹革命,为广大穷人办事情。"语音刚落,掌声雷动,经久不息。

经过黄委员的深入宣传和精心组织,很快就建立了小河农民协会,会长胡省三,副会长刘泽平、朱大银。随后又在麻稞市、黄土关、蔡家河等地相继成立了农民协会。

记得黄委员在黄土关组织农协时,该地劣绅刘华甫,早已知道农协与自己利益冲突,遂尽力破坏。始而造谣中伤,继而聚众加入,以图捣乱。1927年1月23日第二区农协成立大会时,他竟然胁迫各乡农协代表,不令到会,以致不能开会。黄委员向县政府起诉,司法委员丁致聘(共产党员)根据刘的劣迹,批准将其逮捕。

应山北乡各地农民协会成立后,就把红枪会争取过来,编为农民自卫军,农民有了组织，又有了武器，就大胆地干起革命。这是我党最先在应山北乡创建的一个比较稳固的立足点。

两大祸害的铲除

在农民运动蓬勃发展的大好形势下，黄委员领导当地人民铲除了两大祸害，做了两件好事。

第一件是打土匪。当地有几杆土匪坑害人民。大土豪他们不敢惹，专门找老百姓的麻烦，家庭稍微富裕一点的，就是他们"叫票"的对象，牵牛赶猪、捉鸡索款是常事，老百姓日夜胆战心惊，不得安宁。黄委员与农协组织商量，决定打土匪。开始在讨论这个问题的时候，大家对"为什么打土匪"有明确的认识，但对"如何打土匪"意见并不统一。个别人认为土匪是无产阶级，不能打。黄委员根据党的政策作了具体分析，他说："土匪虽然是无产阶级，却是匪，他们怕惹土豪劣绅，专惹老百姓，怎能不打？"黄委员的话使大家心悦诚服。于是，由黄委员做出决定，刘泽普带领小河农民自卫军在县警备队的配合下，于一个雪后初晴的夜晚，一举消灭了横行当地的土匪余幺一部，缴获了全部武器。往后，黄委员又组织小河、平靖关、黄土关等地的农民自卫军，浩浩荡荡地开往郝店，县警备队亦出兵助剿。盘踞在那里的豫匪头目董其山在农协声势的威慑下，一触即溃，狼狈逃窜。从此地方安宁，黄委员的名声在北乡传开了。

第二件是除盐卡。应城的资本家在应山县城设盐局，盐局在小河设了一个盐卡，盐卡拼凑了二十多人、枪的缉私队。他们把海盐叫北盐，细盐叫南盐，只准老百姓吃南盐，不准吃北盐。把挑运北盐的叫贩私，抓住了就送到盐卡里又打又罚。有时，缉私队暗地里带着北盐到老百姓家栽赃，硬说百姓贩私，捆起来就送到盐卡里，也是又打又罚，简直是一帮土匪。黄委员查明情况后，决定拔除盐卡。他把参加夜校的人都集中起来，加上群众近百人。先派人进入盐卡周围隐藏埋伏，部分人化装成贩私盐的。当缉私队出来拦盐时，一齐围上去，把他们结结实实地捆起来，并缴了他们的枪，将人、枪一并送往应山县城。这时北伐军已进驻县城，县政府是为农协撑腰的。司法委员丁致聘审理这个案件，以拦路劫抢罪将他们押进监牢。过后，盐局来人说是一场误会，要求将人释放。丁致聘斩钉截铁地说："捆来的不是你们盐卡的人，是一帮土匪。"不予理睬。盐局也就不敢要人了。铲除反动盐卡的斗争，唤醒了寂静沉睡的小河，使抑郁多年的群众苦闷的情绪变得激昂起来，鼓舞了劳苦大众的斗争精神。从此，农协便在小河街上公开地挂起牌子办公。

如火燎原的农运

为了加强对应山农运的领导，从1926年底以后，省农协陆续派施心圃、左泽民等特派员来应山工作。黄民钦同他们共商农运大计，成立了应山县农民运动指导委员会，配备委员七人，开展日常工作。1927年初春，应山县农民协会（筹）在魁星楼成立。委员有黄民钦、吴光德、施心圃、冯树功、柴凌阁、陈杰臣、万平治、柳乐生、黎高咏等。同年2月，县农协（筹）在魁星楼双梧学堂举办了县农民运动讲习所，招收学员五十余名，进行军事训练，讲授农运知识。自此，农运有了健全的机构，周密的计划。农协的威信高了，农运组织的势头大了，哪个地方的工作搞不开，县里就调农民自卫军去，协助当地农协，打土豪劣绅、开斗争会、戴高帽子游乡，民愤大的就押往县城，关进监牢。这样，我们的力量一到哪里，哪里就出现新局面。

1927年3月，湖北省第一次农民代表大会在武昌召开，应山县出席省农代会的有洪济川、柴凌阁、袁子述三人，特派员黄民钦也一同前往。洪济川当代表还有一段经历哩。他是麻粮市人，前清秀才，私塾先生。选他当代表时，部分人想不通，问黄委员："为什么不选个农民当代表？"他向大家解释："经多方观察，洪先生人品耿直，有正义感，在当地很有声望。地方恶势力多次要他出面搞红黄学，他都没有理会。对孙中山的三大政策和北伐战争的胜利却深表拥护和高兴。前段麻粮市农协的顺利成立，会员日渐增多，洪先生做了不少工作，推荐他当代表有利无弊，这是经我们再三研究之后做出的决定。"大家这才心服口服。

4月初，省农协代表大会闭幕，黄委员、洪济川一同回到麻粮市，主持召开了应山北乡宝林会、北十会、北廿会、北四会等共七会的农协、妇协、童子团千人大会，传达省农代会的精神和议案。会后一段时间，应北蔡家河、监生店、麻粮市、北小河、平靖关、黄土关、高楼坊、郝店等地农运达到了鼎盛时期。

7月5日上午,应山县农民万人庆祝大会在县城东岳观广场举行,县城近郊以至四乡边远山区之广大农友,起五更成群结队赶到会场,总人数近万人,堪称盛况空前之农民力量大检阅。中午散会,接着大游行。各路农友一怒之下砸了县城及四乡沿途的税卡、警察所、官盐专卖处。

7月5日下午,应山县农民协会第一次代表大会举行开幕式,出席大会的各乡农协代表八十九人,特别会员三十余人,各团体代表十余人,各团体赠送匾额、锦标上百件,更增添了会场庄严、热烈的气氛。先由主席施心圃致开幕词,继由省农协代表张学武致贺词,特派员黄民钦等参加主席团及大会秘书处工作,负责审查提案和起草决议案。会议分析了形势,总结了成绩,制定了今后工作计划,至晚方散。6、7两日,各区乡农协代表分组讨论提案并听取大会发言。8日上午,通过政治、经济、组织、宣传、教育、妇女问题等决议案。8日下午,选举应山县农协第一届执行委员会。施心圃、黄民钦、左泽民、阳仲康、刘泽普、柳乐生、闵子言、万平治、马其松等九人当选为执行委员,我与李世芬、洪涛、李宽臣、叶开甲、易其云、王文耀等二十七人当选为候补执行委员。7月9日,县农协第一届执行委员会宣誓就职,代表们公推施心圃为正委员长,阳仲康为副委员长,黄民钦为组织部部长,柳乐生为教育部部长,李世芬为调查部部长,闵子言为青年工作部部长,聘请广水妇女工作者易盛仙为妇女部部长。大会至此圆满结束。

农代会后,应山农运出现了新的热潮,各方面日趋完善,农协会员由一万多人发展到五万一千一百多人。

农运遭受严重挫折

应山毗连河南。北伐时期,信阳等处红枪会暴动,谭家河农协组织遭反动会匪破坏,反动会匪到处捕捉农协会员。当地农协负责人许祖英来应山告急,并报告豫南会匪阴谋进犯应山的消息。黄委员闻讯后立即准备对策:一面派农运学生去平靖关侦察敌情;一面组织发动农民自卫军几千人上关堵口,防敌偷袭。他自己带人携枪到信阳大庙畈，联络王伯鲁（共产党员）领导的穷人团体"光蛋会"，对付反动红枪会。不料机密败露，惊动了谭家河之敌，他们蜂拥而来，形势危急。黄委员边指挥农民自卫军抵抗，边报请县警备队及驻军魏益三部速来增援。但魏益三部被河南红枪会会匪打怕了，看到漫山遍野的红枪，就不战而退了。我农民自卫军和县警备队终因势孤力单，又没有经过严格训练，面对大队豫匪的分路偷袭，无力应付，被迫撤到县城北郊设防。河南红枪会一路由反动头目余静卿率领从平靖关打到小河麻粮市、监生店；一路由会匪首领潘贯均带领从黄土关打到蔡家河。他们沿途遍行搜劫，见人就抓，演成莫大惨剧。应山农运遭受严重挫折。

与此同时，汪精卫在武汉公开背叛革命，从7月底开始，大规模地封闭工会、农会，大量逮捕和屠杀共产党员和革命分子，这一反革命逆流迅速波及应山，形势急转直下。省农协通知各县农协停止活动，省农协常委张学武随即离开应山。就在张走后的第二天晚上，黄委员还在县农协办公处主持召开了一次会议，我和施心圃、左泽民、钱鹄卿、曹冰清等十多人参加了那个会。他分析了当时的形势之后，噙着泪水说："我是要走的，你们能隐藏就隐藏，如做生意、当医生、教书、种田等，从事什么职业都可以，但要注意保密，除万不得已不要外出，要积蓄力量。"散会后说了声"后会有期"我们就分手了。

8月初，黄委员还没有来得及离开应山，汪精卫操纵的国民党湖北省改组委员会派人到应山，指使县警备队把黄委员、左泽民、郭少仪三人软禁在永阳书院内，暂行看管。此时，司法委员丁致聘还在应山，他对站岗的警备队员说："莫看得太紧了，只要他们不出来就行了。"在我党组织安排的内线协助下，9月初的一个夜晚，他们打开书院后窗，爬上城墙，用白布做绳子，一头拴住城垛，一头系在身上坠下城墙，涉过护城河，脱离了虎口。黄委员等一夜走了几十里路，次日，经随县去枣阳农村，回到了他的家乡，从事地下活动。

（胡功广　整理）

原载中共应山县委党史资料征编办公室编：《鄂北风云·第一辑》，1986年，第61～69页。

应山县农民运动讲习所及农运生的活动

◎ 彭忠良

  1926年春天的应山，北洋军阀横征暴敛，民不聊生。为了寻找出路，我同县城的一群失业青年结伴去了武汉。这时的武汉三镇仍在军阀势力统治之下，也是一片乌烟瘴气，想找事做谈何容易！幸好在汉口遇见了同乡何子述，给我在鄂军二师刘佐龙部学兵连补了个名字，暂时解决了饭碗问题。嗣后才知道何子述是中国共产党地下党员，他原在武昌高级师范任教，此刻正接受组织委派，同安陆人耿丹一道策动驻汉鄂军响应北伐。他了解我是做奎面出身,就秘密发展我为青年团员。这年秋8月，国民革命军前锋进抵汀泗桥，盘踞武昌的吴佩孚守军妄图炸毁武泰闸，以阻止革命军前进。党组织得到情报，连夜派何子述缒城过江至学兵连，挑选我和另一名秘密党员，护送何闯过封锁线，及时将情报送交唐生智司令部，以迅雷之势粉碎了敌人毁闸放水的阴谋，一举攻克阳夏。至10月武昌光复，在阅马场附近开办党务干部学校，何子述亦在该校兼课，介绍我入学受训；同校应山籍学员还有袁既梅、朱孔阳等人，都是以共产党员身份跨党参加国民党。学习不足一个月，应山县党务、农运工作日繁，人员甚感缺乏，校方遂安排我们肄业，返乡投入实际斗争。我回县后，被分派到国共合作的临时党部充当卫士，在团小组过生活，汪天畏任小组长，尚未形成团支部。这时应山县的主要工作是农民运动。我作为县临时党部卫队的一员，除担负机关值勤和重要会议的警卫工作外，还经常到县农协筹备处农运指导委员会听报告，有时也下乡作农村调查，宣传农民运动。广州农民运动讲习所毕业的吴光德同志经常给我讲农运工作常识，他跟黄民钦同志一起调来应山才两个月，就把东乡和北乡的局面初步打开，后因患重病被送回了老家黄陂县。

转眼到了1927年初春，省党部、省农协及中央农讲所筹委会做出联合决定，为顺应农民运动大发展的趋势，通令各县条件成熟的亦可举办农讲所或农训班，就地培养农运人才。应山为鄂省农运最重要的十三个县份之一，当即由临时党部、县农协筹备处牵头，开办应山县农民运动讲习所，校址就设在县农协筹备处所在地魁星阁的后院，农运学生报考标准按中央农讲所规章草案，结合本县实际情况制订。某日，我上街执行公务，看到了招生布告，便向临时党部口头申请，经研究，同意我报名应考。此时正值本县农民运动蓬勃兴起之时，各区、乡、镇报考总人数竟超过八百人。考生的来源，一是各区、乡的农运指导员和县城党政机关的工作人员，二是愿意参加农民运动的乡村红枪会首领，三是在贫苦农民中有一定威望的乡村知识分子，四是城、广两镇的青年学生和小市民，五是从邻县志愿来应山投考农讲所的年轻人。由于本县素称楚北穷邑，文化落后，交通不便，电话未设，实际上能按时到县应考的尚不足三百人；且因考生中有相当数量是不识字的农民，所以考试又分笔试、口试两种。为防止不良分子混入，县临时党部和县农协筹备处对考生进行了必要的审查手续，确定正取四十名，备取二十名，并悬榜公布于众。我记得正取农运学生中，朱孔阳名列第一，彭忠良名列十二，还有丁宏元、刘俊民、石秉华、董伯洲、李世芬、樊明章、闵子言、朱念丹、叶建芳、彭士林、洪子文、蓝锡山、易其云、郝柏东、盛振寰、骆心田、程南山、陈雨航、沈广华、邓伯刚、周恒五、杜小山等，亦在正取之列；备取名额中，记得有王永茂、袁书忠等人，均按农运工作之需要依次递补。后因各方面原因，对某些人并未下通知，亦有接到通知书因公未到者，故实有入所的五十多名农运学生中，还包括了县、区、乡临时选送来受训的人员。

应山县农讲所于1927年3月初正式开学，时间暂定三个月。授课中心内容是：农民问题与国民革命、乡村自治宣言、帝国主义侵华史、国际职工运动、三民主义与中国、孙总理的三大政策和策略、兼学军事和农运实际工作方法。主要学习方式为：做到理论与实践相结合，在校学一段文件即下乡参加现实斗争，在乡间工作一段又回县集训，对照文件检查工作，学习时事政策，避免死啃书本。由于入所农运学生在出身、经历、年龄、文化诸方面差别较大,因而在学习内容和方法上均突破了传统的教学模式,以上大课为主,听报告,读文件,对笔记,写日志,开小组讨论会,发表个人演说,有时还看报纸,教唱革命歌,排练文明戏,参加群众集会,一切都是围绕农民运动这个总纲,很少使用正规教材。时值第一次国共合作时期,一切实行党化,县农讲所也不例外,它直接受临时党部领导,由麻城调来本县工作的省党务特派员冯树功兼所长;省农协特派员施心圃任教导,主持所务,并主讲农民问题;省农协特派员黄民钦分管军训,并传授农运实际知识;从省农政训练班第一期结业回县的柳乐生主讲乡村自治,并指导试点工作;县司法委员丁致聘主讲惩治土豪劣绅条例,兼及减租减息政策的有关规定;县临时党部执行委员高少珊,主讲新三民主义与国民党史。由于教与学都采取了灵活多样的方式,所以就连一些大老粗农民也能学到革命理论和工作方法。

　　这年3月下旬,湖北省第一次农民代表大会胜利闭幕。4月初,中央农讲所在武昌举行正式开学典礼。这期间,我县农运学生集中学习了省农代会宣言和提案,并学习了武昌中央农讲所的各项章程,还加紧了军事训练。因黄民钦赴省未归,校方临时聘请驻防之北伐军担任教官。我们五十多人被分成六个班组,我在第一班任班长。县农讲所推行半军事化管理,学习生活很有规律,每日黎明起床,洒扫庭院,早晨五至八点和傍晚五至七点,上体操课,学习持枪瞄准,并学唱国民革命歌曲。早饭后,从九点至正午集中学文件或听报告,过十二点稍事休息,又分班组讨论或参加大会发言,直至下午四点开中饭,每日吃两餐,晚七点后九点前为自由活动或党团活动时间,其时共产党和青年团还都处于秘密组织状态,党团员之间未经许可,不得发生横向关系。晚九点就寝,点名查铺位,吹熄灯号,夜间除值班者外其他人均不得自由行动。在这所培养农运干部的革命学校里,大家都比较自觉,很少出现违纪的事。如稍有触犯,第一次批评教育,二次、三次则开帮助会或关禁闭直至除名,班组的政治空气异常浓厚,在这里丝毫感受不到旧式学校的那种腐败气息。我们集中学习告一段落,就接受了县临时党部、县农协筹备处、应山县政府三方联席会议分配的任务:为全面贯彻省农代会精神,检阅本县前段农运成绩,拟于农历清明节第二天(1927年4月7日)召开应山全县首届农民代表大会,全体农运学生立即投入会务准备工作,书写标语口号,翻印省农协电文,在县立高小操场搭设讲台，并组成纠察队配合劳动童子团保卫会场。碰巧老天不作美，连日下大雨，代表无法到齐，且有不法豪绅操纵封建黄学，冒充农会代表来县闹事，趁雨天不能开会，窜到小学堂操场拆台子撕标语，被值勤农运学生和童子团员发觉，将为首滋事者黄学老师郭自禄抓获，交县审判土豪劣绅委员会处理，对胁从者经过教育令其回乡。

4月7日的这次大会由于阴雨连绵不能如期举行。清明一过，农村春耕季节已到，党、政、农三方乃临时动议：县农代会停止召开，由省农协特派员及本县赴省农民代表率农运学生下乡，召开大会，分区传达，结合减租减息，帮助农民度过春荒。在我们下乡之前，从湖北省农协新调来的左觉农、郭绍仪两特派员相继到县工作；省农协还以文件形式发表了毛泽东同志在武昌中央农讲所主讲的《湖南农民运动考察报告》，县农讲所立即全文油印，人手一册，用为农运工作的指南。时值春夏之交，我们原来入所穿的衣服各种各色，早就该更换了，校方征得县长王绍佑和审判土豪劣绅委员会同意，从去冬今春清理祠田庙产的积谷存款中，提出一部分经费赶制军装，按照武昌中央农讲所服式，农运学生一律穿北伐军铁灰色制服，挂白底黑字符号，佩红蓝两色的国共合作带，脚扎裹腿，头戴大檐帽，俨然成为全副戎装的革命军人。

农运学生统一服装后，至4月中下旬才下乡。这时应山县仍沿袭旧制有十三区团五十二个乡会，我们五十多名农运学生，刚好每个乡会平均一人。为了方便实习工作，校方将农运学生重新分编为十个小组，每组四至六人，我负责第一组，有石秉华、朱念丹、李世芬、闵子言四人。我们这个组去北乡，由省农协特派员黄民钦、郭绍仪二同志带队，出北门沿路巡视了监生店、二十里铺、蔡家河、黄土关、新店、平靖关、北小河农协分会的工作，并发动这里的农民自卫武装，一举平息了黄土关、新店劣绅李道一勾结土匪余老么扰害地方制造骚乱事件。在剿匪战斗中，北小河农运骨干刘泽普很有指挥才能，被推荐到县里，在农讲所补名短期学习后，受命编练农民自卫大队。我们一行于4月29日前赶到麻粮市，检查应山北三区农民大会的筹备情况。应山县赴省农民代表共三人，即洪济川、柴书勋、袁既梅，北三区就有两名代表，由此亦可见这一带的农运工作在本县所占重要地位。北三区农民大会于4月29日如期举行，因这天是农历三月二十八日，为麻粮市传统的东岳庙会，往年此时就有四乡八里善男信女前来朝拜进香，热闹一番。时值大革命高潮，封建迷信行不通了，我们乃决定利用这一传统会期，召开北三区农民大会，贯彻全省农代会精神。这日天晴气和，会场设在麻粮市中街岳庙门前，应山北十里会、北二十会、北三十会、北四十会、宝林会、黄土会、孟畈会、关泉会等地的农协会员、妇女会员、国民党员、童子团员、自卫队员们，成群结队，敲锣打鼓，扯旗放炮，从四面八方浩浩荡荡开到会场。赴省农民代表洪济川、袁既梅，省农协特派员黄民钦、郭绍仪，县乡村自治指导员柳乐生，以及北三区国民党分部、各乡农协分会的代表胡省三、李德玉、郝心甫、刘海如、朱大银等人，登上讲台主持会议。大会报告内容有：传达省农代会决议案及赴省开会盛况，取消地主政权，实现乡村自治；建立农民武装，改编黄学红会；提倡男女平权，号召女子剪发放足；施行"双减"政策，二五减租分半减息；通过应山北三区农民大会讨蒋宣言。我们几个农运学生和童子团分队长李品罡一起维持会场秩序，并在会前会后教唱国民革命歌曲。这是本县北三区前所未有的一次农民盛大集会，它将应山北乡的农民运动推向了高潮。

我们从麻粮市回县汇报工作，已经是阳历5月初，这时减租减息工作已在部分区、乡铺开，极大地促进了全县的农民运动，农协会员的人数激增，与封建宗法势力豪绅地主阶级的斗争渐趋白热化。因第一区党部和区农协的成立，区署在县城魁星阁办公，事务繁多，住房拥挤，县农讲所便和县农协筹备处一起搬迁到察院街（今粮管所一带）前清贡院考棚。这个地方曾是封建科举时代八股取士之所，前面一堵照壁墙，左右两座月亮门，分挂着"腾蛟起凤""紫电青霜"的匾额，看那气派却也庄重雄伟。与考棚毗邻的古老建筑群，有县临时党部所在地之永阳书院，还有审判土豪劣绅委员会临时法庭所在地之万寿宫。在1927年大革命高潮之际，一向冷落的察院街顿时变成了应山县农民运动的大本营，每日天刚拂晓，便有四乡农友手执刀矛，押解着破坏农会抗拒减租、头戴高帽、反剪双手的不法豪绅前来受审；就连一些农田水利纠葛、家庭婆媳吵嘴之类的事，双方都情愿奔波几十里路，来找县里委员评理。负责县农协筹备处庶务工作的左觉农，协助县司法委员丁致聘坐堂问案，每天要断各类官司十好几起。永阳书院后面的围屋便成为关押不法豪绅的临时看守所，我们农运学生有时也被派来看守人犯。在革命前被刑房师爷们长期控制的县衙大堂，一下子变得门可罗雀，讼庭草长，名义上挂衔审判土豪劣绅委员会主任的王绍佑县长，几乎无案可审。真是一切权力归农会，顺之者昌，逆之者亡！

县农讲所搬迁到察院街新校址后，下乡实习的各组农运学生已陆续返回县城，做了工作情况报告，进一步学习了"双减"政策和审判土豪劣绅条例，还参加了拥护二次北伐、西征平叛、东征讨蒋的军民火把集会游行等活动。我们这个农运小组又陪同郭特派员一起，到本县西北之龙泉镇、关帝庙、天子岗、西余店、七宝寺等地开展减租减息工作。其他各小组农运学生也安排了任务，有的抽到审判土豪劣绅委员会帮忙录供阅卷，有的因区、乡工作需要而提前结业任职，有的则留所继续学习。领导我们这个组的郭特派员是河南邓县人，广州农讲所的毕业生。他下乡时常戴一顶高粱草帽，看外表就像一位普通农民。他给我们讲毛泽东同志用金字塔比喻中国社会阶级现状的故事，使大家很受启发。我们依靠区、乡农会干部发动贫雇农民，按减租减息政策清算地主高利贷者，惩罚破坏"双减"的不法分子，对一般案件都是就地处理，只有牵涉面广、案情又较重大的才上交送县。时值国民党新军阀蒋介石发动"四一二"叛变之际，消息从城市传到农村，豪绅势力在某些地方又复抬头，挖空心思伺机反扑。例如：那时广水附近有一劣绅姓瞿名晃，平日恶迹昭著，业经区党部和乡农协审理，送县拘押在案。省政委会却派了个国民党右派人物秦委员到县复查，秦某竟百般袒护瞿晃，妄图为之开脱，此事引起舆论公愤，鼠辈才未得逞。又当时应山东乡农协分会办事处秘书李品伦报告：东草店、姚家店、洞山口一带乡绅地主，对农民协会阳奉阴违，每当贫苦农友集会议事之时，常有土豪劣绅差人送茶水、招待饭食，企图软化农友，致使减租减息政策难以贯彻。农会已采取果断措施，揭穿豪绅们企图用小恩小惠笼络人心、逃避清算之伎俩。像这类案例，在当时不胜枚举，农运学生就是在这场大革命的阶级搏斗中，接受锻炼，经受考验，努力转变自己的立场，坚决站到广大农民一边。

由农运学生组成的各工作组，在完成下乡实习和其他工作任务之后，于5月下旬集中于县城贡院考棚，总结了前段执行"双减"政策、清算土豪劣绅、发展壮大区乡农会、建立乡村自卫武装等工作，每个组都有一定收获和提高，一致肯定了农民运动"好得很"！用铁的事实驳斥了"糟得很派"污蔑农运的烂言。根据时局的发展，我们的训练已基本达到预期目的，县农讲所乃择日在贡院考棚举行了农运学生毕业典礼，邀请了党、政、军、农、工、妇、商、学各界代表出席，并以国共合作的名义颁发《同学录》永为纪念。农运学生一毕业，即正式分配了新的工作。我这个小组，石秉华到县劳动童子团总部负责；闵子言留县城做青年工作；朱念丹回西乡大邦店发展乡村自卫队；李世芬回东草店主持当地农民运动，并与武昌中央农讲所毕业回县的黎高咏、陈义依及赴省农民代表柴书勋一起，参加本县东乡农协分会办事处的领导工作；我被派遣到西魏店联络当地同志，在魏氏祠堂建立应山西乡农运办事处，作为县农协筹备之派出机关。这时我们都已成为正式农运干部，根据不同的职务，还分发了公文皮包、武装带和枪支，个别人员还配备了马匹。我身边长期保存的一架盒子枪，还是从县临时党部卫队带过来的。那时武器很少，土豪劣绅最怕"枪"这玩意儿，因此我也特别珍爱它，直到后来两湖秋收暴动才交给了组织。我们走上新的工作岗位之前，还在县城参加了清查前县长王绍佑鲸吞公款四千余元，畏罪潜逃事件；发动各铺号店员参加平抑市场物价，取缔不法奸商的工作；此外还参加了第一区西门会和十里会的农民运动。其时县城四郊之跑马场、冷家塆、西团山、鸦林塆、水火庙、九龙河、夏家畈、十里河、蔡家畈、熊家河、八里岔、北三里塘等地的贫苦农民都广泛发动起来了，十里河农协分会的负责人汤成章、韩保正等在赴省农民代表袁既梅指导下，开办乡农运训练班，培养出了一批基层农运骨干。

县农讲所毕业生正式走上新的工作岗位，是在新任应山县县长张扬贵、省农协宣传部部长张学武来县之后。时为6月上中旬，农村已开始割麦插秧，全县已有八个区成立了国民党区分部，九个区建立了区农协，区以下的乡农协达一百五十个，农协会员注册人数猛增至六万七千余名，约占本县当时总人口五分之一，但实有农协会员则不止此数，因许多农户本来全家都入了会，往往只填报户主一人姓名。县农讲所毕业生临下乡前，张学武部长又专门训了话，他谈了老蒋叛变后的时局和当前农运工作中应注意的一些问题，并建议将下乡农运毕业生按本县东南西北自然区划分属四个大组，选出李世芬、朱孔阳、盛振寰、易其云四人为大组联络员，负责上传下达，以充分发挥农运工作者的专门职能。同张部长一块儿来应山巡视工作的还有一位岳特派员，人们都喊他岳委员。我陪他到应山西乡，第一步是协同盛振寰处理骑龙岗不法豪绅勾结地痞赌棍造谣惑众、反攻倒算、阻拦农友入会事件。该乡白鹤山劣绅杨汉三为富不仁，一贯鱼肉乡里，自去冬今春农运兴起，实行减租减息，杨逆预感末日降临，乃趁蒋介石叛变革命之机，指使走狗刘正勇等，纠集一伙流痞光棍，四处煽惑，大放厥词，胡说什么"老蒋在上海下令清共""农民协会已取消了""士绅又要当权了""二五减租行不通了""农民入会是游手好闲"等，并威胁其佃户长工不得参加农会活动，闹得地方人心惶惶，甚至把按政策减退的麦租和息钱，恭而敬之送还地主高利贷者。我们一到骑龙岗，即配合当地农协分会发动基本会员和自卫队员、童子团员们，团结起来打退土豪劣绅的反动气焰；并取得周围各乡村农民组织的支持，采取一致行动！我们集中了数百名贫苦农民，组成一支刀矛土铳扁担箩筐的队伍，直奔白鹤山，涌入杨汉三宅院，开仓放粮，烧毁他家剥削农民的田约借据，并将杨逆及其走狗五花大绑系在一根绳子上，戴几尺高绿帽子鸣锣游乡，从骑龙岗至聂家店、马坪港、八姓庙、双河寺、西魏店、杨侯庙、平峰山，再转至大邦店、程家梨园、西肖店、关帝庙，几乎游遍第七区和邻近区、乡大小集市，足足花了一两天时间。在游乡的沿途，我们不断高呼："打倒帝国主义的走狗北洋军阀！""打倒破坏国民革命的罪魁祸首蒋介石！""打倒财主阔佬派！""打倒流氓地痞！""禁止蓄婢纳妾！""不准抹牌赌博！""贯彻二五减租！""实行乡村自治！""实行耕者有其田！""一切权力归农会！"阵阵雄壮的口号声，吸引了不少农民前来围观，也使不法豪绅见而落魄，乖乖地接受减租减息。一些原来不敢入会的雇工佃农也扬眉吐气，纷纷揭露其主家之恶迹，要求报名参加农协。第二步工作是：我去西魏店参加筹备在魏氏祠堂建立农运办事处的联席会议，岳委员留骑龙岗，协同盛振寰改编这一带的民间秘密结社"哥弟会"。因老盛是本乡人，在县农讲所学习期间曾被保荐到省农政班受短训，还亲聆过毛泽东同志主讲《湖南农民运动考察报告》，他又较熟悉应山西北风俗民情。"哥弟会"在这一带历史很久，从1855年朱开阳在凤凰寨起义，响应太平天国革命被杀之后，民间便有了这一秘密结社流传下来，应山十年九旱，每值岁荒，便以"哥弟会"为首，发动饥民"吃大户"。它也和豫南的红枪会一样，易受豪门官府利用，如能把其整编为农民自卫队，听农民协会指挥，那将是一股不小的力量！打垮了土劣头子杨汉三，推动了这一带乡村的"双减"、互助合作、武装自卫、妇女解放运动、整顿农会等一系列工作，既未耽误农时，农民又获实惠。

1927年6月下旬，县临时党部、县农协筹备处发出联合通知，令各区分党部及区乡农协选派代表，参加县党部、县农协正式成立大会。我即与岳委员、盛振寰、柴醒吾等商量，推选代表到县开会。我亦被安排参加会议保卫工作。县党部正式成立大会于6月29日在永阳书院隆重开幕，武昌中央农讲所毕业生万平治、县农讲所毕业生朱孔阳等被选入执委会，于7月2日就职开始工作。县农协正式成立大会于7月5日举行，5日上午在城外东岳观（今县一招）门前广场上召开万人庆祝大会。会后继以游行，声势浩荡的农民队伍在游四门时，自发地砸毁了设在县城的淮盐支店、烟酒公卖处、硝磺、雇宰、公安各局的牌匾和门面，引起坏人乘机骚动，纠合上百名黄学信徒涌入县署请愿，以释放在押之黄学老师郭自禄为要挟。当经张县长及各位特派员到场调处，事态很快平息了。以后几天的会议是在贡院考棚举行的，施心圃、万平治、易其云、李世芬等人分别当选执行委员和候补委员，在选举通过的三十六人里面，省县农运学生约占四分之一。7月9日，县农协开第一届执委会议，至次日结束时，发生突然情况，河南信阳谭家河区农协主席许祖英、广州农讲所毕业生李振中等人，跋涉百里赶到会场，报告紧急军情：豫南红枪会、三仙场、硬肚会等反动道门，集中快枪百余支，匪徒近千人，在捣毁当地农协及工作人员家室之后，复大举越境南窜，扬言攻打应山，破城劫狱拿下党部开刀！执委会接此意外情报，当即转告县党部、县政府及刚从河南回师之三十军、三十六军驻应山部队，共面御敌策略，并联电省政委会转呈国民政府当局。时因二次北伐之军事需要，电话线已从广水火车站架到县城，且配有简陋之电报所，传递紧要公事。怎奈此时正值武汉"七一五"政变前夕，以汪精卫为头子的国民党改组派正加紧策划清党反共，告急电报送上去后根本没有下文。县里临时召集的非常会议至晚方散，当即由张学武、施心圃、黄民钦、左觉农、郭绍仪等农运负责同志率农运毕业生一行二十余人，携带枪支和传单连夜北上，到达小河，兵分两路：第一路，由石秉华、李世芬、朱念丹等农运毕业生备好防身武器，到平靖关找周恒五接头，侦察关口和大贵寺一带动静，注意隐蔽，速去速回；第二路，由县农协组织部部长黄民钦带当地农民自卫队数十人枪，跨过黄土关界河，找四望山一带穷人团体"光蛋会"协商联合剿匪行动。我跟黄部长在一起，过了河天已亮，这里崇山密林，地处鄂豫之边，封建会道门甚为猖獗，一直是农民协会与红枪会匪斗争激烈区域！我们没有走多远，幸好遇见县农讲所同学杜小山，由他引导至大庙畈与"光蛋会"发起人王伯鲁会晤。双方刚开始交换情况，却从平靖关方向隐约传来枪声。事后才弄清楚，起因是本县农运学生缺少战地侦察经验，一登上关口就暴露了目标，惊动了谭家河红枪会会匪，招来各处硬肚会、三仙场徒众蜂拥般扑来，幸好刘泽普带县警备队及时赶到，迎头阻击挫敌锐气，从各区乡调来之农民自卫队员上千人在后呐喊助阵，遂取得初战胜利，仅李世芬腹部轻伤，警备队士兵亦有数人挂彩。可是到7月13、14日后，情况急剧恶化，不甘失败之豫匪头目张显卿等窥探我方无正规军增援，又分三股卷土重来，把战火延烧至县城北郊，应山已危在旦夕了！豫匪大掠数日后，因分赃不匀而内讧，遂各自北撤。但应山北乡遭此浩劫，农会破坏过半，封建势力又复抬头。

县党部、县农协、县政府及城区各革命团体，为应付眼前恶劣环境，临时组织了维持治安委员会加强城防警备，尚未喘过气来，国共分家、蒋汪合流的消息又正式传到了应山。大约7月底8月初，由张学武同志的一位兄弟从武昌带来省党部、省农协的秘密信件，证实了7月15日在武汉发生的反革命政变。同志们对轰轰烈烈的大革命运动中途夭折，感到震惊和痛心！以张学武、冯树功、施心圃为首，连日在永阳书院召开党的特支会议，找同志分别谈话，根据上级来信，作有步骤之退却，并布置应变善后工作。身为共青团员的我，这时才知道，参加正式县党部、县农协的各部委负责人，大多是共产党员或跨党同志。到8月上旬张学武、冯树功、施心圃等负责同志赶在省清党委员会官方文书下达之前离开了县城，以下乡检查工作为名，由我们几个农运毕业生护送到西魏店，在魏氏祠堂秘密召集党员同志作了布置，张、施二位即取道长岭岗由水路去了鄂北。冯这时染上疟疾，发高烧走不了，转到南乡治病，在县司法委员丁致聘（共产党员）掩护下隐蔽起来。我于8月中旬接通知返县，党部、农协、妇协、工会、自卫队、童子团均已停止公开活动；刘泽普带一警备中队，北上小河平靖关防备豫匪，城区此时已无正规驻军。县公安局局长易人，黄民钦、左觉农、郭绍仪三位特派员被软禁，经营救越城脱险。几天后，又传来西乡农运办事处被当地豪绅复辟势力强行解散的消息，农运联络员盛振寰横遭杨汉三之流严刑摧残，灌辣椒水，坐老虎凳，被折磨得死去活来，所幸由"哥弟会"改编的七区农民自卫武装,已以红枪会、黄白学等灰色名义获得生存,且多数队员比较勇敢可靠。南乡刘俊民等,与当地豪绅亦有摩擦。

又过了些时日,大约是9月初吧,在外地从事工运、学运的地下党团员王焕章、王银芝、汪天畏、张光楚、夏春朋等人,陆续潜回应山城区。我被邀参加两次秘密会议,一次是在印台山麓汪天畏家里,另一次在八角楼苗圃程培英、曾传经的办公处。从这两次会上获悉,应山划属京汉路区特别委员会,省委派郭树勋同志来县视察工作,化名郑声平,由交通员曹斌臣安排在鲜鱼街五通口王茂裕内宅落脚,传达两湖秋收暴动指示。从这时起,我们便在京汉特委领导下,联络农运同志,恢复地下农会,开始了以乡村武装斗争为主的土地革命运动。

(曹　扬　整理)

原载中共应山县委党史资料征编办公室编:《鄂北风云·第一辑》,1986年,第70～83页。

我所知道的应山农运

◎ 郭绍仪

我是河南邓县人，1926年10月，从广州农民运动讲习所毕业，被派回家乡做农运工作。时值吴佩孚的残余部队又打到邓县来了，我与地下党联系不上，便向湖北省农协写报告，于是，我受湖北省农协的调遣，于1927年3月底，从家乡到了武汉。一个星期后，省农协的郭亮同志跟我谈话，分派我以省农协特派员的身份到应山协助农运工作，一直工作到这年的9月初才离开应山。

一

4月初，我带着省农协的委任状到了应山，与先期到达应山的省农协特派员黄民钦、左泽民、施心圃接上了关系。黄民钦身佩一支手枪，有胆略，具有军人的气质；左泽民很文雅，谈吐既有深刻的道理，又富有一定的文采，不失为一个知识分子；施心圃善于辞令，易接近，类似一个"外交家"；我是一身农民打扮。

我在魁星楼住了不久，黄民钦让我下乡，开展农运工作。从此，我很少回城，主要在县境西北一带乡村组织、成立农民协会。一个地方的农协会成立起来了，就再换一个地方。时值"一切权力归农会"的高潮时期，农会由村到乡，由乡到区，如雨后春笋般地发展起来。

我先在县城西北面十几里路的一个小村里活动，农会成立后，我又转到了监生店，在一个很活跃的小学教员的帮助下，很快就在这一带的所有村庄都成立了农协会。随后，我就到了三台山西边蔡家河、小河、平靖关一带活动。到5月，全县各乡、区农民协会都先后成立起来了。这时，农民有事都到农会解决，不到县政府去打官司，致使县府大院长满了荒草，而各级农会一天到晚应接不暇。

在组织乡、区农会的同时，还开展了减租减息运动。对那些阻挠农运和破坏减租减息的豪绅地主，就由乡、区农协会传讯，视其情节轻重和态度好坏，分别给予批评教育和应有的惩罚。对那些罪大恶极的顽固对抗减租减息的地主豪绅，就组织农民将其五花大绑，敲锣打鼓地押送县城，关在永阳书院，高潮时期达二百多人，将书院挤得满满的。然后，由县农运的负责同志对他们进行教育，要他们服从农民协会的领导，遵守农民协会的政策。对于态度好的、能认罪并答复了条件的地主豪绅，就放回去，对于顽固不化的地主劣绅，就要他戴写有名字的高帽子游街，自己一面敲锣一面喊："我不老实，不服从减租减息，为人莫学我搞剥削。"一些豪绅见此情景，都缩头了，不敢嚣张。

二

6月底，在县城开办了一个农民运动骨干短训班，有三四十人，时间大约一个星期。

我到这个短训班讲了课，记得当时讲的内容，主要是按照我在广州农讲所听毛泽东同志讲课的内容来讲的，中心课题是"中国革命和农民问题"。为了使讲课深入浅出，通俗易懂，我把这个课题分层次画成宝塔形，底层是占全国总人口百分之八十的工人阶级和农民阶级，几千年的封建压迫，兵燹匪祸，农村破产，广大工人、农民挣扎在帝、官、封的高压之下，是革命的动力。第二层是豪绅地主和官僚资产阶级，他们四体不勤，五谷不分，专靠盘剥劳苦大众，过着醉生梦死的生活，是革命的对象。第三层是北洋军阀，他们对内代表地主资产阶级的利益，对外代表帝国主义及其买办走狗的利益，所以要北上讨伐。第四层，就是帝国主义者，是中国革命最凶恶的敌人。要推翻这些压在广大劳苦大众身上的层层统治，就靠我们团结起来，只要我们这处在最底层的劳苦人民一活动，这个封建宝塔就一定会倒塌。

这个生动形象的比喻，使学员思想豁然开朗，都深刻地认识到，只有起来革命，才有出路。从而极大地激发了学员们的革命热情。

短训班结束后，县农协（筹）召开的全县农民代表大会庆祝大会于7月5日隆重开幕，我到县城东岳观参加了这次大会。面对上万农民，大刀长矛林立的热烈场面，我心情非常激动，即席发表了演讲。大会宣布取消苛捐杂税的决定后，全场振臂高呼，爆发出经久不息的掌声。接着上街游行示威，农友们激于旧仇余恨，一路将往日盘剥他们的烟酒局、屠宰局、硝磺局、税务局、警察局等捣毁。我和黄民钦急忙上前制止，也无济于事。散会后，各路会员还将沿途的各乡、区税务局砸毁。

北伐军已到，应该说不应出现这种情况。但在北洋军阀统治时期，这些机关敲诈百姓，积怨很深。虽然北伐军已进城了，但这些机关里的旧职人员仍在，农民们见了他们要发泄不满，这是可以理解的。再则是，当农民运动进入高潮时期，如有排山倒海之势，不可阻挡。这时也难免出现一些过激行动。

三

应山县农协会成立不久，汪精卫在武汉公开背叛革命，形势急转直下。接着，成立了国民党湖北省改组委员会，捕捉和屠杀共产党人及农协骨干，并下令停止各县党务活动。省农协改组委员会也下令应山县署封闭县农协，大有"黑云压城城欲摧"之势。

武汉的腥风血雨染及应山，原省党部、省农协派来的一些负责同志，相继离开应山。到了8月初，省国民党改组委员会就派人跑到应山，指使县警备队将我和左泽民、黄民钦三人软禁在县农协机关——永阳书院里。

黄、左二人在城里工作的时间较长，来应山也比我早，影响也大一些，因而认识他们的人很多。我主要在乡村工作，又是一身农民打扮，因而城里人认识我的不多，特别是县警备队就更不大认识我了，所以，我还有一点出进自由。黄民钦就让我出去找农民自卫军队长刘泽普，设法营救。我找到刘后，可是他说："现在刚遭到谭家河红枪会的袭击，人枪都被打散了，再加上县警备队戒备森严，我们人又少，恐怕难以成功。"我进城转告了黄民钦，于是，我们决定逃出去。在9月初的一天，我先一天出去住在城墙西边一个农民家里。我们事先约好：第二天夜晚，由我在西城边接应缒城。次日夜晚，黄民钦身带一小包子弹，同左泽民一道从书院后窗钻出来，爬上城墙，用白布一头系在城垛上，一头系在腰间，缒下城墙。我接着他们，一起涉过护城河，脱离了虎口。我们一夜走了几十里，经过随县，第三天到了枣阳农村，转入地下活动。

（陈嗣烈　整理）

原载中共应山县委党史资料征编办公室编：《鄂北风云·第一辑》，1986年，第84～87页。

血的教训

——记大革命时期但店农会与封建势力的激烈斗争

◎ 倪晋康　丰耀楚

一

　　1924年5月，中共黄冈党组织派遣胡亮寅同志到但店宣传马列主义，相机发展党员，建立党的基层组织。胡亮寅同志到但店后，经友人丰南平介绍，在但店小学任教。在此期间，他先后发展了丰南平、熊楚江、丰绍康、华进峰、熊开国、熊宇春、倪书田、黄松林、陈玉斌等人为中共党员。他还经常在但店圣庙向新发展的党员讲解《共产党宣言》和中共中央的文件，以提高党员的素质。到1926年4月，但店地区发展了四十多名党员，遂在河东赵家塆丰焕兰家中召集开党员大会，正式成立了但店党支部，省县党组织派代表李鳌、陈防武、王子进、程鹏、杜骏远、何笃栽等同志参加了成立大会。中共黄冈县委指定丰南平任支部书记，陈玉斌任组织委员，倪书田任宣传委员。但店支部下设但店、庙河、黄坳、贺坳、项家冲、洛家畈、熊家咀七个党小组，确定熊楚江、熊开国、黄松林、易仁丰、倪世英、易思腾、熊先敏等同志分别担任小组长，在各地培养骨干、发展党员，为革命储备力量。

　　1926年10月，北伐军进入黄冈，黄冈的党组织由秘密转向公开，相继建立了各区党的领导机构，以便领导全县农民运动。但店区建立了党总支，书记程鹏（1927年程鹏调走，杜骏远接任）、组织委员陈玉斌、宣传委员倪书田、妇女委员华志贤、军事委员华进峰、青年委员方焕言、秘书丰南平。但店区农民协会成员：委员长易思腾、副委员长熊少云、妇女协会会长华玉贤、共青团书记方焕言、农民自卫团团长华进峰、农民自卫团大队长熊占先。在区农会的领导下，基层农会发展很快，到1927年2月，全区下辖朴店、香铺、但店、黄坳、庙河、贺坳、李婆墩、贾庙、铁冶等二十四个乡农会相继成立，男女会员超过二万人。农民运动的主要矛头指向官僚地主、封建家族。朴店乡农会抄了劣绅冯康平的家，大陈坳乡农会清算了大地主方大顺，各地闻风而动，热火朝天，地主豪绅们如坐针毡，惶惶不可终日。

二

区农民运动的兴起，其时间短、来势猛，犹如暴风骤雨，狂飙巨浪。在这革命的大洪流中，难免泥沙俱下，鱼龙混杂。有的地主为了窥测革命动向，伪装进步，钻进了农会；有的地主伪装开明，慷慨陈词，倾心革命，蒙蔽群众，取得信任，进而也领头组织农会。但店区香铺乡农会就是封建大地主、丰姓大族族长丰世美和丰姓大族总经管丰俊元操纵的。他们办农会是假，维护封建地主和丰姓宗族利益是真，因此，根本不可能与真正革命的农会志同道合，一致革命。当他们的根本利益遭到冲击的时候，他们便难以掩饰地露出狰狞的面目，以死相拼斗。

1927年5月18日，但店区农会召开各乡农会负责人会议，讨论清算祖佛庙产问题。当会议根据大家的意见决定：从丰家寺清算起，再依次清算完时，香铺乡农会负责人丰世美、丰俊元竭力表示反对，说清算丰家寺是对香铺农会的歧视。大会对他们的无理要求未予理睬，并决定派熊楚江、熊开国等区农会负责人会后前往执行。散会后丰世美、丰俊元急忙赶回去，召集丰道洪、丰道清、丰耀楚等族人开会，不说农会的决议，却诡言："熊氏家族伙同易姓家族假借农会势力，欺压我们农会，他们根本不把我们丰姓放在眼里，明天就要拆丰家寺，拿我们开头刀。丰家寺是我们丰姓祖宗的遗产，我们做子孙的若保不住，怎么对得起列祖列宗？那活在世上还有什么意思？"这番别有用心的话，果然煽动了纯朴的农民，丰道洪跳起来发狠地说："谁敢来欺负我们，就同谁拼了！"

20日上午，熊楚江、熊开国等奉行大会的决议，前往香铺乡执行清算祖佛庙产的任务。当他们正慢步登上丰家寺山坡时，被煽动的丰道洪等一伙人气势汹汹地赶来堵住，不问青红皂白将熊楚江等毒打一顿，赶下山去。熊楚江等跑回区农会汇报了情况，区农会负责人冷静地研究决定，通过会议解决这个矛盾，特派专人通知香铺乡农会负责人开会。可是，丰世美等拒不到会，并在送通知的人面前说些毒狠的话。于是，区农会便派农民自卫团大队长熊占先率农民军到丰家大垮去拘捕带头肇事行凶的丰道洪、丰道清等人。但丰家塆人多且有准备，农民军不能进塆，反被追打回来。

事态严重恶化，区农会立即向县农会报告。县农会了解情况后，认为这是宗族封建势力对农会的反攻，必须予以打击。遂派杨鹰岭、上巴河、回龙山三个区的农民自卫团，计一百五十余人枪，到但店支援。同时，但店区农会集合二十多个乡农会会员，计二千余人，准备用武力来解决丰姓大族的暴乱。丰姓闻讯后，也调兵遣将，做了充分准备，丰世美等人首先召集丰姓骨干在祠堂内喝齐心酒，向祖宗盟誓，誓死保护祖宗的荣誉。然后又召开丰姓族众动员大会，宣布宗族规定：凡丰姓子孙必须以死相拼保护宗族利益，如有躲避不参加者，以辱没祖先论处，轻则开除户籍，重则活埋。若为祖宗打仗致死的，就葬在凤形地老祖坟山上，褒扬其子孙。同时，还到麻城搬丰姓家门数百人前来助战。双方都准备就绪，战斗一触即发。

但店有条沙河，名叫五桂河。农会一方在河西岸，以但店镇为基地；丰姓一方在河东岸，以丰家大垸为基地。6月2日这天，双方都将各自的兵力分别集中在五桂河东西两岸，形成严峻对峙局面。丰姓集众一千多人，手持梭镖、长矛、大刀，还有抬枪土炮，呵哈喧天，喊声震地，首先向河西农会发起冲击。农会负责人怕伤害了群众，命令自卫队员向天空鸣枪恫吓。而对方带头的丰道洪、丰道清等人见状却大声叫道："他们不敢对人开枪，大家冲过去！冲啊！"当丰姓人众快冲过河心时，省特派员李琛命令几名队员向对方瞄准射击，顿时击毙两个冲在最前面的人，丰姓族众见状纷纷掉头逃窜，农会自卫队乘机追击，捉住了丰道清。第二天召开群众大会，判处丰道清死刑，当众执行枪决，这场斗争暂告平息。

三

在这场激烈的斗争中，农会虽然取得了胜利，但除恶未尽，对幕后操纵的丰世美、丰俊元等未予严究，留下了隐患。同年7月，"宁汉合流""清党反共"，大革命失败，黄冈县的中共党员和农会骨干大部分奉命撤离，但还有小部分没有来得及撤走就遭到了敌人的拘捕和杀害，但店区更为惨烈。丰世美等封建地主又卷土重来，他公开露面，率领丰姓人众夺取了农民自卫团的全部枪支，组织反动武装，大搞反攻倒算。中共党员、农会骨干，无论是外逃的还是在家的，都无一幸免，有的被抄家，有的被罚款，有的被杀害。中共党员熊楚江、熊开国、熊绵青，农会骨干熊庶东等四人被捉后，不经审讯，也不上报，就被一起杀害了。农民自卫团团长华进峰被捉到丰家大垸使用酷刑拷打，终被折磨而死。妇女协会会长华玉贤的长子陆绍箕被捉到黄州关进监狱也被折磨死去。

这一惨痛事件已过去了六十多年，今天回忆起来仍记忆犹新，前事不忘后事之师，它给人们的教训是深刻的。

（涂胜元　整理）

原载中国人民政治协商会议湖北省黄冈县委员会文史资料编辑委员会：《黄冈文史资料》（第三辑），1989年，第51～55页。

回忆柳林学校

◎ 郑杰生

一、成立农民协会，开办农民夜校

1925年秋，党的领导同志张景曾，曾到柳林学校宣传组织农民协会，并领导我们到附近农村进行宣传，他把组织农民协会的意义与重要性向农民讲得很详细，他的话很通俗，农民易懂。回校后，计划成立农民协会，由近及远进行组织。地址在校外的庙里，农民报名的约四五十名，挂有农民协会牌子，里面有办公设备。农民协会的房子与学校相邻，开会多在学校里。为了培养农协干部，提高农民政治觉悟，学校开办了农民夜校。参加学习的多系青年贫苦农民。学校派我领导夜校，教师轮流教课。夜校的课程有识字、珠算、政治谈话、音乐，每星期六有晚会。谈话内容是当时国内外时事，以及农村劣绅土豪压迫农民、剥削农民等事实。唱歌是结合时事，如小调四季花，把上海五卅惨案编成歌词教给他们唱。还教了一首《农工歌》。歌词是："青的山，绿的田，灿烂的山河；美的衣，鲜的食，玲珑的楼阁；谁的功，谁的力，劳动的结果。全世界农工们，联合起来啊！"他们每晚上课之前，必唱这首歌。学员到校学习很热心，不来即请假。他们每晚到校，常到我的房子里谈话，外面有什么情况，必向学校反映。如学校对门大地主周三爷（周瞎子）说我们是"过激派"，我们都知道。无论他怎么反对，学校校长高峻宇同志支持我们，我们也不理睬他,周三爷也默不作声了。

一天晚上,夜校学员来学校学习,对我说:"郑先生,我们的会员黄××被柳林警察所抓去,又打又罚,屁股打得血淋淋的,花了几十块现洋才回来,你知道吗?"我说:"不知道,你详细地谈谈。"他一五一十说了一遍,我才知道这与大地主周三爷有关系,是他勾结柳林警察所干的。我们对此很重视,学员们也很关心。第二天我同几个同志到会员黄××家里慰问,并说:"会员们都愤愤不平,愿为你报仇,你安心休息吧。"回来后我们认为,农协才成立,会员遭此打击,今后农协如何办?党在农村的威信如何建立?请示上级,非来一次斗争不可。上级同意我们的意见,而且指示我们大张旗鼓地干。于是一场斗争开始了。

二、打倒柳林镇警察所所长,巩固农民协会

我们决定到柳林开群众大会,声讨警察所所长压迫农民罪状,并通知柳林初小校长周性初同志布置大会会场。日期到了,柳林学校组织学生军拿木棒,农民协会会员手持小旗,喊着口号,洋鼓洋号,学校旗帜在前面引路,大队浩浩荡荡向柳林镇进发。8点由校动身,不到9点即到达柳林镇。这日正是逢集,开群众大会时,参加的人很多。开会时先宣传组织农民协会的重要性,并强调组织起来就是力量。接着声讨柳林警察所所长压迫农民的罪行,并宣布要打倒他。于是台下人声鼎沸,高喊:"农民组织起来,我们要参加农民协会,打倒柳林警察所所长,我们把他捉来游街。"大家随即行动,大队人马经过南街路西一座庙宇,约三间房子那么大,学生对我说:"何不进去把神像打倒,这是劣绅艾芬建立的骗人的小庙。"我同意他们进去,一阵木棒,打得那大小泥像倒在地下,像一堆农家肥似的。大队继续前进,到达警察所门前,那门岗早已撤去,所长也跑了,我们缴了他们十几支枪,又找来几个所丁,追问他们的所长躲在哪里。他们异口同声地说:"不知道。"有一个说:"我只见他从后门悄悄地走了,也未带行李,你看,他的行李在屋子里呢!"我们说:"我们打倒的是压迫农民的所长,农民协会的人是来捉他的,他却偏偏跑了,未把他捉住,下次我们还要来捉他。你们不要害怕,与你们无关,来!你们出来一个负责的,把枪扛走,点点数对不对。"他们出来一位所丁,看看枪,说:"数对着

的。"他们把枪扛走了,我们休息了片刻,群众散去了不少,我们整队胜利返校。

晚上农民夜校学员谈到白天这场斗争情形非常起劲,我们教师也谈着今日斗争经过,教师周叙伦说:"老郑太冒失了,我们打倒的是警察所所长,谁叫你领着学生打庙里的神像?目标分散了,群众不同情!……"

过了一天,有附近的两个农民到校要求报名,参加农民协会,我们为他们写了名,他们高兴地走了。又过了几天,距我校十多里的当谷山来了两个好似农民模样的人,向我们要农协章程,好回去办农民协会。我们对他说:"你们先回去,以后去人帮助你们成立农民协会吧!"他俩也兴冲冲地走了。一星期后,柳林镇的新任警察所所长来校拜访了,个子高高的,像一个常做官的小流氓政客似的,他说:"……以后,你们学校要多帮忙,我要常到这里领教……"说罢哈哈地笑了一阵。我们开门见山地说:"农民协会才成立,保护农民利益重要,你们要重视农民利益,不要再压迫农民就好了。你们按规矩办事,学校不干涉你们……"他答应得很好,不再压迫老百姓。谈了一会儿,他告辞了。很明显,他是到学校来买账的,怕农民打倒他。我们决定:只要他不损害农民利益,我们就不管他;他若侵犯农民利益,我们就号召农民打倒他。我们有群众,有力量,有党的领导,怕什么。

经过这次斗争,农民协会会员有信心了,认识到团结就是力量,而我们学校与农协关系也密切得更像一家人了。学校对门大地主周瞎子,对学校,对我们农协再也不敢轻易小看了。他们咒骂我们是"过激派",只是咒骂出气而已,农民协会发展了,会员有信心了,团结了,农民协会巩固了。

原载中共河南党史工作委员会编:《一战时期河南农民运动》,河南人民出版社,1987年,第435～438页。

关于举办河南省农民自卫军训练班的情况[1]

◎ 蒋明华

第一次

我是1926年10月在上海由团员转为党员的。1927年4月初，我在武汉农委，由国民党中央农民部（部长谭平山）、总政治部（部长邓演达）、全国农民协会（负责人陆沈）、农民讲习所四个单位成立战区农民运动委员会。农运会的党支部成立时，毛泽东、邓恩铭、夏明翰参加了会议。邓恩铭为支部书记，领导成员还有陆沈、李振瀛等，党员有九十人。第二天，由邓恩铭带领农运会的一部分同志到河南来，其中有王伯鲁、张玉衡、汪涤源等，并在信阳西关小洋房（西关信谊会）设立办事处，我即留在那里做联络工作。五六月的样子，奉上级（省委）指示，我们在信阳西关办了一期河南省农民自卫军训练班。训练班的学员主要来自豫南各县，特别是信阳罗山的比较多，信阳县的更多些，都是由各地农民协会抽调来的（有六七十人），不到一百人，划七八个小组。训练班的负责人是汪守忠（即汪慕恝，光山人，汪厚之的胞弟，共产党员），他是由上级派来的。

原来，我和汪守忠是潢川七中同学，他高我一级。他来后，我就协助他办训练班，

---

[1] 文章标题为编者所加。

我们训练班的工作人员中还有一个姓靳的。训练班一期时间一个月，上午上课，下午讨论，重点是政治课，启发提高农协干部的阶级觉悟和斗争的积极性，发展党的组织，壮大党的力量。我们在办训练班期间，发展了不少党员，至少有二十多人加入了中国共产党。训练的内容有政治课，介绍农民运动的经验、关于农协以及农协的建立、农民运动问题、农民组织起来自己解放自己等等，军事课没有严格地搞，不是主要内容，最主要的是政治课。我和汪守忠两个人讲课，负责人是汪守忠。训练班结束后，汪守忠就走了，我留在信阳工作。汪涤源在6月间回信阳任县委书记，我担任团县委书记。

第二次

1927年春，武汉国民政府派唐生智领军继续北伐，已进军河南。那时的革命运动正处高潮时期，后方的革命力量尽量向战地前方输送，在军事政治学校武汉分校里，所有河南籍的学生，都奉命调出来（大约三四十人），组成一个机构——特务组，派到战地搞政治工作。我也是和同学们一起调出来的。同一个时期，即1927年5月3～4日，由中央农民部、总政治部、全国农民协会和农民运动讲习所四个单位各抽调一部分工作人员共同组织一个"战区农民运动委员会"，派往战地开展农民运动。这里边有国民党员，也有我们的党、团员，在表面上是属于国民党领导派遣的，主任是邓恩铭。就在组织成立后，我们党也在里面成立了支部，支部书记还是邓恩铭。在出发前一天支部成立开会时，毛泽东和夏明翰参加了我们的支部成立会，发表了指导讲话。我和同学没分到特务组里，单独分到战区农民运动委员会的原因，连我自己也不知道，当然是组织派遣的，调到哪里就去哪里。到信阳后，设驻信阳办事处，我留在信阳。虽然这个单位不属于信阳党组织领导，但个人是党员，在信阳工作，是受当地党组织领导的。到信阳后，就和信阳党组织发生了关系，但不记得那时的负责人是谁了。因为那时我们的党组织是秘密的，有了组织关系就够了，也不需要知道负责人是谁。

关于农民自卫军训练班的情况，我经仔细回忆，想起训练班不是我们党举办的，是汪守忠通过国民党的河南党政机关批准举办的，经费也是由省政府（那时河南还没有完全克服）拨给，那时国民革命军到豫中一带，故班址设在信阳。不过在国共合作时期,一切单位在名义上是国民党的,实质上多半是我们党从中主持和领导的。农民自卫军训练班的情况也是这样。汪守忠是共产党员,既在信阳,自然也受信阳党组织领导,我就是由信阳党组织派到训练班去工作的。我和汪守忠虽然是第七中学的同学,但并不是他以私人关系邀请去的,后来发展了许多党、团员,若不是先与地方党组织建立了关系,新发展的同志同哪里发生关系?从这里使我联想到上次我说它是独立单位,工作是独立的,说法是错误的。至于训练班的训练情况,上午是集中上操上课,下午分组讨论。从单位名称看,好像应注重军事训练。实际上,我们都把工作的重点放在发展党、团组织。工作上,从一般分组学习中,去发现觉悟较高、表现较好的对象,进行个别谈话,谈好了就介绍加入组织,编到支部所属的小组中进行训练(这种小组是秘密的),在训练班结束后,都由信阳党、团组织分别介绍到原抽调单位的党、团组织中去。这是当时工作实际进行的情况。这些新发展的同志,也许在以后工作中,或多或少地会发挥一些作用。

至于《民国日报》1927年6月21日登载的那份材料,那是训练班供的稿,主要是写给国民党当局看的,等于给拨款单位要报销的证明材料,对编组训练等多有粉饰,只要形式,非尽真实,对真正工作进行的情况,并没透露。

训练班是在革命高潮中成立的,后经5月21日许克祥在湖南屠杀农民的所谓马日事变及杨森、夏斗寅对武汉进攻被击退,国共渐趋分裂,革命转入低潮。它就是在革命低潮到来时结束的。

第三次

这次训练班的时间短,主要是发展了一批党、团员,在学员学习讨论中,注意物色对象,发现积极分子,到条件成熟时,发展他们加入党、团组织。王伯鲁、张玉衡、汪涤源到战区农民运动委员会去了,农训班的党组织负责人是汪守忠,其次是我,还有一个靳玉久(杞县人),四个教员中还有一位记不清了。北伐军到河南来,光有军事还不行,还得有农民运动。我们武汉分校的人,河南籍的学生有四十多人,根据党组织的决定,参加了特别工作组,负责人是胡论,只有我一个人参加了战地农民运动委员会。在农训班,汪守忠负责向上级请示和联系,两名教官和两名职工，现在记不清姓名了。但是，有一点可以肯定，农训班里没有王伯鲁，汪守忠是从战地农民运动委员会调来的。这次农训班的任务是通过对学员的讲课，武装农卫军干部的头脑，灌输一些必要的军事知识。至于军事练习、射击和农村调查等项活动，则记不清楚了。在训练班开办期间，李振瀛、陆沈、官××都曾路过信阳去前方（随北伐军），并到信阳西关自卫军训练所与我们训练所的同志开座谈会，了解学员的学习、思想状况，听取我们的工作汇报，向学员报告前方进军情况和河南农卫军的概况，以鼓舞学员努力完成训练任务。夜晚参加我们的秘密小组会议，发展党、团员，以便分别汇报给当地党组织。这次训练表面上是国民党办的，实际上是我们党办的。我是5月4日从汉口起程来信阳的。

第四次

1927年春，北伐军已进军河南，为了响应北伐军与之配合作战，需要把群众发动、组织并武装起来，迎接北伐胜利。在党中央的关怀下，曾于1927年3月15日至21日，在武昌农民运动讲习所，召开河南武装农民代表大会，中央农委书记毛泽东、农委委员陆沈亦出席了大会并做指示，会上选举产生了河南省农民自卫军临时执行委员会，被选出的各地方委员有：豫南的汪慕恧，豫中的饶辉兰、陈子林，豫东的孔寅初，豫西的宋英，等等。这次会议，对发展农民协会，建立农民武装，实行农民武装联合，扰乱敌人后方，起了很大的作用。

4月5日，这个委员会全体工作人员到达信阳，设驻信阳办事处于信阳城西原信义中学，把蒋明华留在此处工作，其余全体人员（内有原在河南工作的王伯鲁、张志刚、张玉衡、汪涤源等）均赴前方做战地农运工作。这时省农民自卫军临时执行委员会，亦派汪慕恧在信阳筹办省农民自卫军训练所。通过信阳地方党组织，调任职教员，抽调受训学员。经过短期筹备，大致就绪。训练所亦设在城西信义中学内，蒋明华亦被组织指派，与汪共同担负此项训练工作。同时，在所中成立了党支部，支书是汪慕恧。

原载中共信阳地委党史资料征编委员会编：《丰碑——中共信阳党史资料汇编》（第三辑），1984年，第92~97页。

在创建农民协会的日子里

◎ 吴先恩

谨以此文纪念我革命的引路人吴焕先同志牺牲五十周年。

岁月的流逝,抹去了头脑中的许多记忆,但永远不能抹去我对一个人的怀念——我参加革命的引路人吴焕先同志。是他,在我们家乡一带播下了革命的火种;是他,创建了黄安县北乡第一个村农民协会;是他,把成千上万和我一样的普通农民引上了革命的道路。他虽然离开我们五十周年了,但他的光辉业绩,却是永远不会泯灭的。他在短暂的一生里,为革命做出的贡献是巨大的,对我的教诲也是我永远不能忘记的。我印象最深的,是他在创建农民协会的活动中,所做出的不懈努力。

一

经过两年的灾荒,1926年却是风调雨顺。夏日炽热的太阳,晒得脊背发痛。我插完了秧,就到田头的杨树下乘凉。看着齐整整的庄稼,心头就像低头的稻穗,沉甸甸的。收成不错,看来能打三十担谷子。但前两年已欠了十四五担谷,加上今年要交的十五担谷,也有三十来担。都交了,全家老小怎么过啊!

我正抽着烟沉思,忽然有人在我肩上拍了一下:"老二,今年的谷长得不错吧?"我回头一看,是在麻城职业学校读书的吴焕先,就忙说:"哎呀,是七相公(焕先在他们本家兄弟排行第七,他又在外面读书,故称七相公)回来了。""什么七相公,以后就叫我老七好了。"

"今年的谷长得不错呵!"他又自言自语地说了一句。

"再好还不是四老爷的。"

"哪个四老爷?"

"方家湾方四老爷。"

他拉我坐下,详细问了我租地要多少押金,要多少租金。当他知道交完租金所剩无几时,问:"你看,你们一年脸对土地背朝天,一颗汗珠摔八瓣,打的粮食都给别人,你看合理吗?"

我摇了摇头:"家里穷没有田,不合理有啥法!"

"怎么没办法,老二?你说穷人多还是富人多?"

"当然是穷人多。"

"对呀,我们人多,只要大家齐心,事情就好办。老二,今年的租子少交点,前年、去年的债也不交,好不好?"

"少交多少呢?"

"十担谷只交他七担五斗,这叫二五减租。如果不够就交他六担三,来个三七减租,好吗?"

"好是好,那四老爷干吗?"

他笑了笑说:"管他四老爷五老爷。只要你们佃户心齐,你不交,他也不交,一个四老爷有什么办法?"

他说,农民辛辛苦苦种地,地主连手都不伸,可打的粮食大部分都让地主拿去了,这世道太不公平,为了推翻这个旧世界,广东已经闹起了革命,北伐军已经快打到武汉,穷人翻身的日子快到了。他还说,穷人要翻身靠一两个人不行,要联合起来,成立农民协会。这些话,我不全懂,可听得出,句句都是为我们穷人打算的。

最后,他问我:"你愿意和我们一起干吗?""当然愿意。"我很干脆地回答。"那就好,这些话你还可以和靠得住的人讲讲,有什么事就来找我。"

这次焕先回来,可跟过去大不一样了,脱去了长袍,剪掉了长发,脚上连袜子都不穿。人们都传说,焕先加入了共产党。他每天走东家,串西家,在田头,在树下,到处找穷人聊,讲的都是要翻身,要齐心,减租减息这些话。有时也出去几天,回来后总要找我哥哥先旺、周业成等人谈谈。他带回来一部风琴,边弹边教大家唱《反帝歌》《国际歌》和他自己用花鼓调编的《农民诉苦歌》。不几天,满村都响起了这样的歌声:

>有贫农坐田埂自思自叹,
>叹只叹我穷人好不凄惨,
>到夏天挠秧草背对青天,
>那烈日晒得我皮肉好似油煎,
>那地主不干活穿绫罗,逛山水摇白扇。
>我穷人一年四季起早摸黑忙个不闲,
>到冬天我穷人无吃无穿,
>那富人任事不干,穿皮袄,烤白炭鱼肉三餐,
>这世道不公平必须推翻。
>…………

二

经过一两个月的串联、发动,农民初步发动起来了,成立农民协会的要求越来越强烈。大约是9月,割下的稻子已经上了场。一天晚上,焕先把裁缝耿纪荣、吴维和、吴先旺、吴世芬、周业成和我等几个人找去,说:"今年收成不错,大家都盼着过好日子。趁着谷子还没有打,先把农民协会成立起来,再搞减租减息就好办了。地主不同意,就由农民协会出面和他讲理。我有事要出去几天,你们可召集大家开个会,把村农民协会先搞起来。"他还说:"参加农民协会要自愿,不要强迫,也不能要地主参加。开会时要先报名,选一个主席、一个宣传委员、一个土地委员、一个组织委员、一个武装委员。"我们说:"你放心走吧,我们一定搞好。"

第二天耿纪荣和我们几个人在黄泥榜开了个会,研究成立农民协会的事。大家都说:"农民协会早该成立了,大家一块儿搞才有力量!"耿纪荣说:"说干就干,明天就开大会。"报名得有人写名字呀,我们这些人都不识字。大家正发愁沉默时,

吴维和说："孟先（焕先三叔的儿子）行不行？"可是，孟先是地主家庭出身，大家盘算了半天，没有其他更合适的人，就这样定了下来。

次日傍晚，在土石河、竹林巷和四角曹门响起了锣声："要成立农民协会啰，实行减租减息。愿加入者，饭后到炮匠（此人会制作鞭炮，名字忘记了）家去报名啊！"

人们陆陆续续地来了，大屋里很快就挤得满满的。看着人到得差不多了，耿纪荣就对大家说："农友们，乡亲们，今年收成不错。往年我们辛辛苦苦打的粮食都交给地主，今年我们要少交一些，让大家日子过得好一些。我们穷人要心齐，就要建立个组织，替我们穷人办事。这个组织就叫农民协会。我们不强迫，愿意加入的自己报名。"他宣布了报名条件后，人们就七嘴八舌、争先恐后地吼了起来："我报名！""算我一个。""孟先，写上我的名字。"耿纪荣说："大家不要急，一个一个地来。"好不容易，才把名报完。三个村五十多户，二百来人，只有十几个没有报名的。看着差不多了，耿纪荣问："还有没有要报名的？"孟先说："我还没有报名呢！""你？你是地主出身不够格。"听到这里，孟先向耿纪荣央求说："让我加入吧，你们要革命，我也要革命呀！再说，成立了农会总得有人写写算算。我不参加，你们找谁干呢？"有人也说："行了，就让他加入吧。在会里我们也好管他。"耿纪荣想了一下，说："先把名字写上，以后再说吧。"

该选举主席和委员了，刚才吵吵嚷嚷的会场，一下子变得鸦雀无声了，半天没人讲话。孟先说："我提个人，主席让吴惠容当行不行？"吴惠荣是房长，在族里是仅次于族长吴惠存的人物。他一天不干什么正事，提着画眉笼子到处转。当时，我们只觉得他办事有能力，你一嘴我一嘴地说："同意。"就算通过了。

选委员时，又有人提吴天申、汪宗保、吴淮英和肖永炎，也都通过了。我被选为宣传委员。有人提吴先云时，先云说："我干不了，你们选别人吧！"其他人说："干吧，干吧，有事找老七嘛。"他再三推辞，大伙也不同意。搞了差不多一个晚上，农会总算成立了。

过了几天，焕先一回来，就问我们成立农会的情况。他听完后，半天没讲话，然后慢慢地说："怪我走时没交代清楚。农会是要为穷苦农民办事的，选吴惠容这样的人当主席，他能替穷人办事吗？还有些选上的人岁数大了，家务事多，跑跑颠颠为大伙办事也有难处。你们看是不是重新选一下。"他还说："有些不符合入会条件的，也要除名。孟先就不够入会的条件，你们不要看他是我哥哥，就不按农会的章程办事。"听了焕先的话，我们才感到问题的严重性，要成立一个真正为农民办事的组织并不那么容易。

焕先要我们几个分头到农友家做工作，讲清成立农会的意义。三天后，我们又开了个会员大会，重新选举了主席和委员。耿纪荣当选为主席，我还是宣传委员，吴先定接替吴先云担任了土地委员，吴天申、汪宗保、吴淮英和肖永炎继续当选。孟先等一些不合格的会员被除了名。黄安县北乡第一个村农民协会正式成立了。

三

我们村农会成立后，汪家墩、油榨湾等地的农会也相继成立起来了。焕先他们开始筹备成立乡农民协会。

当时，在农村宣传革命的，除了吴焕先、戴克敏、戴秀英这些共产党人，还有大地主吴惠存的两个儿子大田、小田，吴政之的两个儿子吴雅山、吴应山和吴条之的女儿吴醒楼等这些在武汉读书的国民党人。农会还没成立，两派的斗争就很剧烈了。

雅山、应山等要抓政权，到各村去拉人，动员大家选油榨湾的吴先梅当乡农会主席。此人虽然贫，但却是大地主吴惠存的忠实走狗。得到消息后，焕先把我们几个人找去说："农会是我们穷人的组织，权力一定要掌握在可靠人的手里。"他说："我们考虑，让吴行千当主席，这人你们都熟，勇敢、有能力，很会讲话，你们看行吗？"我们都说可以。他又对我们讲："你们到各村去，找靠得住的人，把打算跟他们讲清楚，这次选举再不能出问题了。"为了防止不测，他又进行了周密布置。如果会场上地主、狗腿子捣乱，就先把雅山、应山这些人抓起来。

大约过了一个月，到了9月底10月初，乡农会的成立大会在竹林巷南的沙滩上召开了。临时搭起的台子上到处都贴着标语。十七个村的农民陆续到了会场。很自然，拥护国民党的人站在了一起，拥护共产党的人站在了一边。他们那边零零星星的只有几十人，而我们这边却是黑压压的一大片。

吴焕先、大田、小田等上了主席台。焕先在会上讲道："农友们，乡亲们，各村的农会都成立了,今天,我们要成立乡农民协会。农民协会是干什么的呢?农民协会就是农民自己的组织,是革命的组织。过去,是地主、保甲长管我们,现在倒过来,我们要管他们。一切事情都是农民协会说了算,不要再听保甲长的了。地主和佃农发生纠纷,到农民协会来解决。现在,北伐军快打到武汉了,农民协会要领导大家筹粮、筹款,准备迎接北伐军。农民协会还要领导农民和土豪劣绅斗。今年的租子一律按二五、三七减,地主想多要,坚决不给。过去欠的租也一律不还。不能再让他们像过去那样欺压穷人了。我讲了这么多,归结为一句话,就是一切权力归农民协会。"听了他的讲话,农友们鼓起了掌,有的人高兴地跳起来喊:"讲得好哇!"

接着是大田讲话,他说:"刚才焕先讲了,北伐军已打到了九江,我们组织农民协会,就是为了要实行三民主义。不分穷富,有个互相照应。地主有田,也是过去辛苦得来的,现在租给了穷人,少交点租是可以的,但只能按二五减,不能按三七减。抗租不交就更不对了。"听到这里,下边轰地叫起来了:"你讲得不对!""不分穷富还叫什么农民协会,叫穷富协会好了。"急得大田一头汗,本来就嘶哑的嗓子就更哑了:"大家不要吵,我还没讲完呢,大家叫我说嘛……"可大家都不再听了,会场上乱哄哄的。

看到会场越来越乱,焕先站了起来,走到台前:"农友们,大家不要吵,搞三民主义,实行减租减息,迎接北伐军,我们的意见都是一致的。现在开始选举好不好?"大家齐呼:"好!""那谁当主席呢?"我们这边有人喊了一句:"吴行千。""同意。"我们的人一起喊了起来。

吴雅山听了忙说:"我也提个人,这个人大家都熟,有本事,有办法。这人是谁呢?就是油榨湾的吴先梅,大家同意不同意呀?""同意。"他们那边的人稀稀拉拉地喊了起来。"不同意。"我们这边的声音更大。一边人同意选吴行千,一边人同意选吴先梅。两边的人谁也不让谁,越吵越厉害。吴焕先在台上和大田他们商量了一下,说:"听我说,大家不要吵了。选谁要听大多数人的意见。大家拥护谁,谁就当主席好不好?""好!""那同意吴先梅的举手。"他们那边的人都举起了手。"同意吴行千的举手。"我们这边的人齐刷刷地举起了胳膊,比那边人多两三倍。大田他们一看,一句话都说不出来了。

乡和各村的农民协会成立了。农民有了自己的组织。在农民协会的领导下,跟着就开展了减租减息和互抗运动。几千年受压迫、受屈辱的农民看到了自己的力量,心更齐了。蓬蓬勃勃的农民革命运动,在紫云区如火如荼地开展起来了。

原载中共新县县党史资料征编委员会编:《卓越的青年将领——纪念吴焕先同志牺牲五十周年专辑》,河南人民出版社,1985年,第111～118页。

大革命时期黄安的妇女运动

◎ 陈继唐

我原名陈家祥,湖北省黄安(今红安)县人。现将我了解的大革命时期黄安妇女运动概述如下:

大革命时期,黄安的革命群众运动先后发展起来,唯独妇女运动到1926年10月,北伐军攻克武汉,国民党黄安县党部正式公开时还是一个空白点,之所以如此,自然要归咎于妇女在历史上的社会地位与男子不平等,被压在人类最底层。而革命群众运动的发展迫切需要解放、发动、组织妇女参与到革命的洪流中来。当时黄安县党部内的"共产党党团"(以下简称党团),深鉴及此,研究决定:通过县党部执行委员会做出开展这一运动的行动计划,迅速填补这个空白。待执委会拟定具体计划时,又深感难度很大,"男尊女卑""男女授受不亲",这些旧礼教束缚了妇女,使男女之间隔着一条鸿沟。要想深入到妇女群众中去,概非女同志莫属,而在县党部又无一女同志,即使是对革命工作一往直前的闯将,一提到妇女运动,便立显畏难之色。

正在这时,从省里回来一位年轻女子,名叫段修瑗,本县桃花区人,家住武昌,求学也在武汉,她的丈夫是后来任县党部第三届常务委员的吴兴同志。前几年她曾数次回县作"天足"宣传,并能写得一笔好汉碑,因而在县里的知识分子中颇有一点名气。她每次回县即住在吴兴的一个同族吴粹轩家里。吴系县城的头号绅士,曾做过四川万县的知县,家资富有,婢仆成群,凡来我县任职的县长,首先要拜望他,他是县里的一个炙手可热的权要人物。段修瑷如今是国民党员，这次回县仍住在他家。当段修瑷得知县党部正在计划发展妇女运动需要一位女子负此责时，她便自告奋勇承担这个任务。县执委会诸同志自然是求之不得，即将此任务全部委之于她，给她县党部妇女部干事名义，而她的目的是想当妇女部部长。这届执委会的妇女部部长郭瑾丞同志（共产党员，为教育局金柜[①]），是位年近六旬的男同志，又是一位有名医生。当初选他为妇女部部长时，就因他是个医生，世主较广，对接近妇女可以不避嫌等条件，极有利妇女活动的进行。当要他到妇女群众中去做工作时，在一次执委会上他脸一红，胡子一翘地笑着说："我曾几番想来想去，实感无能为力，我对这个'官职'，愿退避贤路、挂冠而去。"适在这个时机，段修瑷回县，表示愿为发展妇女运动尽力，郭瑾丞这才松了一口气，解了他一个大围。

段修瑷的活动范围，限于城内几个绅士家和与绅士有交往关系的所谓世家的妇女。这些妇女即被人们称为太太、小姐，属于贵族阶级，她们本身就是革命对象，根本谈不上参加革命。如今段修瑷来组织她们，想在县城成立一个基层妇女协会，却正中了她们想利用革命群众组织保护其家的意图。此风吹出，立即受到广大群众的纷纷非议，县执委会据此情况，即向段修瑷指出了她模糊了革命的阶级路线，由她所组织的妇女协会，不会是革命的群众团体，而是反动阶级的"太太小姐团"。同志中有人斥之为拿原则作私人交易，要她立即停止这一活动，转向广大的妇女群众，特别是深入到劳动妇女群众中去开展活动。段修瑷自知犯了原则性错误，隔日即不辞而走了。

妇协问题，当时愈已成了县执委们关心的中心问题，但是想不出一个好主意来。在一次党团会上，又讨论到这个问题，我发言了（我是县党部的常务委员），把我对这个问题的想法提了出来。我说："我有一个师范同学李作霖，他的母亲郑茂兰是女子小学校的负责人，是多年的老教员，在社会上颇有声誉。据我所知，在她手中毕业的女学生很多，如今都已成年，未出嫁的都在家操持家务，从事纺织和缝纫等家务劳动，以补家计。她们大都是城市贫民阶层的劳动知识妇女，城里居民中，像她们这样的家庭女子，为数不少，上过学的占少数，多数是没上过学的。

[①] 金柜：管理钱财的人。

对于搞群众运动，必须是从知识分子开头，所以郑茂兰这道门槛，应当作开头搞妇运的第一道门槛，如这道门槛走通了，能介绍一批她的学生参加到妇运中来，开展妇运便有端倪了，再给她们以革命知识的启发，联系她们的社会地位和生活实际，辅之以形势教育，我想她们是会破除旧观念顺应时代潮流行动起来的。如能从中培养几个骨干，让她们分头广为宣传，各寻各的人际关系进行联络，必然会带动一大批劳动妇女投入到运动中来。这样，当前感到棘手的这个大难题，自会迎刃而解。这是我的一个设想，请大家考虑这个想法是否有点道理。"接着妇女部部长郭瑾丞说："家祥的想法是有道理的，看来也是可行的。问题是郑茂兰这道门槛由谁负责通呢？我与她素不相识，自不能冒昧上她的门，只有让家祥去作试探，因他与郑早已结成了世交的一长一晚的关系，比较适宜。"大家听后，都无其他意见，一致表示同意。

　　郭瑾丞的这个意见，已在我的预料之中，我已做好思想准备，今既在会上作了决定，就要立即行动。隔日，我即去郑茂兰家。一见面，郑含笑地说，你快有两年不来我家，今天就什么风吹来的？你如今身价高了，对同学忘记了吧？我见郑对我的态度一如往日地热情，谈笑自若，这一开头就使我得到满意的印象，便对郑说："我这两年来一直在乡下搞农民运动，回家的日子少，所以未能常来看您老人家和作霖，我今天是负有使命来的……"我就把开展妇女运动的事向郑提出，向她征求意见。郑即说："你的话正说到我心上，现在是革命成功的时代，我是读过一点书的人，对革命道理，多少懂得一点（她与董必武是表亲，受到董必武的影响）。近年来，我县各界都有团体组织，对妇女界却无人过问，听说有的县份已有妇女协会，我们黄安为什么至今还没有妇女协会？我这里经常有些学生来打听，同我商谈此事，都希望能有个妇女协会，使妇女也同男子一样，享受参加革命的权利，做个扬眉吐气的人。前几天，听说有一位姓段的女先生从省里回县，专门来组织妇女协会，我们听到这个消息很高兴，但一直没有看到她的影子，使我们失望。你今天来得正好，我叫我的女儿在邻近去找几个学生来谈谈，难得你专为此事来我家。"她随即叫她的女儿出去邀人，不一会儿听到门外传来叽叽喳喳的谈笑声，郑的女儿带了七八个姑娘来了。我一见多数不相识，有的较面熟，却不知是谁家的姑娘，其中只有两个是我同学的妹妹。我以往与她们见面总不搭腔。我每次到她们家找同学时,见到她们便问你的哥哥在家吗,她们头也不抬,脸上毫无表情地答一声"在"或"不在",再无下文,可见过去男女界线之严到了何种程度。这次见到她们,情况就大不同了,不论生熟,都无丝毫顾忌态度,表现得很自然,都能以熟人相见的亲近语气,笑容满面地"陈先生"前、"陈先生"后地打招呼。特别是两个同学的妹妹,一个是秦伟的妹妹秦芬玉,一个是陈彰炎的妹妹陈彰仪,都像是见到久别的亲人,走近我的面前,絮絮不休地问这问那。这几个姑娘,看上去十七八岁的样子。姑娘们都按照郑的吩咐在屋里坐下,霎时间静了下来。郑茂兰说:"陈先生是现今党部的常务委员,他今天是为办好妇女协会来找我商量。这都是你们想了好久,苦于摸不到门路的事。今天陈先生来同我商量,可见党部对这件事的重视。现在,就请陈先生同你们谈谈。"这时,我便开门见山地把组织妇女协会的意义、性质和没有发动的原因做了说明,并把这次来找郑先生是经过县党部执委会的委员们长期慎重而缜密地研究以后,才决定要我来先开这把锁,走通这条路,比较适宜。目前县党部又无女同志,除我以外,是没有第二人敢来担"风险"(一阵笑声),就是妇女部部长郭瑾丞老医生也不愿意出马。我强调要姑娘们知道县党部对妇女工作的一致重视的程度,同时把段修瑗这次回县组织妇协的情况及未能实现的原因也做了说明。我说,本来是希望有个女同志负责搞这个运动,自然无拘无束,深入到你们中间来,能够了解更多的情况,做更多的工作,岂知她的做法一开始就不对头,使人大失所望。我今日之来,就是在万不得已的情况下,下决心来的。并向她们表示,我回去后,立即同部长商量开展这个工作的具体方案,期于早日在县城成立一个基层妇女协会。我说完后要姑娘们发表意见。空气一时又沉寂下来,大家面面相觑,良久无语。郑茂兰便向一位姑娘说:"你平时那样爱说话,今天正是你说话的好机会,为什么不开口?"又转过身来对我说:"她名叫黄冠英,是我隔壁黄大顺面铺的姑娘,也很聪明,书读得很好,又会说话。"这样一来黄冠英开口了,说了成立妇协是她的迫切愿望,是大多数姐妹们的要求……话不多,语言清晰,谈吐动听,而且姿态端庄自然,举止不俗,在这一群姑娘中,颇与她的名字相称。接着,我便点了我的两个同学的妹妹,要她们说话,这两位都说:"黄大姐代表我们说了,我们唯一的希望是能早日成立妇女协会。"我听了她们的发言,最高兴的是从来没有看见女子像今天这样敢于毫无顾虑地畅所欲言,完全脱了旧式妇女那种自卑的传统女性的气，使我大开眼界。今天来的虽只有七八人，她们的话，在广大妇女群众中，已具有代表性，一个个都表现出革命的巾帼英雄气概的雏形。我便说："我今天本是怀着试探的心情来的，如试探出满意的结果，就进一步来了解情况，情况了解越多，工作才有明确的方向，计划才有具体的依据，也就是我的此行有了一定的收获。我回县党部后立即召开执委会，把今天的情况向执委会汇报，进行讨论、研究，然后由主管妇运工作的妇女部部长拟具更加周密和完善的工作计划和方案，以便在全县范围内开展。我今天空手来，未带有关文件，我回县党部后，要妇女部部长把所有有关的文件都清理出来，凡属妇女宣传品、妇协组织法，都给以大量翻印、散发。首先拟定一个《告家长书》，先在县城挨户散发，为开展组织妇协扫清道路。今天大家回去，把胆子放大一点，向家人说清道理，同时把今天的情况向平时与自己有来往的姐妹们做宣传，希望她们都来参加妇女协会，也就是参加到这个团体中来做一名会员，各行各业的妇女都有资格参加。究竟怎么办，到下一次召集你们时，我再去谈怎样办的具体问题。我今天要谈的，大都已谈了，应告结束，现在我该回去了，姑娘们也该回家了，预料正式开会时间不会很远。"此时，有个姑娘抢着说，正式开会时，陈先生也一定要到会，到会了，会一定开得更好！我笑着说："好！好！我一定到会。"

我回到县党部，马上给全体执委发通知，在当晚开执委会临时会议。晚饭后，执委们都到了。会议开始，我便把日间到郑茂兰家的一番经过情况作了汇报，执委们边听边笑地说我真有办法，此行果见灵效。我说，对这个问题紧接着的是针对实际情况，迅速制订切实可行的工作计划。今天见到的一群姑娘都盼望县党部能尽快地正式来组织她们成立妇女协会，这是摆在面前的一个刻不容缓的紧急任务；同时要通告全县各区党部，把这个运动的开展工作立即提到议事的日程上来，配合农协，广泛开展，就地组织起各村或连村的基层妇协，在短期内召开全县妇女代表大会，成立县妇协。我的意思是请郭瑾丞同志切实担当起来，我尽力协助。首先是根据省党部妇女部历次下发的文件精神，结合我县妇女界的具体情况，制订工作计划，各区党部开展工作才有依据；其次是提前拟一个《告家长书》，先在县城挨户散发，使人人对这件事有个正确的认识，给开展这个运动以广阔而平坦的道路，这是我今天向一群姑娘当面许下的诺言。姑娘们认为县党部散发《告家长书》到各家,她们便好说话,便好行动。这时郭瑾丞发言,他说:"听了家祥的报告,我极为高兴地了解到这个长期不好解决的大难题,经他此番的苦心努力,终于得到解决,给今后开展工作创造了条件。我过去的那种畏难情绪已一扫而光,他又表示愿意协助,我自然更要振作精神尽力把这个工作做好,唯《告家长书》,我觉得这个题目像学校对学生家长说的,不很恰当,得改为《为开展妇女运动告群众书》比较切合。"大家听后都表示同意,会议到此结束。

连日来,工作经过一番筹划和部署,清理出许多积压的文件,分清缓急作了整理,准备分发到各区党部,《告群众书》亦已印好,以应当前的急需。经商定,第一步工作为在县城组成基层妇协,仍由我正式去进行组织活动,以郑茂兰处为活动点。

当我再次见到郑茂兰,便向她提出,希望她能出来领个头。因在前次的接触中,看到她对组织妇协,表现得最积极、最热心,使人极为信服。她在那群姑娘中是先生,又是县城妇女界中一位有知识、颇有声誉的长者,由她出来领导最适宜。这个问题,曾在执委会上讨论过,大家一致属意与她。当我提出这个问题,郑茂兰说:"我是将近六十岁的人了,心有余而力不足,心向往而步艰难,请你把我的这些无法克服的实际困难,转达县党部诸位委员。"我后来深信郑的话是由衷之言,对她的处境极表同情,我不由得打消原来的一些设想,于是向郑说:"您老人家的话是千真万确,我只有表示同情,再无别的话说。但我还得征求一下您老人家的意见,您觉得谁能担这个担子?"郑即说:"我看黄冠英行,就是上次讲话讲得多的那个姑娘。"其实我上次看到黄冠英的表现,已有较深刻的印象,思想上对她已作了肯定的评价,认为这个姑娘今后对妇运工作会做出一些贡献来,现在郑茂兰推举她,正合我的心意。郑不等我开口,又接着说:"我考虑到领导这个工作的人,应该是年富力强的年轻人,要有一定的文化知识能力,作风正派能团结人,我觉得黄冠英较符合这些条件。而且她的口才也不错,更好的一点是她的家人都赞成这件事,她可毫无顾虑地摆脱家务事,看来她的条件最好,只有她能担这个担子。自你上次来过以后,她几乎每天都要来我家一次,一来就专谈这个问题。她希望党部能发下组织妇女协会的文件,将照章办事。她还说老是蒙在鼓里不知如何是好,真急人。但在条件上,只有她最齐全。"谈到这里,忽见黄冠英跨进了郑家的门。她一看到我便说:"陈先生你来了!"郑茂兰即说:"你来得正好,我正打算去喊你,陈先生今天来有话要同你谈。"黄冠英即说:"我什么也不晓得,陈先生对我有什么指教,我当虚心领教……"这一情况的出现有点突然,倒使我一时语塞,感到不知所措,气氛顿显沉静。郑茂兰见机便说:"陈先生今天来还是为办妇女协会的事再次同我商量,说是马上就要正式开展工作,要我出来领头,我是心有余而力不足,我就把你向他提出来了。"郑随即把刚才同我谈的话向黄冠英重复了一遍。郑接着说:"我的话还没说完,你就走来了,我想陈先生会同意我的意见的。"黄冠英即说:"郑先生,我什么事也不晓得,叫我跑腿我愿意,出来领头,快莫提我,姐妹中比我强的、能干的人多……"至此,我再不能缄口无语了。我说:"郑先生的意思我完全同意,她的话一点雨,一点湿,说到了我的心坎里,我们还是继续谈实话不谈空话,更不谈客气话,我看黄大姐就接受郑先生的意见吧!"黄冠英急着说:"陈先生,那可不行,请郑先生另推荐一个。"我说:"你刚才不是说你要虚心领教我对你们的指教吗?怎么马上就说话不算话呢?"我这句话就"将"了黄冠英的"军"。只见她的嘴在动,可话又说不出来。郑茂兰即说:"看来这件事陈先生是操了心的,他还不是为我们妇女办事吗?他刚才说要说实话,不说空话,不说客气话,我看冠英你不用推辞了。你是个年轻有志气的人,我是深知的,有志气就要有作为,如今正是你有所作为的时候。应该大胆承担下来,你心里应该明白,我为什么单举你而不举别人!以后的事,请陈先生经常抽空来做指导,你努力地干,大胆地干,保险没有行不通的事,只要是一心为公,是会得到群众的帮助和好评的。"话至此,黄冠英只是含笑不言,算是心里默认了,领头问题就这样定了下来。

在谈具体工作如何进行时我说,任何事情都有个开头,现在办妇女协会,开头就是宣传工作和组织工作。首先是向妇女群众讲清办妇协的意义和能起的作用,启发和打通她们的思想、建立革命观念,然后组织她们,办个妇女协会,成为一个革命的群众组织,同别的协会一样为革命做贡献,同时也是为自身谋利益,因此,一开头就要有人出来领头做这两项工作。县党部决定近期内在县城先成立一个基层妇女协会,办妇协是个从无到有的事业,现在就请黄大姐把这两项工作负担起来。我今天带来组织妇协的文件和宣传品,正是你所需要的东西,请你先拿去看看,定能解决你上次所提出的"怎样办"的问题。我上次说的《告家长书》,经县党部执委会审订为《为开展妇女运动告群众书》，并决定不挨户散发，只发到那些可以发展为会员对象的人家。我先带来一百份，你可分给上次来的那几位姑娘，要她们散给她们的亲朋好友。你先把她们邀到一起，商量一下，也可以叫她们就近张贴，做个宣传员，这就是宣传工作。然后把愿意参加妇协的人登记起来，我已带来了一个会员册，照册上各栏填写，来参加的越多越好，这就是组织工作。我们经常有人来你处了解情况，等到有一定的人数就可召开成立会。你如觉得领这个头开始不方便，可邀集她们明天到这里来，由我来做说明。（黄冠英插话："那太好了。"）你就以临时领导人的身份正式开始进行工作。你开始的名义为"召集人"，到正式开成立会时，即由全体会员选出一个由三人组成的委员会，即常务委员、宣传委员、组织委员各一人，到那时"召集人"的任务即告终了。黄冠英听我讲完，欣然表示接受这个任务。

次日下午，我先到郑家，看到姑娘们早已来了，比上次还多了几个，这次有十四五人。由于人多，郑家坐不下，座谈会被转到黄冠英家开。到黄家坐下后，我便说，不用一个个地倒茶了，茶放在那里，谁喝谁倒。有个姑娘说，陈先生是请也请不到的贵客，应该敬茶，我们是常来的，同在自己家里一样。黄冠英说，陈先生是个爽快人，他不爱客气。接着，郑茂兰也来了。我接着说，请大家静下来，我今天来同大家谈谈怎样着手组织妇女协会的具体方法问题。大家的迫切心情，我早已了解到了，但不论做何事总要有个适当的人来领头，"蛇无头不走，鸟无翅不飞"。组织妇女协会这样一个大事，就更需要一个领头的人，而且这个人必须具有能够胜任得起的能力和有利条件。经我的观察和了解，在你们诸位当中，以黄冠英为最适宜。她今天能把大家邀集到她家，这说明她家的大人首先同意了，像这样开明的家长实在不多，其他有利条件就不用我说了，大家知道得更清楚。在今天所到的姑娘中，我们虽然都是城里人，我所认识的只有秦芬玉和陈彰仪两位，黄冠英大姐也是这次由郑先生的介绍才认识的。昨天我找郑先生商量组织妇协的领头人问题，郑先生就提出以她最适宜，历数了她具有的合适条件，因此才把她定了下来。在妇女协会组织之初，领头人的名义为"召集人"，有事由她来召集大家。等协会正式成立，选出一个执行会务的委员会，"召集人"就取消了。今天邀请大家来就是商量这件事。你们如果对以她为"召集人"认为还不很恰当，可以另选，总之，要以大家公认的人才算数。郑先生和我是少数，少数应服从多数，这是原则问题，对事不对人，不必有所顾虑。我的话刚说完，大家都异口同声地说，我们都无意见，黄大姐出来领头是最恰当不过的，我们平时在背后谈到这件事时，都希望由黄大姐出来领导。我见这个问题又在群众中一致通过就更放心了。我便带头鼓掌，全场又是一阵掌声。我便说，目前"召集人"应做的工作，我已预先作了交代，从此，便由黄大姐来领导大家进行宣传和组织，准备正式成立妇女协会的工作。我会经常来看看，以后就以她家为联络处，再不打搅郑先生。在县党部专门领导妇运工作的是妇女部，黄大姐可即日来县党部找我，我即介绍你同妇女部郭瑾丞见面，你以后有事直接找郭部长。他是主管人，你要听从他的指示，我只是个协助者。现在妇女部的工作紧张起来了，我必将经常协助郭部长，光县城的妇协组织问题不大，妇运是全县性的大问题，务必要使全县十个区同时发动，以村（或连村）为单位，迅速发展组织，希望能在短期内召开一次全县妇女代表大会，成立县妇女协会，可见其工作量之大。你们属城区的一个妇协分会，城区是首区，你们要共同努力办好，成为全县各区妇协的表率。今天我来算是为你们召开解决"召集人"问题的临时座谈会。你们还有什么要讲的吗？大家说，暂时没有。我便宣布散会。

过了两天，又有两位熟识的姑娘到县党部来找我，问组织妇协的事。她们是孪生姐妹，姐名叫张步青，妹名叫张咏梅，是我师范同学张之梁的两个妹妹，家住县城东街，另外还带来一位她们的邻居姑娘张琼英（与两位姐妹同姓不同宗）。我便同她们谈了当前正在进行这个工作的情况，并要她们去与黄冠英联系，一起来做这个工作。她们说，对黄冠英是相识的，但无深交，我即写了一张条子作介绍，并对她们说，黄冠英住后西街，经她发动的妇女都属西城和北城一带的居民，你们住东街，正好可以在东城和南城范围内发展，这样全城的妇运发展就平衡了。今天你们来得好，否则我还想不到这头上来。我当即给了她们有关的材料和宣传品。

黄冠英自接受任务后，对工作非常卖力，天天和几位常在一起的姑娘到处做宣传。她们将《告群众书》连环相送，到处张贴，全城各街各巷凡属热闹地段，数日间都贴有这个传单，看的人络绎不绝。我有一天到黄冠英家了解情况，她谈到这个传单很起作用。她说，原来有几个姑娘家中反对，现在不反对了，听凭她们出来活动。而她们也很自觉，每天总是早起晚睡，这一早一晚的时间，就帮做家务事，早起洗衣，晚上做纺织和针线活，她们近来做家事反而比以往做得更认真，家人放心了。因而便能影响很多家的人，也让他们的姑娘出门参加活动，经常有人到我家来问情况，报名申请入会，几天之内，就登记了三十多人。我听完后回到县党部把我所了解的这段时间妇运的进展情况在隔日的执委会上做了汇报，认为即可做成立基层妇协的准备工作。

黄冠英手中的会员名册上，接连又登记了十多人，已共有三十多人了，都属劳动人家的姑娘，年龄都在二十岁左右，读过书的约占三分之一，一个大娘也没有。于是决定在近日召开成立城区妇协的会员大会，选出会务执行委员，唯这些姑娘从未见过会议的场面，必须预先向她们做些开会须知的大概说明，才好开会。我与郭瑾丞商量，结果他让我预先去做这个工作。我便去同黄冠英说，现在申请入会的人数已有三十多人，县党部决定近日召开成立城区妇协大会。在开会前有很多事情要预先向会员们作一次说明，大会才能顺利进行。你可召集已申请入会的姑娘们于明天下午齐集你家，我来做一次进行开会方式的说明。次日下午，姑娘们和我都按时到齐了，我便向她们说明开会的程序和选举委员的全部过程：委员是三人，大家各自先做好酝酿，认定谁能当委员就选谁，你们也可事先互相商议一下，以增加了解面。请黄大姐准备一个选举票箱。不会写选票的人，可请别人代写，对被选人姓名由选举人向代写人口报。今天主要是谈进行选举的事，如事先不说清楚，到时就无法进行，必然会出现一阵混乱。最后我把成立大会召开的日期定下来即宣布散会。

散会以后，我同黄冠英还谈了很多在大会进行中要她先做好准备的一些细节问题。当谈到会场时，我说，县党部决定在县党部的大礼堂。黄冠英想了一下说："我们有几个人也曾谈到这个问题，都认为还是在我家的好，比较随便，人数又不是很多，三十多人，我家的堂屋挤得下，天井里也可坐十多个人，堂屋的门都下掉与天井连成一整片。多数人都不愿到别处去，说没有一件好衣服，走出去不像个样子，她们都有这"爱好看"的心理，若是在县党部的大礼堂召开，她们更不愿去了。横直这是个三十几人的小组织，为了一切方便，还是以我家做会场为宜。我的父母、弟弟愿意帮些小忙。"我听后认为既是多数人的意见，而且要省很多事，就表示同意。

召开大会的日期定下来了，记得时间约为1926年10月末或11月初的一天。

前一天，我与郭瑾丞部长把明天开会应准备的各项事宜都准备好了，决定届时我们两人一起去，他做大会的主持人，我则以县党部常务委员的身份出席大会，与平时去的性质不同。我同老郭说："我们两人在会上的一切表现，务必要使她们都感到满意，给今后妇运的发展以极大的促进力。同时这些姑娘从未经历过，而且是从未见过这种场面的，就是'召集人'黄冠英肯定不会做会场的掌握者，所以你我两人此去，要为她们做出怎样开会的示范动作，也是对她们上一次社会活动教育课。大会主席由你当，由你宣布开会和会议程序，同时在大会开始时即把'召集人'黄冠英请上去，叫她把发展会员的经过扼要地讲一讲。关于选举问题，我早几天就已叫黄冠英把所有入会的姑娘召集到她家，我给她们作了如何进行的说明。这群姑娘看上去都聪明、都热心，我看这次会是能开成功的。"我们两人直谈到深夜。

次日，天气格外和煦，正是"十月小阳春"的初冬佳日，恰好成了县城觉悟起来的妇女群众渴望已久的城区基层妇女协会诞生的"黄道吉日"。是日清晨就有几个会员来到黄家，帮助布置大会会场。首先就到邻居家去借凳子，在堂屋后壁正中贴一张孙中山的遗像和遗嘱，面前摆一张桌子，铺一床花被单，把票箱搁置在桌旁，整个会场布置得简单朴素，整齐干净。8时前，会员都到齐了，聚集在黄家大门口，等候迎接县党部来参加大会的同志。这时，门口看热闹的人也越来越多，都知道是举行从来未见过的妇女协会成立大会。少顷，我和郭瑾丞部长到会了，会员们鼓掌欢迎。进入会场，稍坐，我便向会员们介绍，这位就是你们的部长郭瑾丞同志，他早就要来看你们，没有空，我几次来就是代表他来的。今天的大会由他来主持。一杯茶之后，郭部长就宣告大会开始，请全体就座（一片掌声），并请"召集人"黄冠英同志前面就座，照例向孙中山遗像"行礼如仪"后，就宣布会议程序，然后报告开会宗旨，接着请"召集人"报告发展会员的经过，最后由我代表县党部执委会讲话。我讲话的时间较长，详细阐明了妇运意义，从基层妇协讲到县妇协、省妇协，从全省妇协讲到全国乃至全世界妇协，说明现在是革命时代，革命的动力为广大人民群众，群众一半是男，一半是女，妇女觉悟了，解放了，与男子平等了，她们对革命的贡献必然也与男子一样，这就是我们今天组织妇女协会的根本意义和远大目标。我讲完后，郭部长即按议程宣布进行执行委员的选举，全体会员即依照前天我向她们所讲的选举程序进行。选举结果，黄冠英、秦芬玉、陈彰仪三人得票最多而当选，并当场推定黄冠英为常务委员、陈彰仪为宣传委员、秦芬玉为组织委员。这个基层妇协即为城区妇女协会第一分会。会址暂设在黄家，最后在鼓掌声中宣布大会胜利闭幕。至此，黄安全县革命群众组织中的这个空白点已填补起来了，庆幸黄安妇运史新纪元的开辟大功初步告成，她是后来的黄安县妇女协会的头生子，值得骄傲的城区第一分会。从此以后，每逢县党部举行的各种大规模的群众大会，游行队伍中便增添了一支妇女队伍，而且一次比一次庞大，她在浩浩荡荡的群众队伍中，蔚为一朵绚丽夺目的鲜花。大会主席台上也多了一个妇女代表上台演讲，每次出席大会演说的为黄冠英。

郭部长身经这次妇协成立大会的盛况，高兴异常，他在执委会上对这个妇协从无到有，从散到集直至成立，以及成立大会时感人的气氛，作了痛快淋漓的长篇报告，他从来没有过像这样别开生面地在执委会上发过言。自此以后，他对妇运工作更加重视起来了，一有问题，他能及时开动脑筋给以解决。他在成立大会刚一结束，即以妇女部部长的名义，将这次妇协的组成经过概况，编了一个简报发到各区党部，督促各区根据当地妇女群众具体情况，迅即行动起来，不要让城区妇女专美于前，期于能在短期内召开全县妇女代表大会，成立县妇协以竟全功。

不久，湖北省党部派戴季伦同志（跨党党员）到县党部来任秘书，他可代行常委工作，执委会便就此机会决定派我赴全县各区巡视一次党务。我在这次执委会议上进行"临时动议"时说，关于开展妇运问题，早已通告各区，迄今仍不见动静。我打算附带做催促开展这个运动的宣传工作，强调其重要性和迫切性，以城区为范例，要各区迅即加紧行动起来。我这个动议郭谨丞首先表示完全同意，其他执委们认为我对这个工作已摸索和积累了许多难能可贵的经验，摸透妇女心理，能在妇女群众中毫无拘束地活动自如，因势利导地作现身说法，大家都无异议地赞同我的这个动议。

我出巡每到一区于视察任务完毕后，即与区执委和区农协负责人座谈这个问题，了解当地的妇女情况，然后要他们商定留一个晚上的时间召集当地妇女群众，由我作一次宣传演说。妇女得知这个消息并知道是县党部的常务委员亲自做宣传，便一传十、十传百，老老少少、大大小小，而且男女混杂地在定好的那天晚上蜂拥而来，听我的演说。聚集的地点有的是祠堂，有的是寺庙或其他公共场所。我每次演说时间总是几小时，全场秩序井然，少有声响。

我巡视完毕回城后，郭部长告诉我，现在已有好几个区成立了妇女协会，经常收到这样的报告。他说，我已意识到这是你此次出巡的一大收获，广泛收到了立竿见影的效果。我即同他详谈我到各区后，对促进开展这一运动的做法，但没想到，种子刚刚播下就发芽生长得这样快。他说，照这样看来，不需要多少日子就可筹备成立县妇协，现在要充分做好思想准备。

约在12月中旬，县党部召开第三次全县党员代表大会改选执委，我仍被选上，在推选各部部长时，对妇女部部长一席，仍无女同志可选，全体执委一致认为这一席的工作，在本届执委中只有家祥驾轻就熟，能够胜任，此议立即正式通过。

我当时的副业，属县一小的教员，未久县党部决定成立一个"强迫教育委员会"，设在县教育局，我是委员之一，为了工作需要，又调我到该会担任主要业务工作，这样，我便成为一个身兼二职的人。强迫教育工作，又是个新的工作，特别繁重，妇女部的工作当时虽不算重，为了早日成立县妇协，应付面则很广，因此，我每天只得两头兼顾。

时令已是1927年春天，接到省党部妇女部的通告：定于3月份召开全省妇女大会，成立省妇协，各县妇协选派代表来省参加大会。此时，我县妇协尚未成立，代表无由选派，于是经县执委决定，通知正在省城的詹文敏（八里区詹家岗村妇协负责人，该协会是我1926年冬巡视党务时就近发动并指导成立的），作为我县出席省妇代会的代表。我即先以个人名义写信叫她做准备，随后以黄安县党部妇女部名义写报告呈省党部妇女部，并寄给詹文敏持报告赴省妇女部报到。因此，愈觉得县妇协有从速成立的必要。根据当时全县妇运进展情况，虽不甚平衡，但从总的情况看，成立县妇协的条件已经成熟，我据此情况即在执委会上提议，应开始进行成立县妇协的筹备工作。执委们认为以在交了夏令，天气暖和人们便于活动的时候为宜。于是决定在4月间召开全县妇女代表大会，会议日程定为两天。我即根据这个决议向各区发了通知，要各区选派妇女代表，每区三人出席大会，并声明县党部目前尚无招待所的设置，所选的代表尽量以在县城有直接或间接交情关系能够寄住者为宜，万一无法，县党部临时再做安排。每个代表，由县党部津贴两天的伙食费，每天五角，希各区尽先做好选定代表的准备，听候妇女部通知开会日期，代表务必最迟在大会的前一天来县报到。

过了一周，县执委会在一次常委会上决定于4月27日正式召开全县妇女代表大会，决定事项如下：

（一）通知各区党部按前通知（×字第××号）的规定办理；

（二）县党部即组成大会筹备处，也就是大会秘书处，由妇女部部长领导工作人员若干，分管事务、文书等项工作；

（三）以县党部的大礼堂为大会会场；

（四）向县里各机关团体发出请柬，请派代表届时莅会观礼指导；

（五）大会议程：

第一天上午8时举行开幕式，首由妇女部部长致开幕词和工作报告，次由县党部常委作政治形势报告，再次为来宾致辞。下午2时开始听取各区代表的报告和临时动议。

第二天上午进行执行委员的选举，委员七人、候补委员三人，组成县妇协执行委员会，推选委员三人为常务委员，在三人中推选一人为会长，其余各委员分任宣传、组织、教育、农运等部工作，一律同时选定。然后由妇女部部长宣示"今后的任务"。下午为闭幕式，由妇女部部长致闭幕词，最后为游艺会，由各代表不拘形式地自由组合，作为大会胜利闭幕式后的余兴。

我即将上列事项通告各区，要她们向选出的代表作传达，使她们预先充分了解将是怎样进行，做好必要的准备。

大会日期快到的前几日，城里街道上、店铺里出现了一些从乡下来的女客人，她们就是出席县妇代会的代表，在城里都有落脚的地方，她们想借这个难得的机会，提前到城里来多玩几天，她们都按规定到开会的前一天再去大会筹备处报到。报到处设在县党部的大门口。到了会期的前一天，早饭后，便有代表持介绍信陆续报到，当即发给每个代表一个"代表胸徽"（用红蜡光纸剪成短条，上书"黄安县第一次全县妇女代表大会"）。代表总数额定为三十人。发现有几个区代表带来几个年轻姑娘，其目的为同来县城游玩，代表们要求在开会时准许这些姑娘到会场去旁听，让她们长长见识、开开眼界，说这些姑娘都是热心妇运的积极分子。报到处的同志便将此意见反映到妇女部，得到了我的同意，便决定在大会场布置一些旁听席，因这些事我联想到有让城区妇协分会的全体会员都来旁听的必要，于是即通知黄冠英转告她们，借以壮大大会的声势和阵容。

大会会场布置一新，正中主席台上悬挂孙中山的巨幅遗像，遗像上边交叉分挂两面国民党党旗，左边上贴孙中山生前撰写的一副对联"革命尚未成功，同志仍须努力"，下面贴一张"总理遗嘱"，主席台前最上方挂一红绸白字的大横幅，上书"黄安县第一次全县妇女代表大会"，台上左右两角为记录席，会场四壁贴上用各色彩纸写的标语。台前第一排为来宾席，后面为代表席，左右为旁听席，并请县一小的音乐队在大会开幕时前来奏乐。

大会开幕日的清晨，大会秘书处的部分同志佩上了"招待员"的胸徽，分派到大门口、会场、县党部会议室等处负责招待事宜。8时前代表们陆续都到了，引到大礼堂休息，各处的来宾也到了，引到会议室休息，跟着代表同来的客人以及城区妇协会的全体会员则与代表们同入礼堂。音乐队早来了，一时会场内外，热闹异常。我便同常务委员吴兴同志和几个执委引导来宾入场。一进会场，我带头鼓掌，全场人员即跟着鼓掌，先请来宾入席，代表们和旁听者们都在各自的席位上就座。我和常委、执委们都登上主席台，由我宣布"大会开始"，全场又是一阵掌声，接着奏乐，然后例行"行礼如仪"，我即致开幕词和作《黄安县妇运发展的始末概况》和《大会的筹备经过》等报告，继由常务委员吴兴同志作政治时事报告。我们两人的报告历时两个多小时，最后为来宾致辞，休息时已为正午12点。

下午2时继续开会，整个下午为代表报告和临时动议，十个区的代表都先后作了本区妇运的发展情况和存在的一些问题的发言。她们都是第一次经历这样的场面，各代表报告的时间最长的有二十多分钟，最短的有五六分钟，一般都表现得很自然，可见她们是预先经过几番练习的，她们无一人带发言稿。历时两个小时发言完毕，临时动议人数不多，我即作了带鼓励性的简要小结，然后宣布，今晚有娱乐晚会，是县农协为庆祝我们的大会和欢迎代表们而举办的，节目是个话剧，演出地点在女子小学的雨操场（这个雨操场是科举时代的考棚），可容一千四五百人，请大家在7时前到女子小学，代表凭胸徽入场，所有旁听人员凭入场券入场，于是将准备好的入场券各发一张，另给每个代表五张，作分送之用，但只限送妇女，男子一概谢绝入场，我即宣布今天的会议到此休会。

因为时间尚早，会外我向代表们提了个建议，我说，据我了解代表中对于娱乐方面，长于吹拉弹唱等技艺的大有人在，你们可预先组织一个小型的游艺会来个"八仙过海，各显神通"，谁有一技之长，除吹拉弹唱外，笑话、猜谜等不拘一格，在大会闭幕式后，作一场余兴表演，使我们这个大会的热烈气氛贯穿始终，同时还能密切相互之间的关系，加深相互之间的了解，交流经验，增进团结，使全县十个区的妇女，结成一个革命的整体，则今后对革命的贡献，将是无法估计的。于是便请代表中一位年龄较大的、善于联络群众的八里区的代表耿裕坤（乡小学教员）负责组织，请她在明天上午开会前把组织情况告诉我。

那晚的话剧是以"妇女解放"为题材，由县党部、县农协、县一小的几个爱好文艺的同志集体临时编出，并由他们分担演员角色，在一个月前即开始准备，排演了好几次，算是成功。几天前即选定女子小学的操场为剧场，在场内搭起一个半人高的剧台，准备了一千张入场券，除已发出的一部分外，余下的临时在剧场口发给前来观剧的妇女群众，发完为止。女子小学的学生则整队由教员带领入场，守门的同志必须严格执行这个规定。

开演前，入场券很快就发完了，场外仍然聚集了不少的人。这时我的婶娘带着几个邻居的姑娘来了，她便同守门的人讲，请你去把我家的家祥叫出来，说他的婶娘来找他有话说，于是我便被叫出来了。我不等她开口，便说，你为什么不早来，入场券已发完，无券概不能进，你还是回去吧！这个戏以后还要演的，终于没有让我的婶娘入场。旁边的群众便说，陈先生是个铁面无私的人，连他的婶娘无票也不让进去，我们还站在这里做什么？走吧！一会儿，这一群人都散了。

场里挂了两个气灯，台上一个，倒是很通明，唯无座位，观众只有就地坐下，在最后面的人可站着看。

演出前，刚从省里回县的省农协巡视员余泽涵同志，要借此机会向群众发表一篇重要讲话，我即陪他登上剧台向观众介绍，让大家听他的演说。他一开口就把新近发生的"四一二"政变作了简要的报告。这是突然而来的一个震惊人心的新闻，他随即高喊一声"打倒蒋介石！"的口号，后台的同志们也跟着齐声高喊。他说这件事应了总理的遗志"革命尚未成功，同志仍须努力"，教导大家也不用惊慌。自辛亥革命以来，至今已十六年，中间又革了多少次的命，都没有成功，原因就是没有发动人民群众，如今不同以往，全国人民群众都发动起来了，这才是真正的革命力量，不可战胜的力量。有了这么大的力量，莫说一个蒋介石，十个蒋介石也不怕。凡是与人民为敌的人，总是没有好下场的。他今天刚回县，赶上这个好机会，就把这个消息告诉大家，使大家对目前革命形势的变化有个新的认识，好再接再厉地奋发起来，做新的斗争准备，等于是给你们一个新的任务带回去向广大群众做宣传，胜利必然属于革命的人民群众。他的话，言简意赅、字字有力、句句动人，全场气氛，从大众表现的情绪看，在他这一短短的演说时间内，开始有点低沉，忽然又活跃起来，高涨起来了，可见他的话起到了极大的鼓舞作用。在热烈的掌声中，他结束了演说。

剧台幕启，乐队奏乐，演出开始了。场内空气恢复到原来的样子，人声嘈杂而又转呈平静，剧情表演始终紧凑，形象逼真，观众秩序井然，笑声不断，直演到午夜剧终才散场。

第二天上午8时，会议照预定程序进行县妇女协会执行委员的选举，委员七人、候补委员三人。我首先作了进行选举程序的说明和布置，选举结果：夏国仪、黄冠英、吴醒奴、张咏海、秦芬玉、×××、×××等七人当选为执行委员，并就执委中推定三人为常委，她们是夏国仪、黄冠英、吴醒奴。以夏国仪（共产党员）为会长，其余的四个委员分任宣传、组织、教育、农运等部的部长，候补委员三人（姓名已忘记）。会议至此，宣告黄安县妇女协会正式成立。关于会址问题，妇女部早期勘定在土井街玉皇阁。

下面的议程是由我代表县党部执委会宣示"县妇协今后的任务"。我说，县妇协已成立，领导班子已选定，便要确定今后的任务，将领导全县妇协会员明确今后妇女工作的方向，为革命做出更多的贡献。当然，要先从自身的解放做起，确立男女平等的地位，这是妇女革命具有特殊性的首要任务。我县自有农民协会以来，各地农民协会会员中妇女已占有一定的比例，她们实际上已与男子平等了，与男子共同负起革命的使命了。据我了解各区新成立的妇协中的会员绝大多数为农协女会员中的积极分子，若无她们的努力，妇协的组成就没有这样快，她们已有了双重会员的资格，妇协这个组织实际上就是启发妇女思想觉悟的学校，锻炼妇女革命意志的熔炉，可以说今日妇协的组成，实为农协增添了一支新友军，她对农协起到了"如虎添翼"的作用。我县除几个城镇外,妇运工作百分之九十以上的任务是农村,妇女协会要与农协紧密配合起来,结成一体,共同投入农民运动中去。当然还有与妇女本身有直接关系的其他许多任务也不能忽视。最后我说,这个问题妇女部部长已与县农民协会作了协商,县妇协的农运部部长要经常同他们联系,凡是以后县农协向下级农协下达新的工作指示而与妇协有关的,县妇协应向各区妇协作同样的指示,对有关工作,双方便能同时一致很顺利地行动起来。至此,我即宣布上午的会就开到这里。

下午大会闭幕式。我与县党部全体执委一齐到场,由我致闭幕词,历时不到一小时完毕,音乐队即奏起乐来,然后宣布,大会胜利闭幕。此时会场内,迅雷般的掌声经久不息。

大会闭幕后,大会余兴的游艺会接着开始。我请耿裕坤主持,代表中有吹箫的、吹笛的、拉胡琴的,也有唱几曲山歌小调的,顿时全场回旋荡漾着一片吹拉弹唱的悦耳声,群情洋溢,极尽欢乐。表演快结束时有人提议说,听说部长对于这些乐器是个全能手,由他来表演压轴戏最合适,大家即鼓掌表示欢迎。于是我欣然接受这个提议,便将各样乐器一一演奏一番,吹箫能吹出双音,拉胡琴、按风琴是边奏边唱,先唱歌曲,后唱汉戏《关公月下问貂蝉》。待我唱完,天色已经不早,代表们都表现出兴犹未尽的神情离开会场。我和执委们送她们到大门外,直到看不见她们才转回县党部。

黄安县妇协成立在"四一二"反革命政变后的不久,刚一成立,就把艰巨的革命任务重担分担起来了。1927年上半年中,我县农运高潮在农村普遍掀起,打倒土劣、斗争坏人,到处已见行动。在妇协与农协的配合下,妇协会员一个个地投入战斗,村村出现妇女积极分子,发挥了她们对革命应有的作用,做出了出色的贡献。我县所有的群众组织都是以共产党员为领导发动起来的,组织性最强,特别是农民协会最富于战斗力。时隔不久,大革命失败,国共分家,所有跨党党员遵照党的决定一律退出国民党,转入地下,暂时自行隐蔽。这时反动势力渐渐复活,农村阶级斗争更加复杂和激烈,妇协与农协的斗争任务便更加艰巨。阶级敌人对革命群众恨之入骨,凡属积极分子都成了他们的眼中钉肉中刺。由于形势的急剧变化,革命渐趋于低潮,白色恐怖渐渐笼罩着整个黄安,土豪劣绅等反动派一时麇集成立了什么"清乡团",对革命群众施行残酷镇压,首先遭到迫害的则为农民协会会员和妇协会员中的积极分子。因我当时已赴武汉,后来传闻城区的妇协会员秦芬玉被反动派在脸上施行刺字的酷刑,她后来结果如何则无所闻。八里区陡山吴家的吴梅生惨死于她族间反动势力之下,因她是那里妇协中的积极分子。其他牺牲的革命群众只知为数不少。几年之后,又听说夏国仪同志于1927年冬在其汉阳亲戚家隐蔽时,事泄遂牺牲在反动派之手。她是我县最早的一位女共产党员。我县自有农民协会组织以后,她即参加本村的农协,是农协女会员中的积极分子,后来加入中国共产党,待县农民协会成立,她被选为县农协委员。由于我县的妇运开展较晚,到县妇女协会成立时,她才当选为会长,不久被选为中共黄安县委成员,负责妇运。她未上过学,识字不多,无生育,丈夫王鉴,武汉中学学生,也是我县最早为农民运动宣传者之一,工作积极,后任省农协特派员回县指导工作。

我的这个回忆录是专对我县的妇运写的,对几位女同志当年被害的情况在此仅就由传闻所得,作不详尽地提一下。"烈士之血,革命之花。"这说明我县当年的广大妇女群众,在中国共产党人所发动和组织起来的妇女协会领导和培育下,为革命做出了重大的贡献,为黄安革命史写下了可歌可泣的光辉篇章,并被后人永远怀念和赞颂。

原载中国人民政治协商会议红安县委员会文史资料委员会编:《红安文史资料》(第二辑),1991年,第20～42页。

妇协宣传队工作点滴

◎ 朱汉涛

　　我出生在蕲水县（今浠水县）城北郊朱家湾一户贫农家里。我是第五个孩子，父母无力抚养，就抱给张家做养女。养父是个修鞋工人，每日所得，勉强维持三口人的生活。我十岁时，养父不幸去世。母女失去了依靠，只得乞讨度日。后承戴默音和一姓万的老师（忘记名字）的扶助，我到福音堂醒民小学读书。二位老师还管我吃喝，并鼓励我好好读书。在她俩的爱怜和帮助下，我这个讨饭的女孩子才学到一点文化知识。

　　1926年冬，在醒民小学对面，有个徐姓私塾，内有一个自称师娘的人（其实她比徐老师小三十来岁，操一口湖南口音）亲自到我家中，动员我邀约同学上她开办的夜校免费读书。我为了多学点知识，就约了七八个同学去上夜校。可是这里上的，与醒民小学不同，讲的是妇女求解放的道理。她说："我们劳苦大众长年劳动，为什么吃不饱、穿不暖？我们妇女为什么成天守着灶台转，听男人驱使？……是地主老财、列强、军阀压着我们。怎么办呢？我们劳苦大众要联合起来，铲除土豪劣绅、贪官污吏、列强军阀……"后来，不断聆听徐师娘的讲话，我们这些女孩子逐渐懂得了一些道理。

　　这时县里成立各种协会，徐师娘带领我们年纪大点的同学参加蕲水县妇女协会第二分会（城关北门一带为第一分会，南门一带为第二分会）。二分会委派我当宣传队队长。我们二分会宣传队一共有二十来人——王东明、王又明、汪吉祥、徐余庆（她们系夜校学生），还有蔡淑华、陈惠兰、徐文进、龙秀英（至今住在浠水县城沿河街）等。我们参加妇女协会后，带头剪辫子，丢掉裹脚布。为这事，养母骂得我狗血淋头，徐师娘听说后，就找我养母拉家常，经她七谈八谈，我养母的脸色由愤恨到高兴。当养母送徐师娘到门外时，高声叮嘱："这孩子就交给你了，算是你的孩子，只少怀十个月吧！"徐师娘高声笑答："请放一百二十个心啦！"

我们妇协二分队宣传队常到街头、城郊演唱革命歌曲。我至今还记有这样几句歌词：

> 劝妇女，莫包脚，包了小脚身体弱。
> 走起路，哎哟哟，歪歪倒倒受折磨。
> 脚不包，走路稳，会跑会赶能干活。
> 再一桩，是婚姻，封建婚姻害死人。
> 要三从，讲四德，妇女送进大火炕。
> 反买卖，反包办，男女自愿算平等……

记得在云路口演唱这支歌曲后，当场就有位姓占的婆婆抱着她的一双三寸金莲痛哭流涕不止。

除了搞宣传活动，我们还参加了打土豪的活动，记得抓汤五癞痢、陈博全、闵仁强等游街时，我们手擎小三角旗，高呼"打倒土豪劣绅！""打倒贪官污吏！""打倒军阀！""打倒列强！"

1927年春，由县党部主持，开展破除迷信、捣毁偶像的运动。城内的五戊祠、祖师殿、高湖庙、云路的南狱庙的菩萨大部或全部被捣毁。记得当时儿童团员们爬到菩萨的身上，用绳子套好泥菩萨的脖子，我们齐声怒斥："你一言不发，两目无光，三餐不食，四体不勤，五谷不分，六亲不认，七窍不通，八面威风，九（久）坐不动，实（十）是无用。呸！滚下来！！"大家用力一拉，轰隆一声巨响，偶像被拉倒，跌得粉身碎骨。但关帝庙、张王庙的菩萨，说他们是忠臣，没有捣毁。

总之，我们宣传队搞得很火热，常得到妇女协会主席李学蕴大姐的赞扬。

原载中国人民政治协商会议浠水县委员会文史资料研究委员会编：《浠水文史资料》（第一辑），1987年，第34～36页。

北伐时期孝感劳动童子团的活动

◎ 汪正本

1926年7月，国民革命军誓师北伐，连战皆捷，于10月打到了武汉，全国出现了革命热潮。次年，湖北各县建立革命政府，进行各种革命活动。当时，我才十三岁，却担任了孝感县劳动童子团第六区团团长，也有过一段革命活动，表现了当时青少年的革命热情和爱国行动。兹就回忆所及，提供参考。

由于国共两党第一次合作，组成了国民革命军，这支队伍的革命素质高，战斗力强，出师之后，一路上攻无不克，战无不胜，所向披靡。北伐军攻克武昌城后，湖北省京汉铁路沿线各县，均先后建立了革命政府，孝感县就是其中之一。当时孝感县革命政府的第一任县长是阮英华，县党部书记是乐继韶，其他负责人有汤经畬、梁荫伦、朱么（忘其名）、汤楚珍、刘守静等人，他们比较活跃。还有一些在省里也很出名的，如丁身润、王新亭、郭树勋（述申）、胡锡奎等等，这些人在我的记忆中均留有较深的印象。如郭树勋是塾师（秀才）郭秀峰的儿子，胡锡奎是郭秀峰的女婿，王新亭是白沙区童子团的领导人。丁身润是花园人，家里很有钱，是独子，后来被捕，家里拿钱活动，只要不承认是共产党，就可获释。但丁身润意志坚定，拒不低头，终被胡、陶杀害。牺牲之伟大，感人至深。

革命政府成立后，县党部、工会、农民协会、妇女协会相继成立，儿童团、劳动童子团也先后成立。（后来得知：儿童团是国民党领导的，劳动童子团是共产党领导的）儿童团团长是曾庆益，还有很露头面的滕守富（据说后来被日本人杀害了）；

劳动童子团团长是郑其杰，后为彭凤歧。劳动童子团除县团团本部外，下设分、区团，以区、乡地域划分建团。城关镇和各区设分团，区下以乡为单位设区团，我担任第六区团团长。这个区相当于现在的两个行政街的区域。城关镇的南门、学门、小东门一带地区的青少年，都是组织吸收的对象。由于有一部分青少年参加了儿童团，也有一部分哪一方也不参加，所以劳动童子团吸收的人数是有限的，但最少时也有三十多人。

北伐军进入孝感县城时，士兵身穿灰军服，颈上系有红、白、蓝三色布带，背上背有一个油亮的斗笠，队伍整齐，军纪严明。还有"一不扰民，二不拉夫，买卖公平，军民合作"等告示公布于众，民众热烈拥戴。记得有一个士兵在汤家街某家拿了一个铜水烟袋，被巡逻队（相当于宪兵队）查获，即将这个违犯军纪的士兵当场枪决。这样严明的军纪，深印在我少年的脑海里，至今记忆犹新。

国民革命军军歌，随着北伐军的胜利进军，也带到了孝感城。"打倒列强！打倒列强！除军阀！除军阀！国民革命胜利！国民革命胜利！齐欢唱！齐欢唱！"大家不仅都跟着唱，而且都照着歌词的内容做，"打倒列强"就是反对帝国主义；"除军阀"就是反对封建主义，打倒北洋军阀。劳动童子团的活动任务，就是反对帝国主义，反对封建主义，是县党部、县政府率领我们照着这样做的。

全县是以打倒土豪劣绅开始，掀起了群众运动。各区各乡把所有土豪劣绅抓起来，首先惩办其中民愤最大、罪恶最大的土豪劣绅。如县城大东门的屠寿增、紫竹林的汤子吉、郑采奇、×××等四人，在儒学场（孔庙前的一个广场）予以枪毙，而且是乐继韶、汤经畲等人亲自用手枪打的。这一事件轰动了全城，不久也震动了各乡。另一件事就是抄魏同茂的家，一座四周都是磨砖墙的高大房屋，里面各式红木家具，还有其他各种高级陈设及细软等不义之财，都被来自各方的民众查抄。当时，我们劳动童子团成立不久，没有参加，我们只是去看热闹。

劳动童子团的装备，是模仿革命军的样子。每人发一根齐眉棍，一顶介乎草帽、斗笠形的帽子，既可遮太阳，又可防雨水。服装按各人情况，有什么穿什么。本来规定必须穿短装，但因各人经济情况不同，也有穿长袍的。购置棍子、帽子的经费，来源于罚款，大部分是罚不法商人的。

当时，反对帝国主义的行动，主要是抵制"洋货"（当时称"外国货"），不许商店卖外国货，于是检查外国货，就成了我们劳动童子团的主要任务了。记得当时查处的外国货有两种：一是英国货，一是日本货。如"哈德门""小大英"等牌的香烟是英国货，我们查出后，就当街焚烧；日本货中的药品也有被焚烧的，布匹等料子都没收上缴。对那些不法商人要罚款，但罚款不收钱，而是罚购买棍子、帽子。如罚某人购买棍子多少根、帽子多少顶。也有不罚款而当街按着打屁股的。因此，许多大人都怕我们这些小孩子。

我虽年龄很小，但劲头却很大，参加劳动童子团的工作，与其他孩子一样，除回家换衣服外，吃住都在区团部（区团部设在一个祠堂内），真是离家闹革命。因当时县里的领导人如乐继韶、汤经畬、梁荫伦等人也都是不回家的，我们也跟着学。我们劳动童子团的团员，每天都要排着队，手拿棍棒，背挎笠帽，满街去检查外国货，有些不法商人见了我们，是很有点头痛的。

一天晚上，接到一个紧急通知，要我团全体团员整队跑步到西门外方祥泰（杂货店），听候差遣。当我们到达方祥泰时，已先到了许多大人，说是有坏人要"抢"方祥泰，要我们来保护。本来方祥泰也是孝感城著名的殷实富户，应该同魏同茂一样被抄家的，现在为什么还要保护他呢？是谁下命令要这样做的呢？我们都搞不清楚。但我们只知道服从团部的命令，没有想旁的事情。我们守了一通宵，方祥泰的确被保护住了，没有遭人抢劫。可是在第二天，西门外有一个屠户（不详姓名）被革命军抓去，以聚众抢劫的罪名就地枪决了。从这以后就出现了大肆捕杀革命党人和革命群众的事，国民革命军成了捕杀革命战士的刽子手了！乐继韶、汤经畬二人被捕遭杀害了；梁荫伦、朱么也曾被捕，不久又释放了。朱么出来后见人就说"否极泰来"！他们以后都在国民党政府里做了官，这就说明了问题。至后，我才知道蒋介石、汪精卫先后背叛了革命，捕杀共产党人。

当时，孝感城里形势十分紧张，我也曾到乡下避住了一段时间。后来听说郑其杰、杨楚珍、刘守静等都到北方继续革命去了，彭凤歧则不明下落。后来也了解到为什么那时要保护方祥泰，原来当时有人搞阴谋，用入人以罪的手法，制造抢案，借口群众暴动，便于发动武装镇压革命群众。是继蒋介石"四一二"反革命政变之后，汪精卫发动"七一五"反革命政变的前奏。保护方祥泰虽然用心良苦，但仍摆脱不了反动派的磨刀霍霍。我幼小时的不解之谜，总算揭示出来了，这也算是历史的见证了。

原载武汉市人民政府参事室编：《爱我中华·第四辑·文史资料》，1986年，第148～153页。

关于六安青年实业社的组建、运行情况

◎ 田从厚

1925年夏,上级组织动员在外地的六安籍共产党员(如在浙江杭州甲等农业学校读书的王亦良、担任芜湖团地委"经委"的刘大蒙、在上海大学读书的王绍虞等)回六安建党。这些同志回到六安后,采取集资的方式,在六安西门横街开设六安青年实业社,以经营宁波式木器为掩护,成立中共六安特别支部,直属党中央领导,王绍虞担任书记,这是六安县最早的党组织。特别支部成立后,积极发展党员,举办工人夜校和民众师资训练所,培养工人和知识分子,推动了六安革命形势的进一步发展。

我家原住在六安西尚家庙,后迁到六安城北清水河。1922年我在芜湖安徽省公立职业学校当学徒工,在学校里做小工,每月学校发给我们三元钱生活费。经过两年半的学习,我们毕业了,学校当时规定成绩好的学生可以留校。由于我学习刻苦,成绩名列前茅,就被留校教新生。不到一年,党组织就让我回六安,建立党的秘密联络站。我回六安后,王亦良、王立权、刘新成、吴曙光、王亦传、葛善海、徐栋梁等八人(均为共产党员)开展活动。当时王亦良、王立权、刘新成等几个同志出身于地主家庭,我和其他同志家则比较贫穷,所以他们几个家境较好的同志就从家里凑了四五百元伪票,于1925年春在六安西门租了几间房子,并从芜湖请来了木工、漆工、藤工、雕工等二十六七人,成立了六安青年实业社,共35人,吴曙光任经理,我任副经理。六安青年实业社成立了党小组,党员有吴曙光、王亦良、王立权、王亦传、刘新成、葛善海、徐栋梁和我。小组归六安支部领导。那时蔡蕴山、刘大蒙、吴宝才、施先民、秋风、刘席儒等都是党员，经常到我们青年实业社来玩，但他们都不是实业社的成员。

　　这一期间，我们组织了农民协会，在涂家公馆办了一所民众师资训练所，王绍洲任所长。不久又在六安新店建立了第三民众学校，我任校长，实际上就是组织农协工作，时间不到一年。1926年，我们在六安紫竹林成立了六安农民协会，我任主席。

　　青年实业社的主要工作有组织农民协会、妇女生活改善委员会、赤卫军、少先队、儿童团等。

　　六安青年实业社成立只有两年，因当时经济困难，没有钱干下去，工人的工资也发不了，所以就解散了。实业社解散后，我就到城东直至十五里小庙这带负责组织农民协会工作。

　　原载中共六安市委党史研究室编：《皖西党史资料辑要》（第一册），2011年，第8～9页。

回忆信阳市豫南图书馆情况

◎ 高介民

1923年冬,我在信阳西陈家庙高小毕业后,因家境贫穷,不能继续升学,就在家闲住,连生活也发生了困难。1924年春,堂兄高俊于就介绍我到信阳市豫南图书馆工作,帮助清理图书,接待顾客,写油印(中小学讲义、商店广告、商号联单、传单),帮助石印(馆里有石印机两架),并争分夺秒挤时间学习,准备升学。在这里学习条件优越,看什么书都可以如愿以偿,我好像到了幸福的天堂。

豫南图书馆,是堂兄高俊于和信阳省立三师同学陈歧山、郝新益、黄柳青、易云峰、易桂五自愿投资设立的。当时该馆代售商务印书馆发行的中小学教科书及进步书籍刊物,如《向导》《每周评论》《雨丝》《陈独秀文存》,马列著作,哲学、政治经济学类书以及进步作家鲁迅、郭沫若、巴金、茅盾、冰心等的著作。信阳市学生经过"五四"、五卅爱国主义运动以后,思想政治觉悟发生了突飞猛进的变化,认识到光埋头读书,不问政治,不提高正确的思想认识,是会迷失方向的,将来也不能为国为民做出一番事业来,因此,还要在课外勤奋学习,提高思想认识、政治觉悟,所以学生们热爱研读课外进步书刊,尤其是《向导》《中国青年》《每周评论》《雨丝》等刊物。各校学生每天不断涌进豫南图书馆如饥似渴地购买进步书刊。我目睹学生们这样要求进步、关心国家大事、提高思想认识的表现,暗想,中国青年有希望,国家民族有前途。

豫南图书馆对信阳市学生反帝反封建的爱国主义思想运动起到了推进作用,

并促进了新文化的不断向前发展。它不光是开书店营业谋利，还有反对旧文化、迎合新潮流、革新政治的目的（当时信阳市还设立了强日新书店，代售中华书店中小学教科书及线装书籍，不卖进步书刊，以营业牟利为目的）。

我在豫南图书馆工作将近一年，关于它的情形我是知道的。馆内设有经理一人，由陈歧山担任。此人系信阳省立第三师范早期毕业生，大地主、地方绅耆，生活阔绰，行动散漫，抽吸鸦片，贪污享受。馆内设有伙食，但他嫌饭菜不合口味，一天三餐在小馆包伙，送到楼上去吃，并叫妓女到楼上他的寝室给他烧大烟泡供他抽吸（当时信阳车站妓女甚多，市内也有暗娼）。陈歧山虽然担任经理，但他是啥事不干的，空有其名而已。管账先生一人，名秦春宜，管理来往收支账目，开发票清单。保管一人，名龚少洁，负责清点书籍报刊，兼保管。还有石印工人四人，炊事员一人。我在该馆当临时工，干些杂活，助理小龚清发报刊、扫地、写油印。秦春宜是湖北人，为人老实诚笃，已是40多岁的人了。龚少洁是驻马店人，二十五六岁，为人活泼潇洒，憨厚耿直，喜爱学习，我俩性格很融洽，有共同语言。高俊于在1923年在信阳师范讲习所任校长，经常到豫南图书馆了解情况，对陈歧山的腐化堕落行为，甚是气愤不满；每次都问到职工们的生活学习情况，劝勉职工加强学习，多看进步书刊，以提高思想认识，对学习好的加以表扬。职工很欢迎他来馆检查工作。高俊于还详细询问进步书刊销售情况，如有缺少就要设法从上海、北京买到，定要满足学生们的求知需要和进步的迫切要求。

我在豫南图书馆时，清楚知道在股东中思想是有分歧的。高俊于、易桂五、易云峰（第一次大革命失败后当了叛徒）是进步的一派，他们在当时是信阳县教育界赫赫有名的人物，尤其是高俊于在信阳省立第三师范毕业后，又考上湖北中华大学深造，思想是进步的。我在他家帮工，知道他在教学中不忘勤奋自学，学习时写读书笔记，写读后感。《新青年》刊物，每期必深入详细地研读，写笔记、读后感。他这种自觉而艰苦学习的精神，感动影响了我自觉学习的毅力。我失学早，读书少，现在这一点点知识是在他的感召下自觉学习的。他在教学时，还临帖写毛笔小楷，他说练习写字，可以静心养气，坚定意志，加强修养。高俊于在学生中的威信很高，他的学生像周兴育、王伯鲁、刘国章、万慕苏，都是在他的影响下参加革命的。周兴育、王伯鲁在第一次大革命失败后，光荣地为革命牺牲了。

在豫南图书馆,腐化落后的一派是陈歧山、郝新益、黄柳青等人。陈歧山的为人前面已谈过了,现在谈谈郝新益。他外表上道貌岸然,像个很有道德学问的人,实际上是个狡猾的伪君子、奸商、吃喝嫖赌的流氓,他依仗有权有势,挂着文明棍,到处交往,拉拢臭味相投的人,做他的帮手。他很少到图书馆来,有时来了,打一头就走,对馆内事务是漠不关心的。黄柳青是个小政客的派头,思想落后,主张教育救国,学生闭门读书,不问国事。他崇拜国家主义头子曾琦,爱看国家主义派刊物《醒狮》,在豫南图书馆也可以买到《醒狮》刊物,就是黄柳青主张代为销售的(黄柳青在第一次大革命失败、蒋介石叛变革命后当了伪县长)。在馆内,进步派和落后派是有矛盾和思想斗争的。我们职工是站在进步派一边而反对落后派的。

1925年五卅惨案发生了,豫南图书馆对于反帝国主义的爱国运动起了很大的作用,馆内石印工人以实际行动支援上海工人大罢工,除了乐于捐献,还热心为信阳市援沪后援会赶印传单标语、漫画及宣传小册子,供给各校学生宣传之用。该馆石印工人对商号送来的联单广告、学校送来的讲义缓印,总是先印刷反英、日帝国主义的宣传品。其热心支援学生的反帝爱国运动,令人钦佩。在这时易桂五不断来馆视察,看到工人这种爱国热忱,赞不绝口,工人深受鼓励,援助抗日的精神更加积极。

1925年2月,我考取了信阳县立师范讲习所,5月上海五卅惨案发生了。在五卅惨案运动中,信阳师范讲习所学生是积极参加的。这一运动一开始就是地下共产党领导进行的。住在信阳扶轮小学的刘少猷、信阳省立第三师范国文教员秦君侠就是暗中领导者。他们经常召集运动中的骨干开会谈话,了解情况,指示工作,我是他们召集开会谈话者之一。我有机会认识革命领导,受到教育,实为大幸!

1926年5月,刘少猷同志介绍我至广州农民运动讲习所学习,我就离开了信阳市赴广州,开始了新的革命的学习。

原载中共信阳市委党史资料征编委员会编:《信阳市党史资料》(第五辑),1987年,第161～164页。

在信阳学习和工作期间的回忆

（1925年9月至1927年7月）

◎ 张耀华

我原名叫张克选，1930年唐河暴动时被通缉，改名张耀华。

早在1925年秋，我在信阳豫南中学上学时，参加了共青团。豫鄂战争时与信阳党组织一道撤到当谷山。1926年春，党组织派我去广州农讲所学习，同年10月回信阳，在当谷山搞农运。1927年4月下旬，调到国民革命军三十六军政治部，参加二次北伐。柳林事变时，随师部从驻马店返回信阳，平定叛乱。现将我这一段亲身经历记述于后。

一、在五卅运动推动下成立了豫南中学

1925年五卅惨案的发生，激起了全国人民的愤怒，掀起了反帝高潮。

信阳地区，在中国共产党的领导下，迅速发动和组织了全市工人、学生、商人及爱国人士罢工、罢课、罢市，举行游行示威，宣讲惨案事实，查封洋货，打击奸商，号召募捐，成立救国会等声势浩大的爱国运动。同时，更以救国会的名义，派人分赴信阳境内的各县，普遍发动爱国运动。信师学生陈子文（唐河人）于6月中旬回到唐河，以唐师为主组织学生、工人一千多人的游行队伍，开创了唐河学生的爱国运动。在豫南各县，到处都燃起了爱国的火焰，到处都响起了革命和反帝的声浪。

信阳革命和反帝空气更浓，行动也较迅速猛烈。运动中没收了大批的英、日货

（煤油、洋蜡及布匹等物资），封存在信师西边商会里，打击了依靠外国发财的奸商。在农村各区各校，也都燃起了革命烈火，出现反帝反封建的高潮，从而发生了尖锐的斗争。信阳的最高学府省立三师校长何谓涵是封建反动阶级的代表人物，他生怕共产党在学校蔓延开来，于他不利，妄想以严厉的手段消除共产党对他的危害，一次就开除进步学生肜德忱、王全善、蔡训明、李志生等达二十三人之多，其中唐河籍占八名，即王全善、蔡训明、刘伯宣、冯玉喜、李耕耘（党团员）、张临洲（非党），还有一人忘了名字。信师教师秦君侠（安庆人，党员）亦被解了聘。信师校长的高压手段，并未挫伤共产党的力量，相反，更增强了共产党的活力，加强了组织工作，扩大了工作范围。就是在三师内部也没有消除共产党的活动。

五卅运动中，城乡涌现出大批爱国先进分子，加入了党团组织，扩大了无产阶级革命队伍。突出的是创办了马列主义的豫南中学。这是信阳党组织的创举，是河南省第一个传播马列主义的学校。

豫南中学是信阳党组织在五卅运动中指派秦君侠同志以救国会的名义创办的学校。当时招收一、二两个年级，共九十人。我和曹家政都考上了这个学校，我上二年级，曹家政是一年级。校址在三里店南门外西边的大王庙（十五间房做教室和教师住室）和东边的十五殿（十八间房做学生宿舍和厨房），两庙不足四十间房。就在这狭小简陋的庙宇里，办起了学校。

学校的整个领导完全是共产党人。全校七个教职员中，有五人是共产党员。名义校长是道尹刘莪青（唐河人，国民党左派），教务主任秦君侠是学校的实际负责人。英文教员祖山竹（湖南人）、体育教员仝子春（偃师人，黄埔军校一期学员）、数学教员王××（湖北人），都是共产党员。10月份，张景增（保定人，外号和尚）也来到了学校，担任了公民课教员。另外，党组织还派了郭胡子长期住校协助党团工作。学校党的负责人是秦君侠、仝子春、祖山竹。

学校是以马列主义教育学生的，从理论上启发思想觉悟，引导学生走上革命道路。在课程安排上，和一般学校没有多大区别，但在教材内容上，都是按照培育革命青年所需要的东西选择的，国文都是选择鲁迅、李大钊、陈独秀、瞿秋白等人的作品。其他学科也都在参考资料上，选择了马列主义的有关内容，像《资本论》、《唯物史观》、帝国主义及俄国十月革命等等。教师们在课堂上，公开向学生讲述马列主义，尤其是秦君侠、张景增，每节课总要讲马列主义理论。学校还订有大量的书报，如《向导》《中国青年》，供学生课外阅读。此外，学校还邀请老革命家、道尹刘我青，工会胡主席（胡纪元的哥），秘书刘少猷等，不断到校作报告或训话。突出的是四川老革命家唐绍义路过信阳时，也邀请到校作了革命形势的报告。同时，农村学校的党员也经常来校联系工作，周叙伦、彭少五和扶轮学校王校长（即王克新）等都多次来过学校。彭少五（系黄埔学员）还帮助仝子春对学生进行军事训练。因此，学校一直充满着革命的生气。我们不少同学经过一段学习之后，思想有了进步，就加入了党团组织。我就是在这里，受到马列主义教育，对革命有了认识，10月间被吸收加入共青团的。

1925年10月中旬的一个星期日，曹家政（曹是1925年初在唐河县立二小上学时由蔡训明介绍入团的，同时入团的还有李正中、顾式荣）通知我在贤山脚下一个竹林里开会。我到竹园里，郭胡子、秦君侠、仝子春、曹家政都先到了。在竹园里开会时，秦君侠说，你今天就是共青团员了。接着他讲了三个问题：铁的组织、铁的纪律、严守秘密。郭胡子说，不守秘密要吃亏的。保定有个教员是党员，回家后对他女人说他参加了共产党。他女人不知道共产党是啥，对别人说她丈夫加入了共产党。结果传出去了，这个教员被抓着杀了。郭胡子说，这是血的教训，可不能马虎。别的人都没说什么。我入团后与曹家政一个组（组长是李正中，团员有顾式荣），一块儿过组织生活。

当时学校有党、团两个组织，共产党叫CP，共产主义青年团叫CY。成年人入党，青年人入团。党团组织在工作上是统一的，党员有时做团的工作，团员有时也做党的工作。

豫南中学开学后还选举产生了学生会，成员有张克选、曹家政、李正中、肖本表、郭绍仪、李鼎生、王书风共十多人，主席可能是肖本表。

学校党团组织学生参加社会活动，在实际斗争中锻炼成长。这一期，学校领导学生参加多次社会活动，进行反帝、反封建、反军阀的斗争。

（1）1925年9月间，英舰炮轰万县，信阳再一次爆发了反帝高潮，开大会、游行示威、焚烧敌货、打击奸商。会后，两次在羊山烧毁英货洋蜡一千六百箱。在这些活动中，豫南中学的学生都站在了最前列，革命热情很高。

（2）召开"促开国民会议"运动大会。市委（应是地委——编者注）根据上级指示，在国庆节后不久，召开了这个大会。为此，引起了一场反封建势力的斗争。这次大会二女师没有参加，当游行队伍走到二女师门前时，学生会的同学质问女师校长为啥不参加大会，豫南中学有十来个学生到大门内教务处，当面质问校长不参加大会的原因。女师校长认为这是办他的难堪，损伤了他的尊严。当晚就率领教师和学生代表到驻军旅部控告说豫南中学学生打了女师校长，闹了学校。旅长蒋士杰听信一面之词，当即把工会秘书刘少猷（大会游行总指挥）抓了去，扬言还要抓豫南中学的学生。

我们在市委（地委）领导下，进行了针锋相对的斗争，豫南中学成了指挥战斗的中心堡垒，配合工会向封建反动势力展开了尖锐的斗争。我们印制了大量的关于质问女师校长事实真相的传单和快邮代电，寄发全国各地工会、学校，并由豫南中学学生在信阳市内散发各机关和张贴全市。我们学生不怕抓，还理直气壮地把传单直送旅部和女师。

事态发展很快，不多天，全国各地纷纷来电支援，驻军推开不管了。女师校长看势头不妙，低了头，不敢再说什么。新任道尹出面和解，把刘少猷送回工会。至此，斗争胜利结束了。

（3）寒假中的反吴宣传。

豫南中学顺利完成了一学期的马列主义教育课程和其他课程的学习，和其他学校一样，按期放了寒假。这一期学生经过教育提高，加入党团的计有三十人，占学生总数的百分之三十多。未参加组织的，也都有很大进步，在大革命中，不少同学都起到了骨干作用。

寒假里留校的有教务主任秦君侠、体育教员仝子春，同学中有我和曹家政、李正中、郭绍仪、顾式荣、李怀玉、刘瑜、王春莪、李鼎生等九人。在校一面学习，一面办了个平民补习班，秦君侠指派以我为主给学生讲课。

在平静的假期生活中，忽有消息说：这里要打仗啦，说是吴佩孚得到湖北肖耀南的支持，要向河南国民军进攻，在武汉勒索了大批军饷，湖北管钱局出了二百万串，一下子把管钱局弄垮了。

我们的党支持国民军，反对吴佩孚，叫作反吴战争。我们留校学生分作两个宣传小队，我带一个小队，天天到信阳市内宣传，直到战事打响的那天上午，炮弹从我们头顶上空飞啸而过时，才返回学校。这时离学校三里许的马鞍山已被吴军占领，学校完全暴露在敌人的视线之内，而我们却若无其事地仍在院内打球，或舞着宣传小旗玩。当子弹纷纷落到操场上时，我们才跑到屋里去。接着就听到一阵冲锋号，杀声震天地冲了过来，吴军冲过了浉河直逼城下，国民军出城迎敌，在沙滩上一阵激烈的白刃战之后，吴军被击退到浉河南岸，对峙起来。我们的学校陷入敌方，且处于火线前沿，十分危险，留校师生只得离开学校，到柳林去。这个马列主义的学校，至此宣告结束了。

二、信阳党组织转移当谷山

柳林一带在五卅运动中，学校教师和铁路工人，有不少先进分子加入了党团组织。1925年十二月十三日（农历），我们离开处于战火中的豫南中学来到柳林，受到同志们的热情接待。在这里很快认识了周叙伦、周性初、黄训谟、朱业炳和铁路工人同志（忘了名字），还有同学周其刚、王国凤、甘其深等，他们听说我们到了柳林，争相邀请我们到家去。

我们到柳林后，郭绍仪（邓县人）、刘瑜（唐河祁宜人）、王春莪（游河人）、李怀玉（桐柏人）等都转回家了。因柳林有驻军，我们转到当谷山。那时当谷山有四个同志，即吴汉英、吴理生、吴氏祠小学教师陈明轩（明港人）和吴氏祠佃户周先生（即周新育，在柳林任教），同学有蔡焕猷和姓朱的两人。秦君侠老师到当谷山没多停，便和他的女儿小菊去汉口了。这里只剩下教师仝子春、我和李鼎生、曹家政、李正中、顾式荣等六个人。

我们在柳林、当谷山两地同志家和同学家漂流生活约二十天，信阳党的负责人张景增、郭胡子从信阳逃出，也来到当谷山。

经与当地同志研究，为便于工作、学习和不影响群众过年习俗，决定暂住吴氏祠小学，实际上也就是信阳党的机关暂设在这里了。张景增、郭胡子、仝子春和我们五个学生也都住在这里，并生活在一起。

党组织对我们的教育时刻都在进行着，除马列主义理论外，还以言传身教来提高我们。一场大雪之后，天气骤冷。我们几个学生都是学生服内套一件棉袄，没穿棉裤，围住火堆还嫌冷。张景增看到这种情形时说："你越怕冷，就越冷。干革命的，不但学习好、思想好，还要锻炼好身体，养成一个坚强有毅力的人才行。"他说："莫斯科是很冷的地方，早上总有些人抱着婴儿到街上跑一圈，把婴儿冻个乌嘴头才回家去。这就是一种锻炼。"这一席话激起了我们锻炼的兴趣，仝子春提出上山打雪仗去。大家一听高兴了，一齐跑到山坡上，分作两队（包括张景增、郭胡子在内）动手揽雪球掷打起来。互相追逐着，不一会儿，大家身上冒出汗，说不冷了才回去。

郭胡子终日和我们在一起，给我们的印象很深，我们受他的影响也大。我们称他郭先生，他要我们叫他胡子哥。问他为什么留胡子，他说是迷惑敌人用的。他解释说："万一遇到敌人要抓我时，把胡子立刻刮掉，敌人就找不到了。"他还告诉我们，他会气功，运上气，打也不觉得痛。他说："前年（1923年）在保定，把最后一张传单直接送到警察手里，被抓到公安局，打我时，我运上气，任他们打。可是气运不到手指上，第二指被打断了一节。"他伸手叫我们看。他还怕我们不信，立时运上气，叫曹家政拿劈柴棒子打他的肚子，曹家政不好意思重打，他自己拿劈柴棒子把肚子打得咚咚响。还有一次，外边下雪，他在屋里搞冷水浴，他脱了上身棉衣，用稻草沾冷水洗起来。他的身子真结实。

过了春节不久，郭胡子到别处去了，曹家政、李正中、顾式荣等回家去了，我和李鼎生仍住在这里，领导决定让我们两个去广州农讲所学习。仝子春同志是黄埔军校一期毕业生，他把广东的气候、地方习俗以及生活常识等，一一作了详细介绍，使我们到那里心里有底。一个刚从广州五期农讲所学习回来的学员（不记得名字了）也给作了学习情况的介绍，给我们很大帮助。

信阳党组织在当谷山的工作，是继续进行反吴战争。这时战局发展对国民军不利，信阳只蒋士杰一个旅的兵力固守县城，北关车站已被敌军占领，并越过信阳向北推进。我们的同志都处于敌人势力范围内，反吴战争的工作方式方法，就采取了对准敌军运输线进行破坏活动。

根据各区镇的李志生、蔡训明、周叙伦、谢树芳等同志的汇报，张景增等作过多次研究，对工人同志计划造木轨破坏军车的问题，都认为这样做对工人不利。

有的主张扭松道钉螺丝,也有的主张用药水破坏道轨,使敌人认为是敌对军事行动,比较合适。党组织决定采取这一办法。同志们弄来的王水,就在我的床下放着。同志们不断地来汇报或请示,这时吴氏祠小学就成为反吴战争的指挥中心。

在反吴的斗争中,我们的同志和工人积极工作,不怕牺牲,出现了不少可歌可泣的事迹,突出的是:

谢树芳同志从信阳逃出,背着敌军在所到村庄作了不少宣传。走到铁路慢弯处,想扭松道轨螺丝,因用手扭不动,想到村庄上找把钳子,来回走动两趟,被敌军看见疑为探子,被抓去严刑拷打,并用香火烧,始终不屈,只说是信师学生,别的什么也没承认。敌人无奈,把他放了。他解开衣襟露出胸部时,只见他胸部两侧伤疤累累,同志们对他无不投以敬佩的目光。

农历腊月的一天,一个姓刘的司机运用巧妙的方法,在武胜关以北摔坏十二节军车,砸死四百多敌军,自己还脱了险。原来这是从武汉发出的军车,满载军火和士兵。车到广水后,向北是上坡路,必须两个车头前拉后推。车行至武胜关山洞时,不知是谁,把前边的火车头挂钩扭开了,车头和后边列车脱钩了。压车的吴军营长发现后,命令司机停车挂上。司机再三解释:火车正走着不能停,停了会出事的,到站再挂。营长不听,以为司机和他吊蛋,不听他的命令,就拔出手枪对着司机的头,命令道:"再不停,就打死你!"司机看营长不懂,想着停与不停都是死,就来个急刹车和倒车。这样一来,前后两个车头相向用力,忽地把中间列车举起,有十二节车摔到数丈深的山下,其余的歪倒在道旁。营长看出了大祸,把司机五花大绑送柳林师部。师长听说军车出事,大为震惊。师长问司机时,司机说:"请营长先说。"营长如实地说明了事故的始末情况。又问司机、士兵等人,证实军车出事系营长一人造成,当即把营长拉出去枪毙了,说司机无罪,回去继续开车。

春节过后到2月初,敌军已北进很远,信阳只是国民军固守的一个孤城,且双方正在谈判和平解决。反吴战争已无现实意义,党的领导机关转入了正常工作。

我们启程到广州农民运动讲习所学习去。豫鄂战争期间,信阳党组织受湖北省委领导,到广州农民运动讲习所学习,就是湖北省委通知的。农历二月初的一天,我和李鼎生告别了书记张景增和仝子春老师,离开了当谷山到柳林车站北边工房里聚齐。我们到了那里,周叙伦领着周性初、周其刚、黄训漠、朱业炳,还有李廷金、汪涤源（当时不认识）也到了，周叙伦说：介绍信由汪涤源拿着。并交代那工人同志把我们送上火车。说罢他就走了。

到汉口，我们八个人都住在楚光日报社里。四天后，才坐船到上海。从开封去的同志也同时到达，他们是彤德忱（新野人）、郭绍仪（邓县人）、曹家政、李正中、褚有恒（唐河人）、吴天祥（杞县人）、熊章春、李春泉（开封人）、杨笠僧（潢川人）、苏乐涛（汤阴人）等共十人。我们十八个人同住在法租界一个小旅社里（中央派人办的）。在上海住了一个星期，才又坐海轮去广州。

三、当谷山的农民运动

北伐军于1926年9月在围攻武昌的同时，占据武胜关，进逼信阳县城，浉河以南地区完全为北伐军所控制。信阳县委为便于开展工作，迁驻柳林。当时县委书记是周叙伦，县委成员有饶辉南、王伯鲁、张玉衡、刘展宇等，并以国民党县党部名义建立了柳林治安委员会，刘展宇为主任。

我们在广州学习的部分同学随北伐军于10月2日回到武昌道尹公署，在楚光日报社见到秦君侠，秦叫我们帮助湖北的同志搞宣传。10月中旬，周叙伦同志亲自到汉口要人，湖北省委分派我和李正中、周性初、朱业炳等同志随周叙伦回信阳工作。

回信阳后，我分到当谷山，李正中到谭家河，周性初分到李家寨、柳林，朱业炳因病留县委。其他地方如王家店、东双河、西双河等处，也都派了人去搞农民运动。不久，浉河以南广大地区掀起了声势浩大的轰轰烈烈的农民运动。从10月到春节前，各区镇相继成立了农民协会、妇联会、儿童团，并以红缨枪为武器，初步建立起农民武装。同时，对准了土豪劣绅开展斗争，从政治上和经济上初步地清算了他们的罪行。

我是10月下旬到当谷山的。这个地方我并不陌生，去广州学习前，就在这里住过一段时间。这里地势很高，东西有两座大山夹峙着，都是山地。农民很分散，除新街上有二十多户小商小贩外，绝大部分居民都是一户或三两户散居在山冲里的山脚下和小山塆里。但距离都不太远，大声一喊，都可彼此照应。人民生活，除少数地主富农外，都很贫寒，不少农民靠贩运大米维持生活。这里地面虽然不大，但也有绅霸组织的保卫团压榨和剥削农民，使农民更加痛苦。

我到当谷山后，为便于开展工作，就住吴汉英家和学校里。由于有吴汉英和陈明轩两个党员的协助，工作很顺利。我们先搞集市街头宣传，并在吴汉英家隔壁饭铺里，以饭桌为课桌，办了一所平民夜校，男女计有二十多人参加学习。

11月中旬，柳林党委派吴汉英到武汉第六期中央军事政治学校学习，陈明轩学校放了假回明港了，摆在我面前的是一个独角戏的场面。我想：我一个人想铺开当谷山的全面工作是困难的，必须抓住可靠力量。所以，我就在吴汉英家后院和他父亲吴怀堂同住在一间屋里，作为办公地点，依靠其父兄提供的情况，抓紧对吴理统（吴发岭）、贺炳坤、吴相甫、蔡医生（蔡习之）、刘道林等青壮年积极分子进行教育。同时邀请同学蔡焕猷出来帮助工作，并吸收他加入了共青团，让他在当谷山南部负责农协、妇联的宣传和组织工作。

抓紧夜校培训骨干。夜校开始报名时，吴汉英的爱人先说她没有名字，可又说："我就叫刘解放吧！"这是她自己起的名字，代表着妇女解放的迫切要求和思想的进步。当然与她爱人吴汉英的影响是分不开的。以后这个刘解放的名字在当谷山和柳林两地是很响亮的。经过培训的这些积极分子在工作上起了很好的骨干作用。他们在当谷山境内走亲串邻，普遍开展宣传发动工作，收到很大成效，有很多人要求入会。同时，他们还把当谷山的情况——谁好谁坏、绅霸动向，都一一作了调查。

根据农民要求，决定先把当谷山区农民协会的架子搭起来。于11月底，在新街集市上，召开了农民协会成立大会，参加大会的有四五百人，比较成熟的会员有百余人。大会选举了吴理统为农协主席，贺炳坤、吴相甫、刘解放、蔡习之、刘道林、蔡焕猷等为委员。会址在吴汉英家对门保卫团里。从此，当谷山竖起了一面带有黄色犁子的农民协会大旗。在这个农协的影响和会员的鼓动下，农协发展很快，不仅区农民协会会员人数迅速增长，在当谷山南部（蔡焕猷村和寺庙附近）还成立了两个分会，新街北边各村成立一个分会，共三个分会，会员超过一千三百人，并以红缨枪为武器，建立了农民武装百余人。至此，当谷山农民运动进入了高潮。

在开展对敌斗争中，我们采取了区别对待的政策。当谷山有三个较大的绅霸，即吴子民、黄子明及周范卿。吴子民罪恶大，但其家庭较贫，是个代理人，把他抓到柳林治安委员会，经过斗争、教育，他认了罪，放回去了。黄子明是个地霸，罪恶很大，家庭富裕，在政治上打击、经济上清算后，放回改造。罪大恶极的周范卿溜了，没有抓住。但他想以农会这个牌子来保证他的安全未能得逞。他的弟弟找我，也要成立农民协会，被我拒绝。

妇女解放运动以刘解放、吴淑英（即吴相镜）为主成立了区妇联会（成立会在水果庙教室里举行）。为了树立正气，取得妇女的真正解放，对行为不端的个别妇女进行了大会批评教育，因而妇联会员很快发展到四百多人。

儿童团是以学校学生为主建立起来的，逐渐发展到没上学的儿童，共达百余人，选举吴汉英的弟弟吴天（即吴传诗）为团长。

经过紧张的工作，到年底（春节前夕）统计，农协、妇联、儿童团总数将近两千人，整个当谷山，到处都飘起了革命红旗。

发展党团组织，建立领导核心。当谷山上农民运动发展很快，但农民协会会员组织不纯，思想复杂，和反动阶级有牵连的人也混进了农协。因此，必须发展党团组织，加强领导。先后发展吴理统、贺炳坤、吴相甫、刘解放、吴四哥（吴汉英的四哥）和猎人吴相立等六人入党，吴淑英被吸收入团。于农历十一月间建立了支部，全支部包括两个团员在内共九人，我任支部书记，吴理统、贺炳坤、蔡焕猷任支部委员。

吴汉英的家是个典型的革命家庭，全家六口人，个个对革命都有不可磨灭的贡献。他爱人刘解放和他四哥都加入了共产党，他弟弟吴天担任儿童团的团长，他母亲年近七十，在组织妇联工作上起了骨干作用，且支持党的活动，他父亲为抗拒敌匪搜查，也被敌杀害了。

党中央为促进农民运动的健康发展，于1927年的2月（应为农历三月中旬——编者注）派于树德同志来柳林慰问，信阳县委召集全县农协代表百余人，在王家店学校里（西屋教室）开会。当谷山农协代表吴理统、贺炳坤、吴相甫和我都参加了会议。在会上，于树德同志讲话生动有力，扣人心弦。当他讲到农民所受压迫的痛苦时，禁不住流下了眼泪，引起了全场代表失声大哭起来。这个会对代表们启发很大，教育很深，从而激发了更高的革命热情。

围攻九里关，打掉税卡，为民除害。号称河南先遣队的一支不足百人的队伍驻扎在李家寨、王家店、九里关三处，因他们不是武汉政府的正规军，靠自己设税卡和搜刮地方财产来维持生活。他们为敲诈当谷山一个较富的寺院（名字忘了），事先不和当地农协联系，竟无故逮捕该寺全部和尚。该寺分农协主席李益三汇报后，我和农协委员蔡习之于正月下旬一天下午，直接到李家寨先遣队总部质问。我们在门房等了很久，把我一人叫进去，让我坐在一条长凳子上。坐在靠桌边床沿上的一个人摆出长官气派，盛气凌人地问我："你来这里有何贵干？"看样子他就是先遣队的司令了。我当时也不客气，就直接把问题提出来："为什么事先不和我们农协联系，到我们那里抓人？"他听了勃然大怒，放开嗓门，带着威胁藐视的态度说："我们抓反革命，没有必要和你们说！"我也针锋相对地大声说："我们农协对地方每一个反革命都了如指掌，你们抓人和地方联系有什么不好！实际上是你们看不起地方革命力量。"就这样我们发生了言语冲突，辩论到深夜我才离开先遣队，从小路翻山回到当谷山。

农协的同志看我晚上没回去，以为被扣，连夜到柳林汇报。县委一面写报告派专人送武汉，在《楚光日报》上揭发了先遣队的暴行，并呈报国民政府；一面以地方农协名义，下手没收了该寺的全部财产，使先遣队没得到好处。时隔不久，农历二月初，国民政府下指令就地解除先遣队的武装。这天下午，我们当谷山农民武装百余人直奔九里关，把它包围起来。先遣队在这里驻扎的一班人全部缴械，计长枪十支、二把盒子一支、马一匹，这不仅为地方除了一害，也给当谷山农民武装增添了很大的力量，更鼓舞了农民的革命信心。

柳林军民反蒋大会。1927年农历三月中旬，柳林驻军和治安委员会联合召开军民大会。会场在柳林东边河滩上。大会由革命军三十六军第八营唐营长和治安委员会周新育主持。我们对这个大的集会很重视，做了充分的准备，全体农协、妇联、儿童团近两千人，各执小旗，整齐列队，人人振奋，情绪激昂，在田间小道上蜿蜒数里。到达会场时，唐营长亲临指挥排队。大会郑重宣布了宁汉分裂，揭发蒋介石叛变革命的罪行，提出了反蒋口号。大会还印发了汪精卫半身照片。会上，唐营长和周新育都讲了话，大家情绪很高昂。

1927年4月下旬，国民革命军准备二次北伐，我被调到三十六军政治部，便离开了当谷山。

四、随师返回信阳，平定叛乱

1927年5月初，国民革命军第四方面军刚开到驻马店，安排了西平和上蔡两路战役（上蔡、周口归张发奎和叶挺指挥）。信阳的反动豪绅紧接着蒋介石的"四一二"叛变之后，乘革命军北上开走，后方空虚之机，组织叛乱，扒铁路，杀害革命干部，破坏村镇革命组织，扰乱北伐。三十六军奉命派一师长带两个团返回信阳平乱，我和政治部主任夏秀峰随军来信阳。到信阳后，我到市党部（即县委所在地，在车站附近）找到周叙伦。县委研究了如何协助革命军平定叛乱，并决定下去分头组织农协力量，给革命军带路做向导，并规定脖系红布条作为记号。会后，大家都立即下去传达，周叙伦也亲自下到柳林、王家店一带传达、组织力量。

我向主任、师长汇报了县党部（即县委）帮助革命军平乱的决定后，师长即下达命令到各连队。第二天从浉河南岸到李家寨沿铁路全面展开向叛匪进攻。到处都可看到农协同志三五一组，手执红缨枪，精神抖擞，勇敢地走在革命军连队前头，向村镇、向山头迅猛地追击叛匪。

师长、主任我们七八个人，站在东双河北边铁路以西三里许一个山坡上，对面山脚下松林里聚集百余匪众，离我们只有二百米远。革命军派两个班沿田埂过去，一排子弹打倒几个，他们吓得慌忙逃跑了。

叛乱很快被平息，我们在李家寨车站停了一夜，便开回信阳。这时听说周叙伦同志昨天中午在王家店附近被革命军内一个反动连长枪杀了。噩耗令人痛心，殊为惋惜。

回到信阳的当天晚上在火车上召开党员会，营指导员邱书番在来开会的路上，被岗哨打死，又出了一件不幸的事。主任夏秀峰对当前形势作了分析，他说："蒋介石的叛变革命已波及这里来了，地方的反动阶级组织暴乱，扒铁路，扰乱北伐，这与蒋介石的直接驱使有关。信阳县委书记周叙伦正在帮助平息叛乱中，竟被革命军内的人杀害，这是值得深思的。很明显，这预示着部队里的反动势力要发作了。并且在士兵中，已有反动言论流传，情况很严重。同志们不要怕，要做好工作，到前方做好伤兵的救护，宣传民众，以保持革命的稳定。"

五、当谷山的惨痛事件

革命军沿平汉线，经过西平、漯河、临颍三大战役，和冯玉祥部队会师于郑州，后全部撤回武汉。从6月上旬到7月中旬，信阳村镇的敌我斗争越来越激烈。地方的反动豪绅组织枪会匪众，不断向我基层革命组织反扑，造成惨痛的流血事件。柳林一带的同志，妇联主任郭玺坤、周其珍、陈振瑞和通讯员小王等，都先后跑到武汉来。他们告诉我叛乱匪徒突然袭击了柳林，同志们有的走了，有的藏起来了，彭其昌同志被抓住杀害了。

7月中旬，吴汉英（在武汉军校学习，6月份回当谷山）和他母亲、爱人刘解放、他四哥、弟弟吴天等一家五口人来到汉口。这革命的一家人是从虎口里逃脱出来的。在大智门车站一见到我，都是泣不成声、泪流不止地告诉我当谷山所发生的惨痛事件："前天五更里，那个姓周的恶霸带着红枪会，突然把新街围住。这时农协里只有吴理统、贺炳坤、吴相甫、吴相立和支书王春莪（汪圣清）五个人，他们趴在房坡上或墙洞里对敌射击。散在家里的人已无法集合参加战斗。打到半晌间，外无救援，子弹也打光了，敌人砸开农会的门，五个党员同志全部被俘，被拉出去枪杀了。贺炳坤同志毫不畏惧，指名蹦着大骂姓周的恶霸，当子弹打到身上时，一跃数尺高，后倒在血泊中壮烈牺牲。"吴汉英还说敌人到他家搜查，为救他，他父亲（吴怀堂）训斥并大骂敌人是土匪，也被杀害了。

我听了这一惨痛的事件，心痛欲碎。我安排了他们的生活住处后，回到政治部里，心绪再也平定不下来。回想这五个同志除王春莪是豫南中学同学外，吴理统、贺炳坤、吴相甫、吴相立等四位同志，都是我一手培养、介绍入党的，他们惨遭杀害，令人惋惜。他们的牺牲和当谷山农民武装基础被摧毁，是信阳革命的一个很大损失。这时，大革命已经处于失败的尾声，武汉政府摇摇欲坠。党里已有通知，政治部党员一律辞职。7月下旬，我辞职后，被调回开封去了，从此当谷山的消息再无所闻。

原载中共信阳地委党史资料征编委员会编：《丰碑——中共信阳党史资料汇编》（第十二辑），1986年，第347～365页。

我在信阳工作的一段回忆

◎ 曹家政

我叫曹家政,1925年初在唐河加入共青团,1925年秋考入信阳豫南中学。1926年春,党派我到广州农民运动讲习所(第六期)学习,同年10月结业,适值武汉解放,被派往湖北汉阳工作。1927年7月国共分裂,上级党又命我回河南,在信阳城内一亲戚家碰见党的负责人张景增,分配我去确山搞农运工作。确山暴动失败后,我随农军到信阳西部的四望山。

张耀华同志所写的我们同在信阳从事革命活动的回忆,除四望山暴动有关史实我要写在下面外,其他是大同小异,唯去上海不是同路,因此我有所增补。

1926年1月,信阳党组织在豫南中学成立了反吴(直系军阀吴佩孚)宣传队,蔡训明为队长。共分五个小组,我为第五组组长,该组成员有金正宏、陈九思等同学。我们携带标语传单,由柳林出发,绕道到确山(此时信阳城被吴军包围),沿铁路北上至郑州,时国民军已节节向西败退。吴兵在郑州的所为,耳闻目睹,令人发指。吴兵清查户口,可疑的人捉住很多,在地上画个圈子,河南人叫"圈圈",而陕西人称"圪辣子",凡称"圪辣子"的人抓住格杀勿论。陕西人在郑州做小生意的很多。我走到乔家门街口,看到有一家六口全被杀死在街心。另有两家开饭铺的,眼看就要遭殃,此时围观的人很多,你一言,我一语,其中有人高呼:"你们(指吴兵)有本事到陕西杀,不要在郑州逞凶。"吴兵见众怒难犯,才没敢动手。我们不敢在郑州久停,便徒步去开封,党组织安排我们食宿在圣公会(福音堂)内。鉴于开封的形势同郑州一样紧张，乃徒步到淮阳，由省立第二师范校长吴丹坤（中共党员）发给路费，我们一行辗转月余，回到柳林。休息几日后，党组织又通知我去开封，由吴芝圃带队到广州农民运动讲习所（第六期）学习。同行的还有彭德忱、郭绍仪、李正中、褚有恒、熊章春、李春栗、杨笠僧、苏乐涛共十人。

临行，吴芝圃对我们说，此去广州，沿途军宪盘查很严，须得小心谨慎，并将十人分成若干小组。吴会拉二胡，临时教我几出河南梆子，如《甘露寺》《空城计》《教子》等，由开封—徐州—浦口—南京，遇人盘查时，我俩都说是去上海戏院谋生活的，就这样，顺利地到达上海。党事先已在法租界一小旅社为我们准备好住处，而后，搭上"泰安"轮船，直抵广州。这是我离开豫南中学去农讲所的一段经历。

1927年秋，党派我到中共驻马店办事处任秘书，办事处主任是李鸣歧。10月末，豫南特委在确山的刘店举行秋收暴动，成立了以马尚德（即杨靖宇）为总指挥的工农革命军。12月上旬，农军在汝南王楼一带活动时，突遭敌人袭击，死伤二十多人，豫南特委书记王克新身负重伤，由我护送到驻马店一同志家治疗，蔡训明、李鸣歧等率余部向四望山转移。两天后王克新因流血过多牺牲，临终前写下遗书叫我送给蔡训明。我安排了王的后事，在离信阳北的古城不远的地方才赶上队伍，当时只有二十多人枪。经过古城，同地方民团打了一仗，缴枪数支，天黑时行至游河，又同反动民团遭遇，我们一阵突击，把敌人打得抱头鼠窜。翌日拂晓到达冯家庄，受到当地农军的热情款待。此时大概已到12月中旬。

冯家庄是信阳西部一个山中小镇，距离县城约五十里，生意尚好。信阳、确山农军会合后，不几日即开始整训，改名为"工农革命军"，成立了总部，总队长是张志刚，辖三个大队，马尚德（伤愈后赶来）、朱业炳、张××（胡子）分别任大队长，另有政治部，由蔡训明负责，下分组织科、宣传科、农运科、后勤科。后来农运和后勤两科合并，由我一人负责，经常奔走于四望山和冯家庄，既是交通员，又是战斗员，终日忙个不休。

四望山距离冯家庄约四十里，山上有石寨，南北门筑有炮楼，内有房屋数十间，有简易医疗所、小型修械所及禁闭室，囤有许多粮秣，是工农革命军的后方。如果敌人围剿，可以支撑若干时日，这是后话。

我到冯家庄做的第一件事情是镇压叛徒王老四。先前在确山刘店暴动时，由于我们势力薄弱，恐难举事，决定收编一支以王老四为首的十多人枪的土匪武装，王老四出于形势所迫，情愿收编。但在王楼战斗时，他一枪不发，带人逃遁，致使我基干农军失去左翼，损失惨重。他的行径王克新看得很清楚，故在临终时留下遗书，要我亲自交给蔡训明，决定除掉这一隐患。蔡让我去执行此项任务。王老四是个彪形大汉，力大如牛，平素手不离枪。如何将他处决呢？经与两个助手反复计议，决定智取。一天夜晚，我到王老四的住室（一农民家），他正在床上吞云吐雾（吸大烟），他平时视我为小孩，也不戒备。我说："我肚子有点疼，给我吸两口。"他边吸边从身上掏出几条手枪子弹（每条十发）和一块生烟土，这是他的心爱之物。正当王老四欣喜若狂的时候，我顺势从床上将盒子枪拿到手，大喝一声"快来"，说时迟，那时快，两个助手疾步进屋，连发几枪，把这个惯匪毙倒在床下——这是王老四应得的下场。

为巩固四望山革命根据地，党组织决定务必尽快扫清周围的反动势力，首先拔掉了游河民团。这股反动势力（有三十人枪）处在冯家庄左近，扬言同"赤匪"不共戴天。农历腊月的一天上午，由朱业炳率一个大队农军，将该民团驻地包围（在一座庙宇里）。连攻两次未克，围至傍晚，敌人内部哗变，团总被捉，其余团丁开门投降，农军随之进驻游河。

占领游河后，平昌古城的民团犹如惊弓之鸟，不几日内，在地方党组织的配合下，该地亦被农军占领。至此，工农革命军威名大振，队伍迅速扩大到二百多人枪，冯家庄周围百数十里均为革命势力范围。这时我的工作非常繁忙。因为我的主要任务是负责农民运动，工农革命军每开辟一块地方，我就得到那里把农协组织建立起来，代行地方政权；把青壮农民编为赤卫队，保卫革命政权。与此同时，各赤卫队有时夜间三五成群，专门捕捉隐匿的土豪劣绅及其走狗。这个办法很有效，数日之间，根据地内的几个民愤较大的土豪都被抓起来镇压了。当时农民赤卫队的积极性很高，后来有的夜间还出发到根据地以外十多里的地方抓土豪，并得了不少财物。记得有一次我带十余人出发到黄龙寺西边一个地主家中，事先全家人都跑光了。有的同志饿了，到厨房一看，案子上放着一堆油条，尚有余热，我们抓住就吃，谁知吃后不久就吐的吐，泻的泻，大家都目瞪口呆，不知所措。我到前湾里找到一位贫穷长者,是这家地主的佃户,他如实告诉了我们。原来是这家老财仇恨农军,专门用桐油和棉油炸的油条,让我们来讨苦吃。他告诉我法子,给我们用开水泡上浓茶,每人喝一大碗,不一会儿就好了。由此可见,当时的阶级斗争是很激烈的。得此教训,我告诉大家,今后凡是到老财家,不准随便拿东西吃。

我们最大的一次军事行动是攻打信阳车站,时间大约在1927年12月末。由蔡训明、马尚德、张志刚、王伯鲁等亲自率领主力农军二百人枪,于一个星期六的傍晚从冯家庄分三路出发,十点钟左右到达信阳城西墙边作短暂休息。白天已有部分突击队员伪装成卖柴乡民,潜入城里,以做内应。我负责交通,事先将敌军分布情况侦察清楚,按时到义光女校前院(此时校内无师生)同大队长朱业炳接上头,即随队入城。搞掉两个岗哨,队伍径直抵火车站附近的袁家大楼(民团军部),同民团交火打了个把小时,我突击队在大楼北边拐弯处将民团军团长朱立亭活捉。当总部通知回师时,情报人员报告大同医院后边一家民宅驻有一班民团,我自告奋勇,带十多个队员,将该处民宅包围,高呼口号说:"我们是穷人的队伍,你们的团长已被活捉,缴枪不打!"须臾,里面应道:"请不要打枪。"接着大门打开,为首的团丁说:"请进来收枪吧!"就这样不费一枪一弹,得枪十余支。末了,我问对方为什么这样爽快,其班长说:"我们都是穷老百姓,是被迫来干的,既然团长已被活捉,我们何必流血呢?你们若看得起这班弟兄,我们随你们去。"我欣然应允,叫大家赶紧收拾行装。赶到冯家庄,天色已经大亮,当地农民已备好酒饭,迎接胜利归来的队伍。

第二天,蔡训明叫我负责把朱立亭押至四望山,关在山寨的一个禁闭室内,命其写信,限期要信阳民团以二十架盒子枪和其他财物赎回。后来盒子枪及其他财物虽然也送来一部分,总部又把朱立亭押回冯家庄,召开群众大会,宣布他的罪行,连同几名具保人一并枪决。现在回忆起来,这样处置俘虏未必妥当,但当时我是坚决主张杀掉的。

工农革命军的节节胜利及乡村农民运动的蓬勃发展,使信阳的反动派惊恐万状,惶惶不可终日。1928年2月初,信阳、罗山两县民团聚集数千人,在冯玉祥正规军的配合下,开始围剿四望山。当时豫南特委领导人正在冯家庄召开会议,准备筹建苏维埃政权。得到情报后,蔡训明、马尚德等同志认为敌人势众,主张立即转移，另作良图。而信阳的同志如王伯鲁、张志刚等则力主硬拼，态度非常坚决。于是分头组织，准备战斗。谁知中午敌军一到，除有密集的机枪声，还有大炮轰击。未经正规训练的农军及农民赤卫队一时惊慌失措，自行混乱，只剩少数主力农军边打边撤，第二天退到龙门新店西山阻击，寡不敌众，我带彩只身逃到应山一农民家养伤，半月后返回唐河老家，见到蔡训明、马尚德（已先我几日逃到我家中隐蔽），听他们讲，所有的同志都打散了。从此，我再也未到过信阳。

日月荏苒，历史如斯。四望山暴动已是五十八年前的往事了。我作为幸存者尚能向党的编史单位奉献当年斗争的鳞爪史迹，以释我多年感伤之情，堪可告慰牺牲的烈士于九泉。这仅是我个人所历所知，错讹之处在所难免，敬请知之者指教。

原载中共信阳地委党史资料征编委员会编：《丰碑——中共信阳党史资料汇编》（第十二辑），1986年，第366～372页。

董必武、董觉生对早期黄安革命运动的开拓

◎ 陈继唐

我与董必武当年在湖北省黄安（今红安）县城南街是邻居，我们两家早几代即成世谊关系。董老参加辛亥革命后，在家乡作了许多革命活动。我的叔父陈采芹与董老志趣极投，大约在1916年的护国战争之后，他们在黄安县城组织了一个革命团体，名为政治商榷会。我曾在叔父的书箱中看到该会的一叠空白会员证卡。叔父当时在城内武营（前清设置的遗址）教私塾，并在私塾开办一个阅报社，每天有很多人去看报，我当时才发蒙读书，对此懵懂。

记得叔父陈采芹与董老曾一度共事，董老任川盐总局局长，叔父当卡长，驻宜昌。我叔父后来曾由董老介绍任远安县教育专员，在民国八九年间，病逝于远安。

董老家居时极少，每年过阴历年时才看得到他。记得我小时，董老曾教我和邻近的几个小学生学"注音字母"。教学拼音，这在黄安是首次。

1924年初，董老和他的几位同乡挚友，为改革和普及黄安国民教育培训师资，发起创办了黄安县师范讲习所，我考上了该所。教员都是董老介绍的。开办不久，在古老落后的黄安学风中，顿出新的风貌。董老每逢寒暑假回家，我总要亲聆他几次教诲。董老的堂弟董献之是我在讲习所的同学，胞弟董觉生衔命回黄安建党时，我是他唯一的左右手，长时形影不离。

董老的家，是个世代书香之家，他的父亲是秀才，四叔是廪生，他本人也是秀才。全家当年学优士子满门，多业教书，是县人皆知的世代寒士家风。先前也曾开过

商店,店号"恒豫"。在我的记忆中,未见正式开业,店门从未全开,货架空无一物。店门春联是"恒丰临大有,豫泰萃同人",年年春节,联换内容不换,有时是董老的亲笔。

董老曾任国民党湖北省党部常务委员,兼湖北省政府农工厅厅长,那时还是"举家食粥"的寒士家风。解放后我曾在某一青年刊物上见到董老的一首诗,记得头四句是:

出身旧家庭,

世网重重裹;

冲决诸罗网,

首要在忘我。

1961年暑假,我去北京襄理女儿婚事,曾拜谒董老。由于我与董老的关系属于世代故交,情同亲属,遂将我的爱人、女儿、女婿、小儿等一同带去拜谒。承董老约见于怀仁堂,见面时我一一作了介绍,会见厅里,呈现形同天伦之乐的亲热气氛,我们言谈举止,毫不拘谨。董老得知我的女儿和女婿都毕业于北京大学历史系,小儿毕业于武汉大学历史系,一再表示赞许。旋即问及我在黄安城内世居的几家同族,当问到"万元"(我同族的一家大杂货店)时,我说他家早已人亡家破,后嗣无人。董老听后,叹息良久,以这个谈料为题材,向我的儿女们讲起旧社会资本家的发家历史。董老说:"你们都是学历史的,这是一门很重要的科学,'万元'的兴衰,就是资本家发家史的活教材。他家的衰我不清楚,而他家的兴,我是亲眼看到的。他家原是个赤贫之家,几个能出力的人,无年无月无日无夜地拼命卖劳力,也难糊一家人之口。住在城市青石板上,不若在农村靠土可以营生,这就是城市贫民的典型。你们家几代的情况,也是如此。'万元'后来由摆小摊到开馆子,家境就渐渐兴旺起来。若干年后,终于成了黄安县城的唯一的一爿大杂货店,并买起田来,成了雏形的资本家。今听你们说他家竟落得如此下场,自有其一定的必然因素。'十年穷富几多人',这句黄安老话,是值得玩味的。"谈到写黄安革命回忆录时,董老对我说:"这个资料很重要,写时不一定求全,想到一点写一点。对于当时参加的人,不管是什么人,不管他以后是不是叛变,你们都要照当时的实际情况写,不要因为某人后来不好了,你们就不写,写历史就要写历史事实……"事后,时光流逝,浸渐年复一年,数载后,十年浩劫来临,不容有心及此,浩劫未了,董老竟溘然长逝,自后及今,每一思及,辄有不胜此恨绵绵之感。

1980年冬,红安县革命史编写组的同志们远道前来搜集资料,其重要性与董老当年对我的嘱咐如出一辙,我想再不能犹豫不决,便写成这个回忆录。

讲习所学生带头宣传纪念国耻日

1924年5月7日清晨,一个地处鄂东山陬沉睡了不知有几个世纪的古老的黄安城,蓦地沸腾起来了。董老带头发起成立的黄安县师范讲习所的学生,为纪念"五七"国耻日,着白制服,拿纸旗,五六人一组地分成若干组,分散在全城各街道,边走边呼革命口号。他们还散发传单,贴标语。

这时,这个小城最热闹,各行各业的人们,从事各自的活动:由四乡进城赶集购物的,以及卖菜的、卖柴的和各种农副产品的小商贩,都涌向城内,万头攒动,人声嘈杂,煞是热闹至极。正在此刻,人们骤然看到这些学生异乎寻常的行动,都纷纷议论开了。

原来,黄安县师范讲习所为纪念"五七"国耻日,在早几天就做好部署,拟定活动步骤,以达到启发群众爱国思想的目的。这天清晨,他们利用集市人群麇集之际奔走大街小巷进行活动,预先造成一种声势,引起好奇心,让群众更好地了解"五七"国耻。经过这个早晨的活动后,学生向人群发出呼喊,说在今天上午8时后,有大批学生队伍游行,最后齐集校场岗开大会。此话一传出,一传十,十传百,很快传到四乡。

是日早饭后,四乡群众叽叽喳喳地从四面八方奔向县城,城内各家各户,老老少少,都倾巢而出,集聚在自家的大门口及中心街道。大街小巷,人群熙来攘往,络绎不绝。

是时,黄安县师范讲习所学生,身着白色制服组成的游行队伍,以音乐队为前导,像一条银色长龙,从所址城隍庙出发了。他们高唱悲壮的歌:"高丽国,琉球岛,与台湾,地不小,可怜都被他侵吞了。到今朝,乘我国势飘摇,欧洲血战还未了,又提出,灭国条……"

队伍进入街道，人群自然而然地站在两边，目迎目送。队伍高呼口号："打倒日本帝国主义""反对二十一条""誓雪国耻""保卫中华"。每呼一口号，队伍里的无数纸旗挥动一下，唰唰作响。紧接着，黄安县一小、女子小学、模范小学等的游行队伍，陆续出发。各校队伍游遍全城后，都向校场岗集中，看热闹的人群也潮水般地涌向校场岗。各校都派人在群众里散发传单，一时如雪片纷飞，人们你抢我夺。

岗上在先一天即搭好二座演说台，各校游行队伍，按到岗的先后次序在台前排列，并派代表上台，公推黄安县师范讲习所的领队——该所主任姚虞卿任大会主席。姚宣布大会开始，沸腾的岗上，立即鸦雀无声。他报告开会宗旨后，各校代表轮流演说。第一个演说的是师范讲习所教员李镜唐（地下共产党员和地下国民党员），他以《国耻歌》为演说题材，声讨卖国贼袁世凯想做皇帝，与日本帝国主义勾结，丧心无耻地接受了日帝提出的二十一条的罪行，并把条文一条条地向群众讲解，说这就是日帝要亡我国灭我种的条约，是我国的一大国耻，我们炎黄子孙神明贵胄，要誓死反抗到底！今天5月7日，就是这个触目惊心的国耻纪念日。到了每年今日，都要举行纪念，枕戈以待，永志不忘。由于他情绪异常激动，声音喊得嘶哑了，直至涕泪俱下，讲不下去了。最后，他拉大嗓门说，我们要从现在起，对日帝的为患，百倍提高警觉，奋发自强，坚决把列强耻笑我们的"东亚病夫""一盘散沙""五分钟热忱"等耻辱帽子甩掉。其他各校的代表，也都先后发表了演说，一个个情绪激昂，全场不时爆发出雷鸣般的掌声。

演说毕，有代表向大会提议，临时组织一个各校联合请愿团，向县公署请愿，公推大会主席姚虞卿领衔带队。至此，大会即进行最后的一项议程，呼口号散会。接着各校队伍和全场人群，有秩序地纷纷散去。请愿团即进城走向县公署，领队姚虞卿高高站在县署大堂门口宣读请愿书后，高声要求县知事"急电督府，严重交涉"。此刻，县知事李墨林手足无措，一声不吭地呆立在大堂之内。

这次群众运动在黄安是破天荒的第一次，若非师范讲习所计划在事先造成声势，形同给群众注射一次清醒剂，拨动他们凝涩的心弦，是不可能出现这样壮观的场面的。

各校一连数日停课，是日下午，组织宣传队赴近郊农村进行宣传。师范讲习所组织了五个队，其他各校各一个队，宣讲人员，除师范讲习所由学生担任外，其他各校概由教员担任。5月9日为二十一条签字之日,讲习所学生还单独在城内和近郊举行一次游行宣传。

从此以后,广大群众的思想,渐渐转到留心国事方面上来,对于什么是帝国主义,什么是军阀,以及中国当时面临的危机,不少人觉得与自己也有密切的关系。过了不久,还可看到有些商店自觉不再进货,群众耻于买日货的可喜现象。可以说这次爱国运动的发起,是黄安初期革命运动的嚆矢,为之后黄安革命的崛起播下了种子。

黄安青年协进会的组成与活动

1924年,在武汉中学训育主任董必武的领导下,黄安旅省学生在武汉组成黄安青年协进会。发起人为武汉中学和第一师范两校的黄安籍学生董觉生、余泽涵、徐希烈、王文焕、杨朴、程亚主及张培新等人。凡在武汉各校就学的黄安进步学生,多数加入了该会。这些会员又在武汉其他各界服务的黄安青年人中发展会员,并利用各种方式、各种可以利用的机会,进行革命性的活动。

黄安青年协进会出有会刊《黄安青年》,以扩大宣传面和影响。董老为该刊写了《发刊词》,记得开头四句是:"土积成山,水积成川,先民有言,细大不捐。"这股新风,从省里吹到黄安县来。不久,县里便组成了一个分会,负责组织者为余泽涵(地下共产党员和地下国民党员),他当时系以黄安天足抽查专员的名义回县。入分会者多系黄安县师范讲习所的学生,他们按总会的要求而行动。

平民夜校首次在县城的出现

1924年冬季,黄安县师范讲习所学生自治会在县城开设一所平民夜校,借扫盲作掩护来宣传时事,给广大群众以革命启蒙教育。夜校设在县公署头门大院内,市民中无钱上学的劳苦青少年来报名的极为踊跃,教材采用《平民识字课本》。师范讲习所学生轮流担任教师,借作教学实习。每晚上课两小时,以一小时读书识字,一小时作时事讲话(专人担任),并灌输一些革命知识。由于夜校在黄安是个创举,引起了人们的好奇，每晚教室外面也有人群，大家对讲时事特感兴趣。因此夜校的设立，不仅深得广大群众的热烈拥护，而且博得广泛的好评。

农民运动的兴起和发展

黄安的农民运动，萌芽于1922年，先是有省一师学生王文焕、徐希烈利用寒暑假在农村开办农民识字班，即农民夜校，当时在槽门村办了一所。另有武汉中学学生王鉴在王兴六村也办了一所，其目的是为开展农民运动布下种子。两村均属高桥区，该区是黄安农运搞得最早的。自是以后，其他各区亦陆续间有农民夜校的设立。到1924年，有了青年协进会，农民运动便成了该会会员在农村作革命活动的中心任务，很快在全县农村相继展开，其具体形式是组织农民自己的团体——农民协会。当时除发展较快的高桥区外，还有桃花区、永和区、七里区、紫云区等，团结、教育了广大农民。因此，黄安初期革命的基本力量便蕴蓄在全县广大的农村。

1925年，湖北大部分地区春荒严重，黄安荒象更甚。在青黄不接之际，黄安县北乡的奸商将囤积的粮食，偷运往外地出售，牟取暴利。五六月间，奸商的运粮排经过县南高桥区时，有觉悟的农民群众，在农运工作者的鼓动下，群起拦抢奸商偷运的粮食，奸商即向县署控告农民。县署即派衙役多人下乡拘拿，因农民团结紧，衙役抓不到证据，没有拿到一个农民，便乘机在各村肆行打劫。其时正值暑假，从省里回乡度假的学生吴亮友、徐希烈、王文焕等，出面代遭衙役打劫的农民向县署告状，结果，官司农民一方打赢了，其损失也得到赔偿。

自此，青年学生在农民中的威信更高。这些学生都是青年协进会的会员，他们趁热打铁扩大宣传，更进而处处抓住农民的心理，现身说法，历数农民的疾苦，同情其遭遇，并穷究其根源来唤醒农民充分认识自己的社会地位和力量，以坚定其革命信心。这样，在农村兴起的为农民兴利除弊的农民协会，更见迅速地在全县各村组织起来了。

当时秘密的国民党湖北省党部，有鉴于此，决定派人到黄安县建党和兼农运领导。到这年秋季，董老派董觉生（董老之弟，中共跨党党员）为特派员去黄安。

董觉生到黄安后，为便于秘密工作，便住到离县城20里外的帅家畈他的亲戚帅翰卿家中。帅翰卿是当地小绅士，受到董家的影响，崇拜董老兄弟，倾向革命，家中只有夫妻两口，房舍庭院极为宽阔，董觉生即利用帅家作掩护。至是，帅家畈便成为当时黄安农运的秘密中心。

时令已入冬季农闲季节，农运领导利用这个时机，帮助农民学习文化和增长革命知识，同时也为农民创设一个正规的娱乐场所。于是，在帅家畈和杨家湾两个村农协各办一所夜校，推举几位同志分别担任教员，编写教材，刻印教材（均系纯义务）。帅家畈的夜校设在帅翰卿的学屋，由董觉生任教员。杨家湾的夜校设在该村的私塾，由陈家祥（黄安县师范讲习所毕业）任教员兼刻印教材，教材由吴亮友编写。

两校开学后，深得农民的欢迎和赞助，都说这个新办法太好了。教员有能歌会奏管弦乐器者，在每次上课前，总要表演一番，以活跃气氛。因此，每天晚饭后，男女老少，都自动集中到夜校来，邻村有不少农民还打着火把而来。教室坐满，室外也是人群。上课时，室内室外的人都静下来，认真听讲。人们一致认为是开眼界，比看灯看戏有意思得多。时间一久，还带来个受人称赞的好处。过去农村每到冬闲的许多游荡恶习，诸如聚众赌博、抹牌之类以及各种迷信活动，都有所敛迹。这个经验取得后，特派员董觉生即通告农协负责人，如法进行，但由于当时很多农协缺乏教员和经费，继之办校者，为数极少。

约在半年后，在有农协组织的村子，又出现另一种为农民称快的事，即农民协会成为农民排难解纷的司法机关。凡农民中发生纠纷，即由农协开会评理，人人主张公道，是非立即判明，当事者双方不费分文，纠纷即可得到合情合理的解决，终至言归于好。这种办法，与以往由武断乡曲的绅士从中操纵，在两面挑拨是非，蓄意从中渔利，每使纠纷越纠越纷，双方都要花费不少冤枉钱，也得不到合情合理的排解截然相反。还有在纠纷双方同姓中拥有族权的房户长，顽固坚持不近人情的封建族规家法，常使人们的关系陷于难解难分的紧张状态，每因细故，演成大祸，造成亲亲相仇的种种恶果。如今有了农协，绅士不打自倒，房户长制更是行不开了。过去那些在人事纠纷上造成不合理的现象，一时竟然不复见于农村了。

在此农运发展的大好形势下，到1926年初，全县10个区成立了区农协的已占多数，可成立县农民协会。唯当时必需的人力物力不具备，县里又无适当举行农民代表大会的地点。因此，经请示批准，由特派员董觉生在帅家畈召开有关人员大会，选出了由徐希烈、王执富（徐、王二人都是共产党员）等若干人组成的黄安县临时农民协会委员会，暂以帅家畈为临时会址。这样董觉生兼领导农运的仔肩就卸下了，专事建党工作。

国共两党党组在黄安同时分建

国共两党合作后，董老这位资深的革命家，是当时国共两党的上层最有影响的权威人物之一，特别在武汉青年群众中的影响最大。黄安在武汉就学者直接受到董老革命思想熏陶的，以武汉中学和第一师范的为数最多。他们对董老的尊崇，有如众星拱北辰，言听计从。这是董老开拓黄安革命运动，建立黄安党组织的良好条件。

黄安的建党工作，是国共两党同时进行的。对国民党组的建立，是我党统战政策的需要。当时在黄安，两党党员都有，共产党员多跨党，唯人数都不多，且多在武汉，县里寥寥无几，势成徒具党员资格的个人，无组织为之领导活动。自有青年协进会以后，由于该团体注入了党的血液，人们在其革命思潮和活动的影响下，倾向革命，寻求党组织者，日见其多。但在当时，只限于知识分子，对向工农及其他劳动群众中发展，时尚有待，因此发展党员的方向，只有伸向教育界。

1925年5月间，黄安县城各学校继前一年举行过的"五七"国耻纪念，照例举行了一次盛大的宣传活动。6月初，又举行了声援五卅运动的一次规模更大的宣传活动。这次县知事和县商会会长都出席群众大会发表演说，并带领各自的群众参加游行，这表明革命运动在黄安有了可喜的进步。这两次活动是由县青年协会发动的。该会自成立后，知识界的青年进步分子参加者日多，在社会上作时事宣传也越来越广泛深入，对启发群众革命觉悟有显著的成效。其时，人多向往南军（广东的革命军），憎恶北军（北洋军阀军），不少进步青年寻求党（国民党）组织的趋势，益形明显。临近暑假，青协会员中的国民党员、师范讲习所教员李镜唐和天足抽查专员余泽涵，目睹这种情况，便向有志革命的青年开门，对已够党员条件的即个别介绍为国民党预备党员。这时有讲习所的毕业学生三人，先后被吸收入党，他们是陈家祥、陈彰录、胡德仁。这样，已够建立国民党基层组织区分部的人数。

是时，在特派员董觉生的领导下，成立了国民党黄安县第一区分部，其成员除上述参加党的数人外，另有在省里参加党的张之乐、雷绍全、冯重璕、王汝霖、周希桐等人，由张之乐负责。是时李镜唐和余泽涵已离黄安，县青协会负责人由雷绍全接任。

董觉生在主持成立国民党区分部的同时，积极建立共产党的组织，使国民党组织内有一个以共产党为核心的党团，直接领导国民党。不久，第一区分部的成员参加共产党为跨党党员的有张之乐、雷绍全、陈家祥三人，以及做农运工作的徐希烈、王执富二人和工人衷勤。这样，就成立了共产党黄安县特别支部，由董觉生任书记。后来下面成立中共支部的，有城区、高桥、八里、七里、紫云、二程等6个区。区支部书记，城区为衷勤，高桥区为王鉴，八里区为张之乐，七里区为戴季英，紫云区为吴焕先，二程区为徐尚觉，其余四个区系个别党员在那里活动，计有王秀松、王文魁、张楚伯、吴兆镒等。

此时又成立了中共黄安特别总支，仍由董觉生任书记。1926年末，董觉生奉命离开黄安时，由邓用中接任书记。时过不久，邓用中又将书记职务交给余秀成，遂于此时成立中共黄安县委，余季成任书记，组织部部长为邓用中，宣传部部长为彭年，工运部部长为衷勤，农运部部长为徐希烈，妇运部部长为夏国仪，等等。到1927年秋后，郑位三曾一度接任县委书记。

总的看来，没有共产党就没有国民党的新生，没有国共合作，大革命未必能发动起来，没有共产党做中国革命的领导核心和共产党人的努力，群众革命运动就无从开展。因此，前面各节所述如爱国运动、青年运动、农民运动，连同对国民党的建设等等，所取得的成绩，都是共产党的流水账上的内容。

国民党黄安县第一次党员代表大会的召开

共产党对国民党的建设工作，在特派员董觉生领导下进行，发展很快。1925年冬，全县10个区，大部分成立了国民党区分部，此时成立县党部的条件已告成熟，董觉生经请示批准后，利用寒假期间，在帅家畈秘密召开国民党黄安县第一次党员代表大会，成立县党部。出席的代表近40人。帅翰卿的学屋日间做会场，代表们席地就餐，夜间开地铺睡觉，能容纳大部分代表，少数分散寄宿在可靠的农民家中。因帅家是个绅士之家，从无闲杂人来往，容易保密。学屋前面为一大院，有高墙围起，代表们常在院里打球，声音传到墙外，以迷惑外面行人。村的四周，都秘密布置农协会员中的党员和积极分子日夜巡逻放哨。

大会开了三天，最后一天选举了执行委员和监察委员，宣告县党部正式成立。执行委员七人，张之乐、吴亮友、雷绍全、陈家祥、徐希烈等，张之乐为常务委员。监察委员三人，刘任舟、王文煜、吴慎斋等。执委七人中，有六人跨党，只有吴亮友一人非共产党员。中共黄安特支即以此六人组成共产党党团组织，以便在执委会中贯彻党的主张。执委会规定每周举行常会一次，每次于会前召开共产党党团会议，如遇临时紧急问题，即随时召开临时会议。大会闭会后，"禁锢"了五天的代表们，才一个个地离去。代表中的共产党员，则留下进行一次党的会议。

1926年初，县教育局局长易人，全班人马都换了，新任局长刘任舟是董必武推荐的，他和全局工作人员，绝大部分是国民党员，局长以下，且多跨党者。县党部机关，遂以教育局为秘密驻地。这对秘密时期的国民党开展活动，起到了很大的便利和保护作用。

另一个较有利的外在条件是当时的县知事李墨林（天津人），在黄安做了两任知事，他视黄安为自己的第二故乡。此人老练圆滑，对当时县里出现的一些带有革命性的社会活动，本为军阀政府所严禁，而这个知事对之却是"睁只眼闭只眼"。他还深谙董必武的历史和当时的社会地位，觉得更要为自己留有余地。因此，当时省督军署多次密令他严密监视革命党人的行动，他总是采取奉行故事、漠然置之的态度。

国民党黄安县第二次党员代表大会的召开

县党部执监委员的任期规定为半年，到1926年暑假时，第一届执监委员任期届满，即做第二次全县党代会召开的准备。考虑到这次党代会的规模比第一次大，帅家畈摆布不开,又不能在县教育局进行,便决定到县西南的云台山大庙里召开,对外说成是旅省学生暑假回乡,邀集到云台山旅行避暑。

做此决定后,即派人通知山上庙中的方丈。当时学生的社会地位相当高,多年来就有"丘九"之称,只要是学生的事,谁都得买账,方丈自无二话说。这次出席代表连同大会秘书处工作人员,共计七八十人,都自带粮席,所有大会应行诸事,秘书处都分门别类组织得特别完善。大会为期三天,议事日程,一沿成例,由常委张之乐作党务报告,特派员董觉生作政治报告,斯时正值广州的国民革命军准备出师北伐,为迎接北伐胜利,大会作了各项工作布置。最后选出本届执委:常务委员陈家祥,组织部部长余季成,宣传部部长吴亮友,工人部部长张之乐,农民部部长徐希烈,青年部部长雷绍全,妇女部部长郭瑾丞,商民部部长吴慎斋,还有委员王文煜为党团负责人,兼管民运。上述诸委员中,除吴亮友外,余均系跨党。监察委员为刘任舟、程翰香、邹香山三人。

大会闭幕后,仍以教育局为县党部的秘密大本营,一切工作进行得极为顺利。县党部当时最紧要的工作为由青协发动各校学生(主要是黄安县一小),在暑期中广泛深入群众,宣传北伐消息,由宣传部拟定宣传大纲,印发宣传资料。由于本届执委会工作特别繁重,省党部特派戴季伦任县党部秘书,协助工作。

10月间,北伐军攻下武汉的胜利消息传来,首先是中共党团连夜召集紧急会议,部署一系列工作,然后国民党县党部举行执监联席会议,以党团的部署为张本,详加讨论,做出具体实施计划,分别组织专班分途进行,并一致决定县党部正式向社会公开。隔日清晨,巨幅青天白日旗高高飘扬在原县议会的门楼之上,"中国国民党黄安县党部"斗大字的牌子,悬挂在大门口。党部机关内部装饰一新,会议大厅显得分外庄严肃穆,标语遍贴于全城各街各巷,风貌顿时焕然一新。据说原县议参两会的议员们,早几天就一个个阴着夹起尾巴作鸟兽散了,这里已不再是吃人的县议会,而是亲民的县党部。

第三天,县党部在校场岗举行规模盛大的各界庆祝北伐军武汉会师胜利大会,各区党部就地组织庆祝活动,发动各村农协进行游行宣传。连日来,全城鼎沸,群众游行队伍日夜狂欢,锣鼓震天动地,四乡游行队伍也一个接一个进城。当街住户门前,都摆上茶水桶,供应游行群众解渴。各队伍在全城游遍后,即到县党部门口广场瞻仰县党部的雄姿，县党部的执监委员们，齐集大门口候迎，并充分准备茶水，聊表招待之意。群众说："这个命革得真好，人人扬眉吐气，过去那些骑在百姓头上屙屎的、坏事做尽的一些坏家伙，都要受到'恶有恶报'的下场。"

约一周后，北伐军别动队及其先遣队从武汉开来黄安驻防，县党部分别举行了盛大的欢迎会和劳军。至是，县党部很自然地成了新的政权机关，主持全县的一切。

首先，县党部执委会做出决定，把县公署改为县政府、知事改为县长，县长暂以李墨林代理。此事上报后，旋获省民政厅正式任命李墨林为黄安县县长。不久，李墨林申请加入了国民党。约两个月后，省政府派政治监察员程文高来县，对县长实行一定期限的指导与监督。至是，特派员董觉生赴省另就他职。到1927年春，省党部派卢骥接任特派员。

其次，县党部执委会全面检查和整理群众组织，并做出决定。

1. 农民运动，由县农民协会具体领导，并由农民部拟定的任务是，在全县各区原有的农协基础上，继续巩固发展农协，一村不漏。就当时发展形势看，现有的农协已到整顿阶段，通知县农协及时做出计划，抓好这一工作。

2. 青年运动已有基础，但其队伍不大，在城市为学生群众，各校有学生会，在农村为青年农民，已加入农协，没另设青年群众组织。由青年部对现有的青年组织，即各校高年级的学生会、低年级的童子团，进一步制定循序渐进的革命教育方案，培养他们习惯于过有组织有纪律的革命化生活。

3. 工人运动。全县没有新兴工业的产业工人。在城镇也只有做各种熟食的勤行工人和商店的学徒工（极少数店员），其他各种手工业者如木匠、石匠、裁缝等等，星散在城乡，大都加入农协。由县党部掌握工运的同志，将县城手工业者统一组织起来，成立一个县总工会，由勤行工人衷勤（共产党员）任主席。

4. 妇女运动。由于妇女深受封建礼教的束缚，情况特殊，在革命运动秘密时期没法组织，至此，由县党部掌管妇运的同志，针对具体情况，拟出切实可行的发动方案，通告各区党部进行发动。在县城，由女学生做串联活动，组织妇女协会；在农村，有农协的地方，加入农协者颇不乏人，可将她们抽出来，另组妇女协会，以后视发展情况，成立县妇协。

5. 商民问题。县党部公开后,全城商民在原商会的旨意下,一致表示拥护革命,表现颇为积极,开始大量筹集纸张(后来都照价付款),以应县党部宣传工作之需,并出人出力,帮忙在全城张贴标语。居民供应游行队伍的茶水,商店领先,每次游行,商民队伍从不落后。商会会长冯玉斋(绸布商)争取在群众大会上发表应时的演说,还敦请县党部派员指导他们成立商民协会,取消旧商会,使全城商民接受革命教育。由商民部派员按照上级颁布的商民协会组织条例,指导成立县商协,在商民代表大会上公推原商会会长冯玉斋为首届执委会的常务委员,半年改选,第二届由杂货商人陈炳仁任常委。

国民党黄安县第三次党代会的召开及之后工作进展情况

到1927年初,县党部执监委的改选期到。经过一番筹备,召开第三次全县党员代表大会,选出了第三届执监委员。由于形势的发展,党务范围日益扩大,任务急剧增繁,执委人数增加到九人,由原来的一个常委增加为三个,组成常务委员会。三个常委为吴兴、王焱南、陈定侯,以吴兴为首席常委。执委组织部部长为王文煜,宣传部部长为戴季伦,青年部部长为雷绍全,工人部部长为衷勤兼商民部部长,农民部部长为徐希烈,妇女部部长陈家祥。候补执委五人:刘汝翼、吴慎斋、王执富、涂汉才、戴雪舫。监委七人:刘任舟、程翰香、吴焕先、余季成、刘述笙、熊正松、李墨林。候补监委三人:郑重、江子英、赵凤仪。各新任部长,在前届移交工作的基础上,根据形势发展的需要,做出了本部门的工作计划,并抓紧实施。

1. 实行"强迫教育",改革和普及全县的国民教育——旧时的黄安,一向文化落后,民智不开。至是时,民国已经历了十四五个春秋,"子曰铺"仍是星罗棋布地遍及全县每个角落,旧貌无丝毫改变,形同"不知有汉,无论晋魏"的桃花源。虽设有掌管全县学校的教育局,但所管的是应景式的几所学校,教学内容仍侧重新瓶装旧酒。深鉴及此,经县党部执委会缜密的研究,成立强迫教育委员会,在废私塾兴学校普及国民教育的思想指导下,雷厉风行地展开工作。

县强迫教育委员会总会由县党部的宣传部部长、青年部部长、教育局的有关人员,并遴选县一小的几位教员组成,由教育局局长兼主任委员,总会设在教育局内。

各区党部成立分会,其成员为区党部的部分委员和本区群众组织的负责人或区小学教员。

总会班子组成后,在委员中推定几人具体负责检定教师、筹集经费。

检定教师——由总会向全县发出布告,凡能胜任初小教员者,包括原私塾老师,均可报名参加检定。检定科目为国文、算术、常识(有其他擅长如唱游等课者,可以自报,另行测验),录取人数先定为一千人。经过四次检定,先后录取一千多人。对每次录取的教师,集合他们进行一天的训话,讲解办学规划,课程门类以国文、算术、公民为主课,唱游暂次(因不会者多,不过分要求,争取不缺);教学方法提倡启发式,严格反对注入式,教师要树立革命的新思想,反对因循守旧的思想,并向他们作教学法示范,最后宣布听候分配。

筹集经费——这是做创办学校的基金,以在各地原有的私塾基础上,改建校舍、开辟操场、购置设备等。经多方研究,得出四种捐款筹集的出处。

绅富捐。黄安当时拥有大量不动产和动产的巨绅富户为数不少,为了兴办学校筹集经费,号召他们为子孙后代造福,为地方做好事。采取强迫与自愿相结合的办法,估其产值,定出指标范围,听其乐捐。

庙产捐。黄安富庙较多,大都拥有庙产,最著名的大庙有龙潭寺、永安寺、介林寺,都拥有庞大的财产。在地方流行三句话,即:"龙潭寺的田,永安寺的钱,介林寺的权(指神权)。"其他次等庙,各区不少,故大有款可筹。

祖积捐。黄安人各姓大都有祠堂、墓地和祖产,每年出产全族人工作分配,用于祭祀、扫墓诸陈规上,极为铺张。祖产大者,甚至月月都祭祖一次,全族男女老少,聚集祠堂,实行一宿三餐的狂吃大喝,耗费惊人。如将这些靡费集中办学,既利民,又利国。

会积捐。这里所说的会是迎神赛会,黄安人百分之百迷信佛、道两教,供奉的菩萨名目繁多,例如农人有龙王会,土木工人有鲁班会,商人有财神会,文人有孔教会,武人有关岳会,官绅有城隍会等,所有供奉的菩萨,定有各自的生日。每年这一天,善男信女济济庙堂,化纸焚香,磕头礼拜,临了是大摆筵席,众人饱餐一顿,规模大者,还请道士和尚诵经打醮,烧包袱,做道场,时间少则三日,多至一周以上,酒席如流水作业。这些靡费来源,是会友凑份子,名为上"功德",

以及从千家万户积年累月募化来的。因此，在有形无形中积累相当可观。每个会都有领头人，开导他们将各种会积金集中办学，造福于广大学龄儿童，才是真正的大功大德。

以上四种捐的筹集意义和实施方案，总会向全县布告，使之家喻户晓，同时责成各区分会负责人在其辖区，展开广泛的宣传和极为周密的调查。第一步，在农协的帮助下，调查绅富户、大庙住持和尚、大姓族长以及各种名目的较大菩萨会的领头人等，并宴请这些人，面议认捐数目，做出统计报到总会。第二步，各区将筹得的捐款，根据各个筹备办校的负责人，按照总会办校规划所提出的预算，经审查核定，给以适当的分配，责成凭据实报实销，由分会汇报总会复核备案。

这些工作既顺利又迅速，效果很好。未久，据全县10个区陆续报来办成的学校，总计1100余所。学校负责人，都是经群众组织公推出的热心公益事业且又有一定文化水平的人。这是一件深得全县各阶层人民额手称庆的盛事。

筹集捐款，只有一次，数目有限，只能专用于建校。因此，教员的待遇暂时用原来的"议学"方式解决，即由学校负责人邀集学生家长，根据学生年级高低，恰当而又灵活地议定应纳的学费，全部给教员。教员平时可不定期地选择学生家长预支若干，年终寒假结算。

强迫教育工作任务历时不到三个月，就在全县范围内圆满完成。不仅全县人民衷心拥护，反动阶级也暗中称赞。1927年4月间，湖北省教育厅应县教育局的申请，委任三个教育视察指导员，分途负责巡视全县学校，指导和帮助解决存在的问题。三个指导员是陈家祥、彭年、程翰香，他们都是为进行强迫教育尽了力的。

2.县妇女协会的成立——县党部公开后，各种群众运动，大都有了自己的组织，全县各地妇女运动随之有破土欲出之势。县执委会对这个问题，经多次研究，决定一面选定适当的同志，到女子学校（当时女学生多属平民阶层，一般年龄在14～18岁之间，"大家闺秀"多延师在家教读），展开对妇协的宣传组织活动；一面通告各区党部积极开展宣传组织妇协工作，要求全县各级农协与区党部互相配合，将农协中的妇女会员抽出另组妇协。这样，很短期间，在县城成立了城区妇协第一分会，在农村，凡是有农协的地方，几乎都有妇协的成立。县党部妇女部根据这种情况，便在执委会上提议召开全县妇女代表大会成立县妇协，此议当即通过。

大会临举行之日，各乡前来出席的妇女代表，共有30余人，都是乡下人，其中具有一定文化程度的也不少，还有几个是小学教员。大会由县妇女部主持，在县党部大礼堂举行，开了两天，选出执行委员夏国仪（共产党员，农协积极分子）、黄冠英、吴醒奴、张咏梅、秦芬玉、×××、×××等七人，夏国仪为常务委员，并由她同两位知识分子黄冠英、吴醒奴组成常务委员会。至此，宣告黄安县妇女协会正式成立。

3.农民自卫队的成立——农民自卫队由县农协组织领导。农民自卫队挑选农协会员中的积极分子100余人组成，由黄埔军校四期生程挟超（国民党员）任队长。武器来源：一是二程区农运负责人徐尚觉（该区中共党支部书记）领导的一部分武装的枪支，二是原黄安警备队的枪支40条，三是由潘忠汝、王文焕在省搞到的枪支若干条，四是由杨显卿（黄安南乡人，当时是汉口商会会长）那里搞了几条枪。总共搞到的枪支80余条。至此，农民自卫队宣告成立，以圣庙全部殿宇做营房。平时进行军事训练和担任县城四个城门和一些要口的守卫。数月后，扩建为人民自卫军，改由潘忠汝任队长，成为后来黄（安）麻（城）起义的基本队伍之一。

4.童子团的建立与活动——废私塾兴学校是当年少年儿童享受的从未有过的幸福，每天欢聚于教室之中，活跃于操场之上，一个个不再是书呆子式的小老头，而是活活泼泼的小飞鸟。学校还将他们组成童子团，使他们从小就养成有组织有纪律的生活习惯，受到革命教育的熏陶，参加社会上的一些革命活动。这些天真烂漫的儿童，敏于接受新知识，在新教科书的启发下，不信迷信，知道世界上根本没有什么神和鬼，于是在很多地方发生打土地庙菩萨的行动。当时的群众，尤其是老汉老婆婆们认为，土豪劣绅应该打倒，对菩萨则不可打。至此，一度在群众组织中造成思想混乱，产生了不利于发展群众运动的副作用。县党部负责青运的同志，得知童子团的这种幼稚行动，立即会同教育局通告全县各校迅速予以制止，并强调对童子团进行教育，使他们具有正确的思想认识，不可有无组织无纪律的自由行动。

5.惩办土豪劣绅——自农运在黄安兴起以后，平时身受土豪劣绅剥削和压迫的农民，一个个都觉悟起来了，他们要求惩办土豪劣绅。紫云区箭厂河大恶霸豪绅吴芾郴（有的写吴惠存），是当地地主武装总团长，又是流氓头子，在那一带的土匪也听他指挥。他一面私设盐卡，为北洋军阀筹军饷，一面对农民加倍剥削，另外还巧立名目，包收人头税和六畜捐等苛捐杂税，逼得当地农民无法活命，不少人投河上吊。省农协特派员王鉴了解到这个情况，召开了会议，决定除掉吴苔郯。中共紫云区党支部书记吴焕先和其他几位同志，早就将本区原有的三堂红学（从事戈矛拳术练武的一种迷信组织），因势利导，赋以革命内容，变更其原来的性质，使之成了革命的武装基础，当时成员共200余人。于是，除掉吴苔郯的行动就以三堂红学为基本力量，同时发动农协会员中的积极分子，与之配合。为表示协力同心，王鉴和大家一起喝鸡血同心酒，于一个清晨，来个突然袭击，把吴苔郯住的药铺包围了。吴披衣开门，大家即一拥而上，将他绑起，押到一个山冲里，边走边数他的罪恶，愤怒的农民在途中就将吴处死了，一时群众振奋，拍手称快。

  自此以后，全县各地农协便相继与当地有重大劣迹的土豪劣绅进行清算斗争。如麂子山的汪四老爷，其他如陈瑞霜、石子菊、方书竹、陈宇飞等几个地主老财，也都被清算和游斗。

  根据群众的强烈要求，县党政机关及各群众团体联合组成审判土豪劣绅委员会，委员是县党部常委吴兴，县长李墨林，司法委员刘某，县总工会主席衷勤，县农协常委徐希烈、彭年，县妇协常委夏国仪等七人，由李墨林任主席。先将几个罪大恶极、民愤极大的土豪劣绅逮捕归案。首批有原议会议长李介仁，议员李仕选、张英廷、阮纯青，以及劣绅陈幼臣、反动哥老会重要分子吴季平等。然后在圣庙崇圣祠设临时法庭，对陈幼臣、吴季平两犯提出初审后，仍予还押。继将犯有侵吞救灾巨款的重大罪犯李介仁、李仕选、张英廷、阮纯青等提出公审，判处死刑，以平民愤。并立即将该四犯和土匪石黑子，押到城隍庙门前枪决了。翌日早饭后，县党部在校场岗召开群众大会，宣布被枪决的五犯罪行。大会主席讲话甫毕，群众中有人提议：将在押的反动红枪会首领、作恶多端的土豪兼劣绅袁鹤山提到大会处决，以平民愤。此议提出，全场响起迅雷般的掌声，久久不息。于是由县长条示派公安人员立即从监牢中将袁犯提押到校场岗，宣布其罪状后，推到场西边的旱地里枪决了。

大革命失败前后黄安局势的变化

正当黄安大张旗鼓地发动全县群众以实际行动打倒土豪劣绅，功效大著之际，蒋介石发动了"四一二"反革命政变，整个革命形势骤起了质的变化。在黄安本来已销声匿迹的土豪劣绅，又在各个角落蠢动起来了。当李介仁等犯伏法不久，高桥区西砦会原有的反动哥老会流氓，到邻县黄陂邀集同伙，几次扰乱农协，捣毁省农协特派员王鉴的家。县一小校长王文煜回家，被无理捉去（不久放回）。八里区的县农协特派员余楚成被反革命张国权勾结流氓捉去击毙。从此，黄安便日渐笼罩在白色恐怖之中。中共黄安县委余季成遂赴省向省委汇报，省委即由董必武出面请省警卫团派部队到黄安驻防，由人民自卫军与之配合在全县各重要地区示威巡行，反动派气焰始暂告平息。

继"四一二"反革命政变三个月后，汪精卫为了实现汪蒋反革命合流，又悍然于7月15日发动反革命政变，分裂国共，由国共合作发动起来的大革命，竟遭夭折。上述黄安所发生的几起反革命事件，就是复活的土豪劣绅为汪蒋反革命集团服务，实行阶级报复的前奏。

当此之际，中共黄安县委接到上级密示：所有中共跨党党员一律退出国民党，自行隐蔽待命。此时，国民党黄安县执委的改选期已到，第四次党代会仍须召开，国民党员中又发生闹剧，即县北乡的党员对第四届执委席位的争议，他们说前三届的都是县南人，无一县北人，第四届必须有县北人的席位。这一争论对所有中共跨党党员退出国民党起到了顺水推舟的作用。7月末，第四次党代会召开了，中共跨党党员无一人参加，致使这次党代会是清一色的国民党党员代表大会。本届选出的执委中，县北党员占多数，只有常委李明道是县城人。

时局在急剧变化，国共分家，大革命失败的空气弥漫黄安全县。这时谁是国民党员，谁是共产党员，泾渭分明，不是什么秘密。革命日趋低潮，反革命谣诼纷起，扰乱人心。土豪劣绅一个个大摇大摆起来，弹冠相庆，酝酿着反革命阴谋活动。共产党人绝大多数则同人民自卫军一起上山，酝酿着武装起义。1927年11月，黄麻秋收起义爆发，农民军曾一举攻破黄安城，活捉县长贺守中，当即镇压（原县长李墨林，反动派视为追随革命党的重要分子，他早潜逃）。从此在共产党领导下的起义军，以大别山为根据地，实行土地革命，实力一天天雄厚、壮大，很快创建了鄂豫皖边区苏维埃政府，成为全国著名的几大革命根据地之一，与井冈山遥相呼应。

为纪念黄麻起义，我写过一首《黄安赞》：

赞我黄安，

革命摇篮。

秋收起义，

威震中原。

官衙砸烂，

土劣就歼。

建设苏维埃，

人民掌政权。

革命根据地，

巍巍大别山。

原载中国人民政治协商会议全国委员会文史资料文员会《革命史资料》编辑部编：《革命史资料（19）》，中国文史出版社，1992年，第141～166页。

董必武同志培养我入党

◎ 钱　钧

1921年，董必武同志在上海参加了党的第一次代表大会以后，便回到了湖北，以武汉为中心，积极开展宣传马列主义和建立党组织的活动。从1923年开始，他还经常来到农村，亲自指导农民运动。我第一次见到董老是在1924年冬天，当时，我在汉口一家翻砂厂里当倒锅工人。

那是一个漆黑而又寒冷的夜晚，我由厂里一位老师傅带领，在大悟县一间瓦屋里见到了董老。当时，董必武同志四十岁刚出头，他脚穿浅口布鞋，身穿灰色长衫，套了一件黑布马褂，戴一顶瓜皮小帽，脖子上围着一条颜色很深的围巾，最突出的是他嘴上那两撇胡子修剪得整整齐齐，看上去活像个教书先生。他面色憔悴，但一双眼睛却明亮有神，给人的感觉是可敬可亲，在他面前，我一点也不拘束。进屋时，我先喊了声董先生，然后又行了个九十度的鞠躬礼。他让我坐下以后，便开门见山地说："你叫钱永兵（我当时的名字）？"他接着说："你才这么点年纪，就会那么多手艺，作画、烧炭、倒锅、当漆匠，还会打拳，为什么混不上一顿饱饭吃啊？"我真没想到他对我这样熟悉，更没想到初次见面，他就提到我的吃饭问题，我一时不知从哪儿谈起。董先生不等我答话，又说："你家三代人都是地主岳六平家的长工，可是就在大年三十那天，他把你们全家人都赶了出来，过不上年，吃不上饭，这是为什么？"

"没有地种。"

"你不能把他家的土地拿过来吗?"

"他是光山县最大的地主,势力大,拿不动。"

"岳六平罪大恶极,伤人害命,你还不把他镇压了,镇压了他,不就拿过来了吗?"

"灭了他还行,灭了以后怎么办?"

"革命呗,怎么办。"

说实在的,当时,对"革命"两个字,我还不太懂,更说不清楚,但是我知道,"革命"就是要把地主阶级打倒,穷人翻身,所以,我对董先生提出的问题,回答得很坚决:"中!"

接着,董必武同志又用火柴棒在桌面上摆出了一个"人"字,并意味深长地说:"你看到天上飞的大雁吗?它们飞起来总是一个'人'字形的,在'人'字的头上,有一只领头的大雁,指挥着整个雁群的行动,我们干革命,同大雁的飞行一样,也得有个领头的来指挥,这个'头'就是中国共产党。"

"共产党在哪儿?"我早就听说有共产党,而且我也知道共产党是专门为穷人办事的,就是不知道到哪儿去找共产党,所以,他的话正说到我心里。

"你找党找不着,党找你可以找到。"他看了我一眼又神秘地说,"我只对你讲,我是党员,毛委员是党员,其他的你别问,你问,我也不能告诉你。"

董先生的话使我恍然大悟,为什么厂里有些人的行动那样保密,原来共产党是秘密的,我本来想向他提出来"党什么时候来找我",但我不知道党要找的是不是我这样的人,因此,也没有说别的话,向董先生鞠了个躬就出来了。他走出门把我送了好远才回去。

在回来的路上,我心里像是点亮了一盏灯,浑身是劲,原来董先生就是共产党员,他懂的事情那么多,我有了这样的老师,今后革命就不用愁了。

一天晚上,厂里那位老师傅通知我第二天去听一个人讲话,这人是谁他没讲,我看厂里去的只有几个人,估计保密,也就没问。到了会场上,讲话的人是一个戴眼镜、留着两撇胡子的人,像个知识分子,经别人介绍,我才知道他就是李大钊同志。他的讲话,可能是道理太深,也许是口音的关系,大部分我都听不懂,只有一段话,我至今还记得它的意思:雇农、贫农和中农占农村人口的百分之九十以上,但他们的土地只占百分之二十到百分之三十;地主、富农占农村人口的百分之十左右,但他们却占有百分之七十到百分之八十的土地,而且多半是好地近地。中国历史上多次农民起义,没有解决土地问题,什么"天朝田亩制""土地国有""平均地权""耕者有其田"等,都没得到实现,只有中国共产党领导的革命才能完成这一任务,共产党是真正领导穷人闹翻身的党,是真正为穷人谋利益的党。

李大钊同志的讲话,提高了我对党的认识,加深了我对党的感情,事后我才知道,通知我去听李大钊同志讲话是董先生安排的。

随着革命斗争形势的发展,党的威望越来越高。当时,"拜列宁",在光山县殷区很大一部分人的心目中,已成为最高的荣誉。因为入党,要在列宁像前宣誓,所以,大家都知道,拜了列宁就是党员了。那时,我们管这叫"拜列宁"。我当时天天想着"拜列宁",就是没人来找我。

1926年,春节刚过,董必武同志又来到了我的家乡,因我同他见面的次数多了,人也熟了,他什么事情都叫我去做,送信,找人,下通知,有时连他吃的点心也是我去买。不管公事私事,我都尽心尽力地为他办好。因为他日夜不停地忙,太辛苦了。有一天晚饭后,他要转移到另一个村去,我护送他,当我们从大路拐进小路时,他拉我在田埂上坐了下来,说休息一会儿再走。董先生坐下以后,顺手捡起一根树枝,用另一只手把地上的土抹平,在上面画了一个圈,圈的当中画了一些人,然后,他拍拍手上的土,用那根树枝指着一圈人问我:"你说,这一圈人打中间这一个人,打得过吗?"我说:"打得过。"他又指着圈当中那一个人问我:"这一个人打周围这一圈人,打得过吗?"我说:"打不过。"接着,他又分别拿一根树枝和一把树枝要我把它折断,一把树枝当然是折不断的。他笑了,问我这是什么意思,我说:"要团结,团结起来力量大。"他听了,很高兴,说:"对,革命就要团结。"我笑了,我感到董先生真会开导人,说得我心里亮堂堂的……两个人说着说着,不觉天已黑下来,我担心他的安全,催他快点赶路,他点点头,说:"走吧。"

过了几天,我们厂里工人纠察队出了事,情况很紧急,我必须马上找董必武同志请示,还是那位老师傅告诉了我董先生的地址,见了董先生以后,不等他开口,我便一口气说完了发生的事情和我自己的想法:陈独秀下令,要工人纠察队把所有的武器交出去,我是纠察队的小组长,发了一支匣子枪,现在硬逼着我把这支枪交出去,枪是穷人的命根子,怎么能交呢?要命有一条,交枪我不干。董先生听完了我的想法以后，指示说："你的想法很好，不交枪是对的，但是你不能再在厂里干下去了，必须在五天以内，离开那个地方。"我答应了。他担心地问我："你用什么办法把枪拿出来？"这事我早有准备，我把我带枪的办法报告了董先生，他表示同意，并一再叮嘱我要提高警惕。

  这天夜里厂里的人走的走了，睡的睡了，我拿出事先买来的木柄剃头刀和十多斤糙纸。十多斤糙纸有一尺半多厚，我先把它分成几叠，按照匣子枪的轮廓用剃头刀在纸上刻出了像枪那样厚的一个深槽，把枪放进去，再把纸摞好四周弄得整整齐齐，用绳子捆好，一点也看不出这纸是动过的。二十发子弹也是用这个办法藏到纸里去的。为了掩人耳目，我借了一件长衫、一顶礼帽，穿戴起来。过门岗的时候，我提着糙纸，大摇大摆地走了出来，什么事情也没发生。第二天，我把带枪离厂的事情报告了董老，他很满意，就在这一天，他规定了一个日期，叫我按时到湖北省的河口村去找他。

  1926年4月的一天晚上，我在河口村很隐蔽的一间草屋里找到了董必武同志，他很郑重地对我说："共产党的事业，是三年五年，十年八年，也可能是我们这辈子都完不成的事业，你有信心吗？"我坚定地点了下头，我认为这比我说话更能表达我的决心。他又说："当党员，干共产党的事，很艰苦，要流血，还可能牺牲生命，你怕不怕？"我用力地摇了摇头。董先生见我态度很坚决，便站起来，在小屋里踱着步。这时，不知为什么，我心里有些紧张，过了一会儿，他把夹在书里的一张半身列宁像拿出来贴在墙上，把党旗挂在列宁像的上面，党旗上有镰刀、斧头，看到这庄重的场面，我心里"扑腾扑腾"直跳，我知道这不是一般的时刻，也不是一般的事情，而是我一生中的转折点，是关系到我今后做什么人、走什么路的大事情。

  董必武同志首先给我讲解了党章的内容，并反复向我说明了党员的义务和权利，然后，他站在列宁像和党旗的左边，要我成"立正"姿势向列宁像和党旗站好。董必武同志举起了右手，我也举起了右手，这时，我似乎感到在这小屋里站着的不只是我和他两个人，还有很多很多人也举起了右手，站在董必武同志的周围，和我一起跟着董必武同志宣誓："牺牲个人，服从组织，严守秘密，永不叛党。"

  董必武同志放下右手，来到我跟前，握住我的手，说："祝贺你，钱永兵同志，从现在起，你就是中国共产党的党员了，今后不管干什么事，遇到什么情况，都要以一个党员的标准来要求自己。"在这一瞬间，无数的往事，都涌上了我的心头，我流着眼泪，紧紧地握住他的手，激动得什么也说不出来。是董必武同志把我这个放牛娃领上了革命的路，是董老领我宣誓入了党，这是我终生难忘的记忆。

原载徐向前、粟裕等：《星火燎原全集》（第 11 卷），解放军出版社，2009 年，第 302～305 页。

董老发我一支枪

◎ 钱钧

每当我想起陈列在中央军事博物馆里的那支匣子枪,无数的往事就萦绕在脑海里,心情久久不能平静。

为什么呢?因为它是董必武同志代表党发给我的,我用这支枪战斗了25个春秋。在第一次国内革命中,它伴随我参加"武汉工人纠察队",保卫过工人运动的领导机关;在土地革命战争时期,我带着它参加创建鄂豫皖革命根据地和川陕革命根据地的斗争;在抗日战争中,我拿着它从延安到山东,打过日本侵略军和国民党投降派、顽固派。当年我曾冒着生命危险,把这支枪从武汉带到河南,为党为国打天下。人们传说徐向前元帅用"两条半枪"创建鄂豫皖革命根据地,我这支匣子枪就是那"两条半枪"中的一支。

早在1926年冬天,在董老的谆谆教导下,我这个翻砂工人参加了著名的武汉工人纠察队。当时,我的年龄虽小,但个子大,身体壮,组织上派我做工人运动领导机关的警卫,于是,董老就发给我一支黑黝黝的匣子枪和几百发子弹。

1927年秋,国民党右派集团头子汪精卫发动了"七一五"反革命政变。当时党的领导人陈独秀,犯了右倾投降主义的错误,下令解散工人纠察队,要工人纠察队把所有的武器全部交给反动军阀何键。这时,国民党反动军警到处抓捕、杀害共产党人和工人纠察队员,反革命恐怖笼罩着武汉城乡。工人纠察队解散了,党的领导人隐蔽或转移了。有些工友为我的安全担心,也有的闲言碎语,要我把匣子枪交掉。我心里想：枪是穷人的命根子，怎么能交给敌人呢？这支枪白天我挎着它形影不离，夜晚我把它放在枕头底下做伴，怎么能离开我呢？我暗暗下定决心："要命有一条，交枪我不干。"

情况紧急，不容犹豫，我必须马上请示董老。我找到董老以后，一口气说完了自己的想法。董老听了我的汇报后，当即指示说："你的想法很好，不交枪是完全对的，要革命就要不怕牺牲，在这革命的危急关头，我们怎么能把党的枪交给敌人呢？但是你必须在五天之内离开这里，暂时回到家乡去闹革命。"我说："是。"董老还担心地问我："你用什么办法把枪拿出去？"这事我早有准备，我把拿枪的办法详细报告了董老，他笑着连连点头，并一再叮嘱我要百倍提高警惕。

这天夜深人静的时候，厂里的人要走的都走了，没走的都睡了，我拿出事先买来的木柄剃头刀和一捆草纸，这捆草纸有一尺多厚，十几斤重，我先把它分成几叠，按照匣子枪的轮廓，用剃头刀在纸上刻，我整整用了两夜的时间，才在纸上刻出了像枪那样厚的一个深槽，再把枪放进去，上下放上几叠草纸，四周弄得整整齐齐，用绳子捆好，一点也看不出这纸是动过的。几十发子弹也是用这个办法藏到纸里去的。为了掩人耳目，我借了一件长绸衫、一顶礼帽，天亮以后，穿戴起来，化装成商人，准备扛起那捆早已准备好的草纸，混出戒备森严的武汉城。顿时，我又仔细地一想，不妥，哪有商人自己扛东西的呢？为了不让敌人看出一点破绽，我请了个脚夫，挑着这捆草纸和行李，大摇大摆地离开了岗哨林立的武汉城，夜行昼伏，攀山越岭，回到了河南省光山故乡。事后，我把带枪离厂的经过报告了董老，他听后笑着说："你有胆量，执行命令坚决。"接着，董老嘱咐说："你今后不管做什么事，碰到什么情况，都要灵活机动，三思后行，为党办事，不怕牺牲。"董老的这一席话，在以后五十多年的革命斗争中，经常在我的脑子里浮现，一直起着掌舵的作用。

那时故乡的乡亲们正处在水深火热之中。我们大岳畈有一首民谣：

青龙河边到牢山，
曾、蓝、岳、傅都占完。
岳家的水田，
傅家的竹园，
蓝家的森林，

曾家的炭山。

这时，国民党反动派与地主豪绅相互勾结，到处杀害农会干部和进步人士。根据这个情况，我回家以后，便上山潜伏了数天，反复思忖，穷人没有田就没有命，枪是穷人的命根子，有枪就能闹革命，决心想方设法和地下党组织取得联系，千方百计发动农民弟兄搞暴动，向罪大恶极的地主头子开刀。

就在此时，我的亲戚和邻居知道我带着枪从武汉跑回来了，担心闯出乱子，事与愿违，就苦口婆心地劝我把枪和子弹卖掉，当个国民党政府的顺民！他们还说："这支匣子枪和子弹能卖二百块大洋，够你用大半辈子的。"我向他们说："这支匣子枪是共产党发给我干革命的，别说二百块银圆，二百万块也不卖。有我钱钧在，就有枪在，枪就是我的生命。"

不久，我和地方党组织联系上了，在秋收暴动的影响下，我们发动了光山殷家棚暴动。我就用这支匣子枪，带领数百个农民群众，冲进了大地主的宅院，击毙了罪大恶极的地主岳六平。从此，我走上了用武装夺取政权的革命道路。

（李永春　整理）

原载河南人民出版社编辑：《燎原》（第8期），河南人民出版社，1985年，第22～24页。

忆学友危拱之

◎ 邹励贤

我和危拱之是同龄人，出生于1905年。我家住信阳城东关的天仙庙（今社会路），拱之家居西门里礼拜堂对面。1916年，信阳城里首次在文庙隔壁（后道立女师校址）创办了一所汝阳道立女子小学，招生一班，我和拱之同时进入该校，成为信阳城里的首届女学生。当时学生年龄悬殊，文化程度不一，始学第四册课本。危拱之当时名叫危玉辰，呼之运璇；其二姐长我们两岁，也在同班，名叫危淑元，呼之荫萱；我名邹羡芝，号励贤。淑元文静，腼腆。拱之身体健壮，性格刚强，学习上进。物以类聚，人以群分，在校学习的三年中，我和拱之结为好友，于1919年毕业。

1922年，我和拱之又同学于汝阳道立女子师范。拱之学习用功，成绩很好，而且对人诚恳，朴实，乐于助人，经常帮助低年级同学补习数学课；加之她个头稍高，同学们昵称她为"傻二哥"。

在汝阳道立女子师范就读时，我们曾闹过一场学潮。校长刘邃真（景向），常和教员联合压制学生，同学们早已不满。有一次，因地理教员在授课时，有学生问道："中国有哪五大湖？都在何处？"他回答不出来，学生起哄，认为这个地理教员不称职。于是危拱之、王兴周和我等四人理直气壮地去面见校长，要求撤换这个地理教员。可是，校长非但不撤换地理教员，反而把我们四个学生开除了。此事激起学生公愤，掀起一场风波，我校学生纷纷上街游行，以示反对，讲习所、县立师范学生也刷标语，游行于城厢，以示声援。随后，学校停办。拱之那种疾恶如仇、见义勇为的性格和反抗精神使很多同学钦佩。

1924年，在开封第一女子中学（北仓女中），我和拱之又是同窗。在女中，拱之积极参加学生运动，登台演讲，很活跃。震惊中外的五卅惨案发生后，同学们义愤填膺。为以实际行动声援上海工人的罢工斗争，危拱之和我在开封"后援会"的领导下，利用暑假，在火车上开展募捐活动。我们从开封—郑州—信阳，来回两趟，所募资金，全交给了后援会，受到后援会领导及我校同学的称赞和鼓励。

北仓女中毕业后，我们又一同返回信阳。受轰轰烈烈大革命的影响，为寻求救国之路，我和拱之怀着满腔热血南下到武汉。看到黄埔军校武汉分校的招生布告后，我们非常高兴，下决心报考，于是住在武昌巡道岭陈琴朗的家里准备功课。经月余努力，我二人均被录取，分配在中央军事政治学校女学生队第二区队（共三个区队），成为中国第一代受过正规军事训练的女兵。

1927年二三月，我和危拱之经周惠芬的侄子周以连介绍，在汉口德租界小学宣誓加入了中国共产党[①]。从此，拱之更严格地要求自己，发誓对党忠贞不渝，一生交给党安排。

军校的生活紧张、严格而又艰苦，拱之总是模范地执行各项制度。特别是在野外进行实战演习，队长的口令一下，我们和男同学一样，在崎岖、陡峭的山坡上练习冲锋、刺杀、匍匐前进，摸爬滚打，劳累非常，连男同学都觉得很艰苦，更何况危拱之是缠过脚又放开的"解放脚"，倍加吃力，但她不甘落后，各种训练任务都完成得很出色。

我们进校半年左右，发生了"四一二"反革命政变，男生队受命编为独立团，女学生队编为宣传队和救护队，拱之分到救护队，我在宣传队。打退夏斗寅、杨森的叛军返校后，从同学们的交谈中，知道危拱之在平叛战斗中表现得很勇敢，她把受伤的同志抬下火线，为他们清洗伤口，包扎，喂药，工作很出色。救护队在西征战斗中是有功的。不久，迫于形势，女学生队解散了。我留在武汉，拱之被派往

[①] 原编者注：危拱之1926年11月由周以连介绍加入中国共产主义青年团，翌年4月转党。

张发奎部队的医院工作。

1929年春天,我在上海又见到了危拱之。此时,她正踌躇满志,准备赴苏学习,终身革命。我们一起游玩、畅谈。这也是我们最后的一次会面。

原载中共河南省委党史工作委员会编:《怀念危拱之》,河南人民出版社,1986年,第34~36页。

拱之同志在中央军事政治学校女学生队生活片段

◎ 彭漪兰

危拱之同志离开我们已经十多年了,但她的形象时常浮现在我眼前。她是永远值得我们学习和怀念的好同志。

我是1926年在中央军事政治学校武汉分校女学生队认识危拱之同志的。1926年10月,北伐军攻克武汉,为了扩大北伐革命成果,中国共产党联合国民党左派,决定在武汉筹建中央军事政治学校武汉分校,用以训练革命的军事人才。为了引导更多的妇女投身革命,军校设立了女学生队。我参加了武汉军校和女学生队的筹建、招考工作,并担任女学生队政治指导员。这一年的12月,危拱之考入女学生队。她给我的印象是个子瘦高,有一米六左右,朴实、稳重,对人和蔼、谦虚,喜欢参加文艺活动。当时封建势力对民众思想的禁锢还很严重,一个女子要上学识字是很不容易的,更不用说进军事学校学习,成为一名革命的女军官了。危拱之和其他女学生投考军校,是冲破许多阻力、克服许多困难的。

危拱之同志从小被家长裹了足,是在五四运动新思想的影响下主动放开的。她的一双"解放足"给她的军事训练带来了许多不便,但她性格刚毅,以坚强的毅力克服困难,严格地按步兵操典的要求做动作,从未放松对自己的要求。女学生队成立不久(1927年3月),汉口市妇女协会在社会上发起了"放足运动",军校派危拱之等人前往协助工作。危拱之以自己的切身体会向广大妇女宣传放足的意义和好处,鼓舞起不少女青年追求解放的斗志。

危拱之同志在女学生队学员中，年龄较大，加上入校前曾参加过革命活动，所以，她与彭援华、陶恒馥、陈觉吾、谭勤先、李淑宁（赵一曼）、胡毓秀等同学，入校不久便成为学员中的骨干。女学生队里中共党支部注意培养危拱之，发挥她的作用，经过一段时间的考验，在1927年三四月间，将她吸收为中国共产党党员。入党后，她积极主动地帮助党支部、指导员做同学的思想工作。由于她平易近人，对人以诚相待，同学们都愿意同她接触，把她视为大姐姐。当时，整个军校学员的政治成分比较复杂，女学生队里既有共产党员、共青团员，也有国民党左派，同时还有国民党右派，还有无党派人士。但多数是进步青年。我党的原则是团结国民党左派反对国民党右派。危拱之同志在同学中认真贯彻党的原则，积极团结国民党左派同学。那时，军校的纪律很严，学员违犯了纪律要受处分或关禁闭。遇到有的同学违犯纪律受处分时，危拱之总是主动帮助指导员做受处分同学的思想工作，帮助她们认识错误。而她本人对自己向来要求严格，以身作则，起带头作用，未触犯过纪律。在支部生活会上，她积极汇报学生思想状况，对我们及时开展思想工作起了很大作用。她还积极参加宣传工作，常给军校校刊《革命生活》投稿，经常参加活报剧的演出。那时候，女学生队的学生虽然普遍具有反抗封建主义的精神，但不少人出身官宦人家，又读过些书，日常生活中难免流露出娇骄二气。危拱之是中学毕业考入军校的，在学员中文化程度是较高的，但在她身上全然看不出有娇骄二气，衣着朴素，衬衫、袜子都打着补丁。队里有时把比较苦和累的工作任务交给她执行，她每次都完成得很出色。

1927年5月，夏斗寅叛变革命，率部向武汉进攻。武汉军校学员改编为中央独立师，受命西征，女学生队同学担任宣传、救护工作。在西征途中，危拱之不顾行军的疲劳，参加演出活报剧，向沿途老乡宣传革命。她还善于做群众工作，宿营时需要向农民要水、借东西，我们常派她去和老乡交涉，结果都令人满意。

是年7月，第一次国共合作破裂已成定局，武汉的形势日趋恶劣。为了保存革命实力，中央军事政治学校武汉分校宣布解散，军校给女学生队的学员们颁发了毕业证书。危拱之等人继而被派到张发奎部队医院去了。我和另外一些同志和学员则到南昌，参加了八一起义。至此，我与危拱之同志分别了。后来听说她先后参加了广州暴动、万里长征……为中国革命做出了自己的贡献。

危拱之同志在几十年的革命历程中，几经挫折，经受了严峻的考验，但她对党的事业忠心耿耿，在困难面前从未退缩。我想，她在军校女学生队受到的锻炼，对她日后形成坚定的政治信仰和顽强的革命毅力，是有一定影响的。

原载中共河南省委党史工作委员会编：《怀念危拱之》，河南人民出版社，1986年，第37～39页。